BANANA

世界香蕉

主产国产业发展研究

◎黄媛媛　徐小俊　主编

中国农业科学技术出版社

图书在版编目（CIP）数据

世界香蕉主产国产业发展研究 / 黄媛媛，徐小俊主编. -- 北京：中国农业科学技术出版社，2021.10

ISBN 978-7-5116-5494-6

Ⅰ. ①世… Ⅱ. ①黄… ②徐… Ⅲ. ①香蕉 – 产业发展 – 研究 – 世界 Ⅳ. ① F316.13

中国版本图书馆 CIP 数据核字（2021）第 186386 号

责任编辑 史咏竹
责任校对 贾海霞
责任印制 姜义伟 王思文

出 版 者 中国农业科学技术出版社
北京市中关村南大街 12 号 邮编：100081
电　　话 （010）82105169（编辑室）
（010）82109702（发行部）
（010）82109709（读者服务部）
传　　真 （010）82109707
网　　址 http：//www.castp.cn
经　　销 各地新华书店
印　　刷 北京地大彩印有限公司
开　　本 170mm × 240mm 1/16
印　　张 15.25
字　　数 249 千字
版　　次 2021 年 10 月第 1 版 2021 年 10 月第 1 次印刷
定　　价 98.00 元

《世界香蕉主产国产业发展研究》编委会

主　　编　黄媛媛　徐小俊

编写人员　罗宇涵　曾慧芬　梁信息　唐仕华　王小芳

　　　　　邓　颂　杨　丹　孙田田　刘明双　梁振华

preface 序

党的十九大报告指出："我国经济已由高速增长阶段转向高质量发展阶段，正处在转变发展方式、优化经济结构、转换增长动力的攻关期。"高质量发展能更好地满足人民日益增长的美好生活需要，我国热带作物产业是推动农业高质量发展的重要组成部分。

香蕉（大蕉）是全球第二大水果，同时也是4亿人口的粮食，有130多个国家生产种植，据联合国粮食及农业组织（FAO）数据，2018年世界香蕉（大蕉）产值为456.12亿美元，在全球农产品中排在第二十位，发展香蕉产业对缓解发展中国家饥荒和促进社会经济发展具有不可替代的作用。

中国是世界第二大香蕉生产国和消费国，近年来，年产量在1 100万吨左右，一产年产值约400亿元人民币，是我国热带作物一产产值最大的产业，每年吸纳了200多万名从业者，在脱贫攻坚、乡村振兴中具有举足轻重的作用。2008年，农业部、财政部批准建设了50个重要农业产业技术体系，依托中国热带农业科学院建设的国家香蕉产业技术体系就是其中之一。十几年来，国家香蕉产业技术体系持续监测产业发展，准确把握我国香蕉产业的现状及未来趋势，破解香蕉技术瓶颈问题，提出产业发展建议，在我国香蕉产业健康和可持续发展方面发挥了重要作用。在做好国内香蕉产业发展科技支撑的同时，国家香蕉产业技术体系与国际组织和世界香蕉主产国的科研机构保持着产业信息分享和生产技术交流合作，是联合国粮食及农业组织世界香蕉论坛的主要成员，分享香蕉枯萎病防控经验，为柬埔寨香蕉产业的发展提供帮助与支持，积极支撑我国香蕉企业响应"一带一路"倡议走出去，为全球香蕉产业的发展做出了"中国贡献"。国家香蕉产业技术体系每年均派出科研人员前往香蕉重要主产国和新兴产区进行调研和访问，了解世界香蕉的科技和产业发展动态。因此，世界香蕉主产国是国家香蕉产业技术体系必不可少的研究对象。将这些资料整理出来非常必要，对用国际视野看香蕉产业的发展和未来有很大帮助，也为中国热带农业科学立足海南、面向全球，主动融入和布局农业科技全球创新网络，组织实施热带农业创新行动计划，加快推进热带农业科技步伐提供了有益参考。

《世界香蕉主产国产业发展研究》详细描述世界香蕉主产国产区发展情况，全面、深入地研究了包括中国、印度、印度尼西亚、巴西、厄瓜多尔、菲律宾、危地马拉等 13 个香蕉重要主产国和新兴产区的气候特征、种植分布、主栽品种、生产组织、国际贸易、科技发展等情况，总结归纳了各国香蕉产业影响因素，分析研判产业发展的趋势。这是中国热带农业科学多年开展国际合作研究的成果总结，可为我国香蕉产业的高质量发展和实现“两种资源”“两个市场”相关政策的制定提供资料参考。

该书凝聚了青年一代农业经济科研人员潜心钻研取得的科研成果。在百年未有之大变局下，希望他们紧紧抓住时代赋予的机遇和挑战，为实施乡村振兴战略、推进热带农业高质量发展、建设现代农业强国做出更大贡献，不负韶华，不负使命。

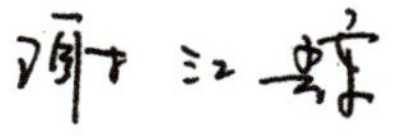

中国热带农业科学院副院长

国家香蕉产业技术体系首席科学家

Contents 目录

第一章
中国香蕉产业发展情况

一、引　言

中国是香蕉原产地区之一。受气候环境、土地资源及水资源的约束，我国香蕉主要种植在广东、广西[①]、海南和福建等热区。据联合国粮食与农业组织数据显示，中国目前是世界第二大香蕉生产国，仅次于印度，占世界总收获面积6%左右。香蕉在中国大宗水果种植面积中占比为2.7%，基本上以内销为主，近年来每年主要从东南亚和南美洲（如菲律宾和厄瓜多尔）进口100多万吨，补充国内市场季节性短缺，进口规模逐年增加。2014年以来，随着“一带一路”倡议的指引和罂粟替代种植计划的实施，中国香蕉产业正在经历“走出去”发展，越来越多的中国投资商到老挝、缅甸、柬埔寨等东南亚国家投资种植香蕉，中国投资商种植的香蕉主要通过边境返销回国。2020年的新冠肺炎疫情对国内香蕉产业的影响有限，但对在东南亚的中国蕉农影响较大，口岸通关能力不足、货物通关量较大、交通运输不便及疫情防控等导致香蕉运输车辆通关滞留，给中国蕉农带来不少损失。中国香蕉产业的种植规模以20～100亩[②]的小中规模居多，总体上还是采用大肥大水的粗放式种植模式，如种植品种单一，品质不稳定，生产成本较高，营销体系不完善，枯萎病发生率高，连作障碍问题突出。总体上中国香蕉产业国际竞争

① 广西壮族自治区，全书简称广西。
② 1亩≈667平方米，全书同。

力不强，朝绿色、高质量方向转型需求迫切。

二、产区分布

（一）主要分布在热带地区

香蕉是中国重要的消费水果之一，主要分布在广东、广西、云南、海南、福建、云南等热区，贵州黔西南布依族苗族自治州、四川金沙江河谷、重庆、西藏①林芝和墨脱等地也有少量栽培。

广东香蕉产业主要分布在粤西和珠三角地区；广西香蕉产业主要分布在南宁、浦北、灵山、北海、玉林等地区；云南香蕉产业主要分布红河哈尼族彝族自治州（以下简称红河）、西双版纳傣族自治州（以下简称西双版纳）、普洱等滇南地区；海南香蕉产业主要分布在澄迈、临高、东方、乐东等地区；福建香蕉产业主要分布在漳州地区。“三区三州”深度贫困地区的凉山彝族自治州和怒江傈僳族自治州也有种植，而且是国内少见的原生态种植模式，实现了连作，几乎不用农药化肥，病虫害发生较少，香蕉品质较好。每亩产量在500～1 000千克，但蕉价较好，收购价可以达到12～14元/千克，成为当地脱贫致富的特色品种。

（二）产量先增后降

中国香蕉种植面积增长指数在2011年达到峰值108后就再没超过104，面积和产量仍处于波动下降趋势，加之枯萎病等导致成本高、收益越来越低，相关方种植热情降低。2009—2020年，我国香蕉五大主产区产量，广东一直位居第一，2016年达到历史最高，年产量为481.65万吨；广西的产量相对稳定，多数年份保持在第二；海南从2009年的第二位，下降到2020年的第四位，海南的产量下降幅度最大，2018年达到年产量最低点100万吨左右；福建一直位居第五位，也呈现逐年减少的态势。2020年五大主产区中除海南产

① 西藏自治区，全书简称西藏。

区产量比 2019 年略有增长外，其余几个产区的产量都呈下降态势，其中广东和福建产区的产量下降幅度较大，分别为 13.95% 和 19.85%（图 1-1）。

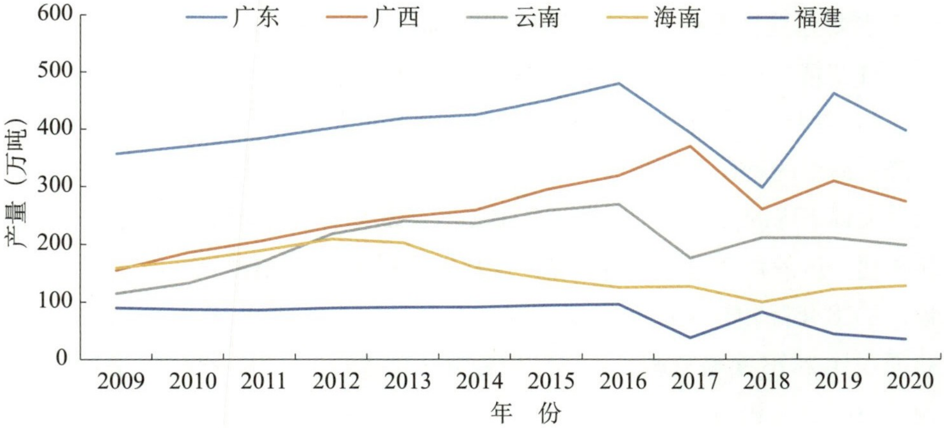

图 1-1　2009—2020 年中国香蕉主产区产量变化

（数据来源：国家统计局及相关资料）

我国香蕉的五大产区的产量占全国的比重一直保持在 90% 以上，2018 年的占比达到 99%，2020 年为 90.19%。2020 年五大产区的产量占全国总产量的比重依次为广东（34.74%）、广西（23.93%）、云南（17.28%）、海南（11.12%）、福建（3.12%）（图 1-2）。

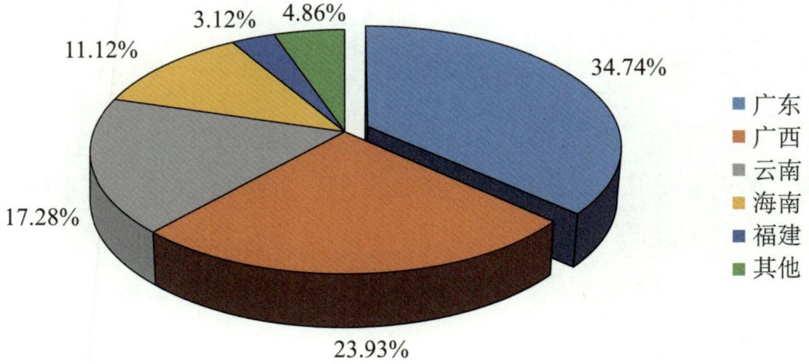

图 1-2　2020 年中国香蕉各主产区产量占比情况

（数据来源：国家统计局）

（三）收获面积呈下降趋势

2009—2020年，我国香蕉各主产区收获面积总体上呈现先增后降的趋势，主要是受枯萎病和市场行情的影响而不断调整。其中广东一直位居第一，种植情况较为稳定，总体上保持小幅增长态势，但2019年减少将近25万亩；广西产区种植面积从2009—2016年呈增长态势，2017—2019年开始下降；海南的种植面积相对不稳定，2009—2011年呈增长态势，2012—2017年呈大幅下降的态势，2018年又小幅增长，2019年又小幅下降；2009—2017年福建产区的种植面积较为稳定，增减幅度不大，平均保持在40.5万亩的规模，2018年降幅较大，达到59.12%（图1-3）。2019年我国香蕉主产区的收获面积比2018年略有减少，其中广西和云南产区相对减少较多。2020年云南香蕉收获面积为124.0万亩，较2019年减少了2.7万亩；海南香蕉收获面积为46.6万亩，较2019年减少了3.4万亩；广东、广西、福建都不同程度地减少了收获面积。

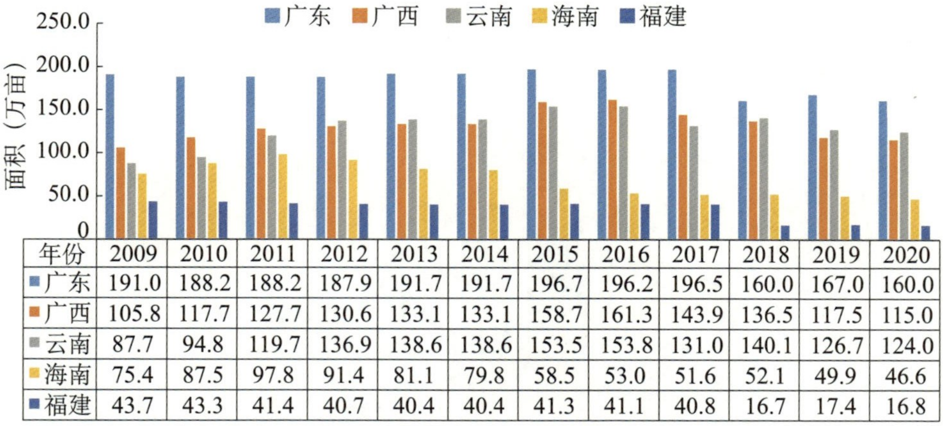

年份	2009	2010	2011	2012	2013	2014	2015	2016	2017	2018	2019	2020
广东	191.0	188.2	188.2	187.9	191.7	191.7	196.7	196.2	196.5	160.0	167.0	160.0
广西	105.8	117.7	127.7	130.6	133.1	133.1	158.7	161.3	143.9	136.5	117.5	115.0
云南	87.7	94.8	119.7	136.9	138.6	138.6	153.5	153.8	131.0	140.1	126.7	124.0
海南	75.4	87.5	97.8	91.4	81.1	79.8	58.5	53.0	51.6	52.1	49.9	46.6
福建	43.7	43.3	41.4	40.7	40.4	40.4	41.3	41.1	40.8	16.7	17.4	16.8

图1-3　2009—2020年中国香蕉主产区种植面积变化

（数据来源：国家统计局、农业农村部农垦局）

三、主要种植品种

我国香蕉五大产区最初都有当地独特的优势特色品种，但随着香蕉的产业化程度越来越高后，除福建产区主栽具有当地特色的天宝蕉外，各大产区的主栽品类和品种越来越趋于雷同。主要栽培的品类为香（芽）蕉和大蕉，香（芽）蕉主栽品种为巴西、南天黄、桂蕉1号、粤优抗1号、宝岛蕉、皇帝蕉等，大蕉主栽品种为粉蕉。经过近些年香蕉产业的不断调整，各主产区香蕉错峰上市成为蕉农共识，形成了以广西和福建为主的秋季优势产区，以云南为主的冬季优势产区，以海南和广东为主的夏季优势产区，构成了我国香蕉周年上市期（表1–1）。

表1–1　中国香蕉主产区种植品种和特点

主产区	种植区域	优势	主栽品种	特点	品牌
广东	湛江、茂名、中山、东莞、广州、潮州	当地经济发达促进了香蕉消费	巴西蕉、麻涌蕉、高脚遁地雷、齐尾、741、威廉斯	当地特色品种，风味独特、香味浓郁	“梅花点香蕉”“高脚遁地雷”、高州香蕉
广西	浦北、灵山、隆安、武鸣、浦北、北海、玉林、南宁等	秋蕉优势产区	桂蕉系列（1号、6号）、金粉1号、鸡蕉、皇帝蕉、红香蕉等优秀品种	香蕉栽培历史悠久，著名的“中国香蕉之乡”	“绿水江”“金纳纳”
云南	红河、西双版纳、普洱等滇南地区	冬蕉优势产区，与其他产区错峰上市	巴西蕉、威廉斯、河口高把蕉	山地蕉代表区域，土质优越、气候适宜	山地蕉
海南	澄迈、临高、乐东、儋州、三亚、东方等	良好的生态环境	巴西蕉、南天皇、宝岛蕉、粉蕉、皇帝蕉	富硒红壤	澄迈香蕉、乐东香蕉
福建	闽南一带，漳州的南靖、平和两县等	挂果期长，营养积累充足	天宝蕉、巴西蕉、威廉斯、漳蕉8号	保留了特色品种天宝蕉	天宝香蕉、坂仔香蕉

四、产销情况

（一）产业规模缩减，市场行情较好

2009—2020 年，中国香蕉种植面积保持在 500 万亩上下水平，产量保持在 1 000 万吨上下水平。自 2015 年以来我国香蕉种植面积呈现逐年下降趋势，但产量没有受面积下降的影响，较为稳定。面积最高值出现在 2015 年，为 533.1 万亩，较低值为 2018 年 456 万亩。2014 年受台风“威马逊”影响，广东、广西、海南等产地香蕉出现不同程度倒伏，其中广东香蕉减产 70% 左右，海南减产 30% 左右，广西香蕉减产 30%，主产区较 2013 年减少 88 万亩。台风“威马逊”过后，产地香蕉减产严重，市场供不应求，产地香蕉收购价一度达到 7.3 元 / 千克的高值，个别地区甚至达到 8 元 / 千克以上，很大程度上刺激了蕉农扩种热情，在 2015 年达到了近 10 年最高值。2016—2020 年我国香蕉种植面积连年下滑，特别是 2017 年广西集中上市导致行情低迷，部分种植户改种柚子、沃柑、火龙果等水果，部分农户直接弃种，导致 2018 年香蕉面积只有 456.0 万亩，较高峰期的 2015 年减少 77.1 万亩。2019—2020 年国内香蕉市场尽管出现了难得的好行情，但由于香蕉枯萎病发病率高、生产成本高和其他经济作物竞争性用地影响，我国香蕉产业还是有逐渐往东南亚国家转移的趋势，因此种植面积在逐渐缩减（图 1-4）。

（二）供需基本平衡

我国香蕉的供需结构日趋完善，形成了云南、海南、广东、广西四大香蕉主产区，且四大产区轮流上市，产销区的配合越来越紧密，保证了香蕉周年上市，香蕉成为名副其实的“四季水果”。除国产蕉还有相当数量的进口蕉进入我国市场，香蕉货源供应量整体较为充足。交通运输方面，冷链物流不断发展，国内产地香蕉可以在 3 ～ 5 天内抵达生蕉批发市场。下游需求方面，优质蕉主要销往大型商超和新零售连锁店等高端市场，中等蕉主要销往社区水果店、批发市场等，一般货主要在农贸市场和集市上销售。我国香蕉消费结构相对较为单一，90% 以上的香蕉是直接进入终端市场鲜食。

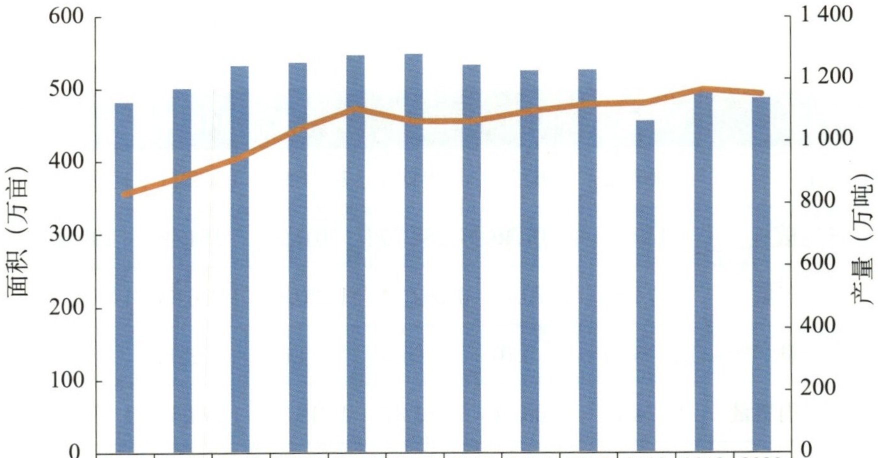

	2009	2010	2011	2012	2013	2014	2015	2016	2017	2018	2019	2020
面积（万亩）	481.3	500.7	532.0	536.2	546.6	548.2	533.1	525.2	526.6	456.0	495.5	487.5
产量（万吨）	829.7	884.1	946.1	1 036.0	1 103.0	1 062.2	1 062.7	1 094.1	1 117.0	1 122.2	1 165.6	1 151.3

图 1-4　2009—2020 年中国香蕉面积和产量变化

（数据来源：国家统计局）

2014—2020 年中国对香蕉的年总需求量在 1 000 万吨以上，国内生产基本能满足内需，每年进口香蕉在 100 万～200 万吨（边贸交易未计入），主要是满足国内消费者对中高端优质香蕉的需求，国产香蕉较少出口，平均每年出口量仅 1 万多吨，但呈不断增长的态势（表 1-2）。供给方面，我国香蕉市场的产销环节日趋完善，实现香蕉全年上市，云南、海南、广东、广西等产区香蕉交替上市。销售方面，大型商超、水果店、农贸市场和小摊贩等大中小型终端零售环节较为完善，充分保证市场的流通。2015—2020 年我国香蕉市场从供过于求向供不应求转变，2015—2017 年供过于求，2017 年是我国香蕉市场的调整期，广西产区香蕉集中上市造成行情低迷，大批种植户亏损严重退出香蕉行业。2018—2020 年我国香蕉供需市场转向供不应求。2018—2020 年蕉农采取分散上市的策略，避免集中上市造成供需失衡，各产地香蕉货源供应量相对较为平稳。

进入消费淡季，价格在 2.00 元 / 千克。8 月海南香蕉货量逐渐减少，客商陆续转至广西等地找货。

广东主产区：2020 年广东主产区不同于 2019 年集中在 7—8 月集中上市，而是实现了香蕉的周年上市，也是主产区中唯一实现周年上市的主产区，也是地头收购价格最为稳定的主产区，平均收购价在 1.60 ～ 2.30 元 / 千克。其中，上市高峰期为 3—5 月，且蕉价较好，最高达到 2.30 元 / 千克，6 月后收购价格回落，保持在 1.60 ～ 2.50 元 / 千克，最低收购价为 7 月 1.40 元 / 千克。

广西主产区：2020 年广西香蕉上市时间不同于 2019 年，2019 年广西主产区香蕉上市时间为 8—12 月，2020 年广西主产区除了 4—6 月外其他月份均为香蕉上市时间，可以看出，广西主产区也在延长香蕉的上市时间。广西主产区平均收购价格在 1.70 ～ 4.60 元 / 千克，多数保持在 2.30 ～ 3.00 元 / 千克，3 月收购价达到全年最高价 4.60 元 / 千克，最低价为 7 月 1.70 元 / 千克。

云南主产区：2020 年云南主产区香蕉也延长了上市时间，除 2 月受新冠肺炎疫情封村封路影响难以出货外，其他月份均有香蕉上市，改变了云南之前以冬蕉为主的上市时间。云南主产区香蕉的平均收购价在 1.30 ～ 4.30 元 / 千克，最高价为 3 月的 4.30 元 / 千克，最低价为 6 月 1.30 元 / 千克，其余月份多数保持在 1.80 ～ 2.80 元 / 千克。

2. 批发市场价格稳中向好

2016—2020 年，我国主要的香蕉批发市场的批发价格在 3.00 ～ 6.00 元 / 千克，5 年的香蕉平均批发价分别为 4.44 元 / 千克、4.23 元 / 千克、5.10 元 / 千克、5.20 元 / 千克、5.65 元 / 千克。总体上，2016—2020 年香蕉市场的批发价行情向好，但价格波动较大，相对而言，2020 年香蕉的市场批发价格较为稳定且价格较好（图 1–7）。香蕉市场批发价格的行情和波动直接影响香蕉的收购价格，经过最近几年的市场调整，香蕉市场批发价格也越来越趋于稳定，也反映了产业越来越趋向成熟。2020 年月交易量在 8 万吨左右，较 2019 年大幅下降；月交易价值约 4 亿元，较 2019 年降幅均在 9% 以上；日平均价格最高为 6.00 元 / 千克，最低为 3.60 元 / 千克。

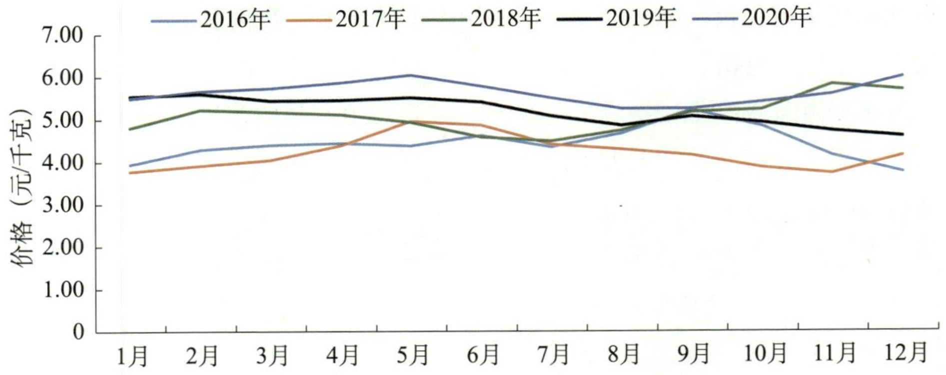

图 1-7　2016—2020 年中国香蕉市场批发价格变化

（数据来源：全国农产品批发市场价格信息系统）

（四）生产成本高企

1. 频繁换地种植是主因之一

香蕉由于生长周期短，一年内就能结果，也是大众的消费水果，投资周期短，经济效益见效快，产销量一直居南方四大水果之列。我国许多香蕉种植户都有 10 年以上的香蕉种植经验，在生产、管理、技术等方面都较为成熟，在农业生产资料价格没有出现较大波动的情况下，国产香蕉的成本是较为稳定的。但专家指出，专业的装蕉工人、技术员和承包户人力紧缺，导致行业内劳动力跟不上、人力成本持续上升。不同区域、不同品种，以及一代苗和二代苗的成本和收益有明显差异。以 2020 年的海南产区种植的巴西蕉的成本收益为例，一代蕉的生产成本约为 45 元 / 株，二代蕉的生产成本约为 33 元 / 株。海南一般中等的蕉园每亩地种植 160 ～ 180 株香蕉，以 170 株计算，一代蕉的成本约为 7 650 元 / 亩，二代蕉的成本约为 5 610 元 / 亩，两者相差 2 040 元 / 亩。以平均每株产量 25 千克计算，2020 年的平均收购价为 3.00 元 / 千克，一代蕉每亩的利润约为 5 100 元（表 1-3）。2020 年我国香蕉整体利润较好，香蕉收购价格均在蕉农成本线以上，蕉农利润大多在 1.00 元 / 千克以上，高的时候利润在 1.60 元 / 千克以上。由于我国香蕉种植多为大肥大水的模式，普遍尚未解决连作障碍问题，许多种植户为避免香蕉感染枯萎病和减产，一般种植两年就更换土地，造成我国香蕉生产的土地更换频繁，增加了土地的租金、平整、种苗、人工、管理等费用，这是导致我国香蕉生产成本居高不下的重要原因。

表1–3 2020年一代苗每亩香蕉的成本收益明细

序号	成本效益指标	数值
1	土地成本（元/亩）	800
2	人工成本（元/亩）	2 300
3	种苗费（元/亩）	1 200
4	农药费（元/亩）	650
5	肥料费（元/亩）	2 650
6	其他费用（元/亩）	50
7	收购价（元/千克）	3
8	亩产（千克）	4 250
9	亩产值（元/亩）	12 750
10	利润（元）	5 100

数据来源：实地调研。

2. 收益受多种要素制约

虽然从成本和利润角度分析，香蕉种植是值得投资的农业经济项目，但高收益往往也意味着高风险。不了解行业、行情把握不准、管理不细、技术不精、资金不足，让众多投资者在风险来临时措手不及。在众多投资风险中，错峰上市被认为是规避“烂市”风险的关键，但能真正避开上市高峰赶上好行情的却极少。行业面临新挑战的同时，台风、枯萎病、霜冻等种植自然风险和病害风险等不确定因素也依然存在，影响着香蕉的收益。近年来出现国产蕉与进口蕉同涨同跌的现象，东南亚进口香蕉对国产蕉的冲击将长期存在，也是影响国产蕉收益的重要因素。

五、消费情况

（一）消费特征

1. 周年上市，以鲜食为主

2009—2019 年我国香蕉市场稳步发展，年消费量在 900 万吨以上，基本以鲜食为主，最高值为 2015 年 1 283 万吨，最低值为 2014 年 909 万吨。2015 年国产蕉出现了扩种潮，种植面积和产量均达到高值。2020 年我国香蕉种植面积减少，消费量为近 5 年的低值，为 950 万吨。近 10 年，我国香蕉人均消费量在 6.50 千克 / 年以上，其中最高值为 2015 年 9.34 千克，最低值为 2014 年 6.65 千克。2015 年受扩种影响，产量达到近 10 年的最高值，人均消费量也达到了最高。2014 年受台风“威马逊”影响，海南、广东、广西产地香蕉减产明显，市场供应量不大，香蕉价格高位运行，消费者购买力不足，减少了购买量，年人均消费量降到了近 10 年来的最低值。我国水果种类繁多，消费者选择较多，随着人们健康意识的增加，选择也更趋向多元化。香蕉全年都有，竞争力将会明显减弱，预计未来几年香蕉的市场需求量难有明显的增加，人均消费量或将维持在 7.0 ～ 7.5 千克 / 年。

2. 不同区域消费各具特点

根据中国香蕉不同的货源和消费市场偏好，形成了以下五大香蕉消费市场。

（1）东北消费市场：进口香蕉占领高端市场

消费区域：包括辽宁、吉林、黑龙江和内蒙古[①]的东部地区。

消费特征：目前，东北是国内最大的香蕉消费市场之一，据不完全统计，全年香蕉市场消费量在 150 万吨以上，几乎占全国市场份额的 1/5。大连已发展成为我国最大的香蕉进口码头，经大连口岸进口的香蕉占全国总进口量的 60%，辐射了全东北和部分华北市场。

（2）华北消费市场：以国产蕉消费为主

消费区域：包括北京、天津、河北、河南、山东、山西和内蒙古中部地区。

---

① 内蒙古自治区，全书简称内蒙古。

消费特征：华北地区也是我国最大的香蕉消费市场之一。据不完全统计，以北京为中心包括天津、内蒙古、河北、山西、山东等地区，全年香蕉消费量在200万吨以上，占全国的1/4强。

（3）华东消费市场：占全年进口量的三成

消费区域：包括上海、江苏、浙江、安徽、江西等地区。

消费特征：华东地区是我国主要的香蕉消费市场。据不完全统计，以上海为中心包括江苏、浙江、安徽等省市，全年香蕉消费量在100万吨以上，上海是进口蕉重要的口岸之一，全年进口量占全国的30%，约10万吨，主要在各大中城市的大型超市或水果卖场销售，而国产蕉主要在中小超市、农贸市场和县城以下的市场销售。

（4）中南消费市场：国产蕉的主场地

消费区域：湖北、湖南、广东、福建、广西、海南等地区。

消费特征：中南市场距离香蕉产区较近，除重点城市如广州、深圳等之外，大部分以国产蕉消费为主。在广州、深圳等城市，都乐进口蕉主要供应沃尔玛、家乐福等超市，占据了大部分高端市场。

（5）西南、西北消费市场：国产蕉占主流

消费区域：西南消费市场包括四川、重庆、贵州、云南和西藏，西北消费市场包括新疆①、甘肃、宁夏②、陕西和内蒙古西部地区。

消费特征：目前西南、西北地区如成都、乌鲁木齐、兰州等重点消费城市的香蕉市场，消费者普遍认可国产香蕉。进口蕉路途相对遥远，到西南、西北市场后，质量普遍欠佳。

3. 消费旺季与季节密切相关

香蕉是淡旺季非常明显的水果，淡季为7—8月，旺季为9月至翌年4月。7—8月正值夏季，南北方普遍高温，消费者转而购买西瓜、桃子等夏季水果，对香蕉需求量减少，香蕉市场消费量仅为高峰期的30%～40%。9月至翌年4月，温度降低，水果较少，消费者对香蕉需求量增加，香蕉进入传统消费旺季。近几年，传统节日对市场的带动作用越来越小，市场上一年四季

---

① 新疆维吾尔自治区，全书简称新疆。
② 宁夏回族自治区，全书简称宁夏。

水果种类较多，消费者选择增多，作为平民化的水果，香蕉市场份额被挤占。

4. 消费者更注重质量和品牌

伴随着我国经济社会的快速发展和国民生活水平的不断提高，许多消费者越来越青睐优质农产品，香蕉的消费也趋于绿色化。我国香蕉市场在经历了最近几年的快速增长和数量扩张后，也正朝着提升质量的方向发展。

（二）消费量趋势

伴随着我国经济社会的快速发展，许多国内消费者已经把视线转移至绿色消费上来，而我国香蕉市场在经历了最近几年的快速增长和数量扩张后，现在也正在提升质量的道路上迈进，随着香蕉营销软硬件设施的改进，我国香蕉产业营销运行势态良好。受枯萎病、产业转移和竞争性用地的影响，2020 年中国香蕉种植面积持续减少，进口量在 174.74 万吨，表观消费量为 1 324.06 万吨，比 2019 年略有减少。2020 年中国香蕉消费量变化较为明显，其中消费量是大的为 4 月，为 160 万吨。消费量最小的为 7 月，在 32 万吨左右。4 月天气转暖，消费者对水果的需求量较大，消费者对香蕉的购买量增加。7 月南北方普遍高温，消费者转而购买西瓜、桃子等夏季水果，对香蕉的需求量减少，香蕉消费量为 2020 年的最低值。香蕉是一种替代性非常强的水果，若香蕉价格高位运行，超过消费者的心理预期，消费者则减少香蕉的购买量，转而购买其他价格相对低廉的水果。若相比于其他水果，香蕉价格较低，消费者则会加大香蕉的购买量。

（三）加工流通

1. 以鲜食为主，加工率不到5%

在发达国家，水果深加工率达到 80%，成为其水果产业发展的坚强后盾。目前，我国尚未形成香蕉精深加工产业体系，90% 以上的香蕉直接走市场鲜食，深加工率非常低，除广西金穗集团拥有香蕉果汁类的加工产品外，几乎没有其他成熟完善的香蕉深加工产品推向市场，加工率不足 5%，其中下游加工大部分为香蕉干，香蕉深加工产业发展滞后，对种植业缺乏支撑，难以化解风险，也难以提高产品的附加值。中国香蕉深加工行业发展不快，但是前景巨大。香蕉全身都是宝，营养丰富，集多种保健功能于一身。果肉可以做成香蕉片、果汁、果醋和果酒，经过特殊加工后可获香蕉天然抗性淀粉，富含低聚糖、果胶、抗性淀粉、膳食纤维，高钾、高钙、高镁、低钠，富含各种维生素、氨基酸和多酚，含有5-羟色胺等功能物质，有润肠通便、减肥美容之功效，长期食用有益肠道益生菌，改善肠道循环。

2. 整体流通运行势态良好，但流通环节较多

随着我国香蕉营销软硬件设施的改进，我国香蕉市场的营销运行势态良好。但我国香蕉生产呈现小而散的生产格局特点，同时缺少自主品牌，因此在流通方面，除极少数较大的香蕉种植企业直接供货给大型水果经销商、连锁超市等外，主要水果经销商委托当地代办在香蕉种植较为集中的地区设点收购，这样增加了流通的环节，香蕉的收购价格也往往被代办压得较低，蕉农的利润空间被压缩。随着“互联网 +”的赋能效应，有的蕉农也开始利用网络、微信等电商平台销售香蕉，拓宽了销售渠道，但总体上还是以卖给收购点为主。

六、贸易情况

中国香蕉进口情况一直较为稳定，进口规模远大于出口规模，一直处于贸易逆差，进口来源地区主要为东盟和拉丁美洲地区。2020年受新冠肺炎疫情的影响因素，中国香蕉的进出口贸易额都同时下降。

（一）进口量整体呈现增长趋势

2009—2020年，我国香蕉进口量整体呈现波动增长趋势。随着生活水平的提高，消费者对香蕉品质的要求越来越高，进口蕉以高品质得到越来越多消费者的青睐，占据了我国中高端消费市场，我国香蕉进口量也稳步增长。香蕉进口量最低值为2009年的49.13万吨，最高值为2019年的194.00万吨（未含边贸进口）（图1-8）。2020年进口蕉减少19.26万吨，比2019年下降

约 1%。

图 1-8　2009—2020 年中国香蕉进口量变化

（数据来源：中国海关）

2020 年我国从菲律宾进口香蕉 79.55 万吨，占我国进口蕉总量的 45.52%，是我国进口蕉的最大来源国。从厄瓜多尔进口香蕉 32.96 万吨，占我国进口蕉总量的 18.86%，是我国进口蕉的第二大来源国。从越南进口香蕉 28.3 万吨，占我国进口蕉总量 16.19%，是我国进口香蕉的第三大来源国。其他主要进口来源国为柬埔寨、缅甸、哥斯达黎加、印度尼西亚、泰国等。（图 1-9）。

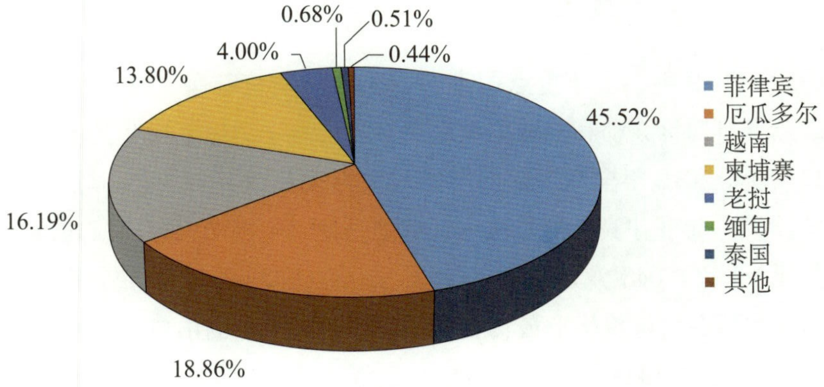

图 1-9　2020 年中国香蕉进口主要来源地

（数据来源：中国海关）

（二）出口量小幅下降

我国种植的香蕉以满足国内消费为主，同时因其生产成本高、品质整体不高等因素导致出口量不大，香蕉出口主要面向我国港澳地区和周边几个国家。2015—2020 年，我国香蕉出口低值为 2015 年的 0.76 万吨，最高值为 2019 年的 2.33 万吨，相差 1.57 万吨（图 1-10）。2020 年我国香蕉主要出口目的地为中国香港、中国澳门、朝鲜、蒙古国、俄罗斯、美国、加拿大等。

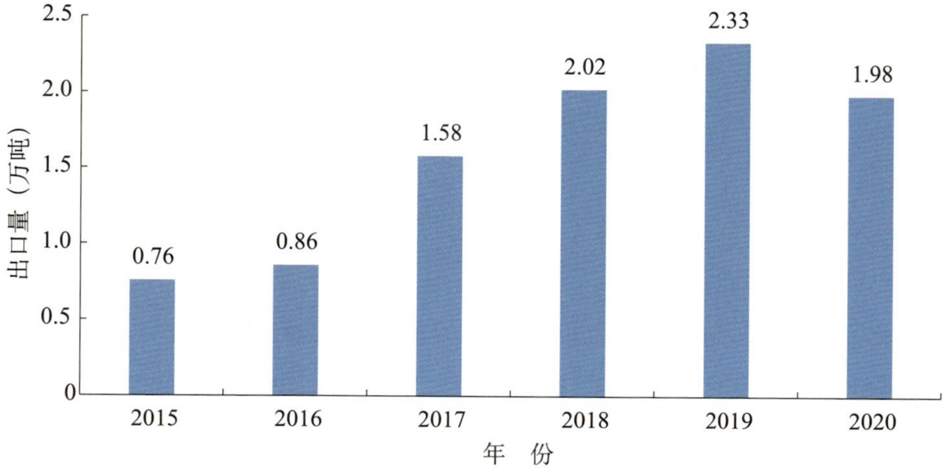

图 1-10 2015—2020 年中国香蕉出口量变化

（数据来源：中国海关）

（三）出口均价远高于全球平均和其他国家

1990—2019 年，全球重点国家的香蕉出口均价都呈上涨趋势，其中我国的香蕉出口均价波动和上涨幅度最大，远远高于全球平均和其他国家香蕉的出口均价。2019 年全球香蕉的出口均价为 0.55 美元 / 千克，与 2018 年基本持平。2019 年菲律宾、厄瓜多尔、危地马拉、中国的香蕉出口均价分别为 0.81 美元 / 千克、048 美元 / 千克、0.33 美元 / 千克、1.03 美元 / 千克，其中危地马拉香蕉在出口价格上最具有竞争力。我国香蕉的出口在价格约是危地马拉的 3.1 倍，在出口价格方面不具有竞争优势。长期在出口价格方面最具有竞争优势的菲律宾，2019 年出口价格上涨幅度最大，远高于拉美的厄瓜多尔和危地马拉，面临来自拉丁美洲的竞争压力（图 1-11）。

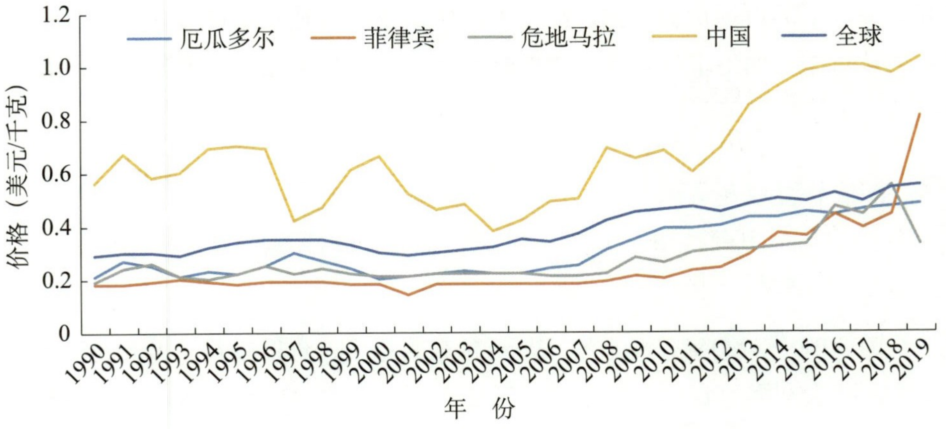

图 1-11　1990—2019 年重点国家香蕉出口均价与全球香蕉出口均价对比变化

（数据来源：联合国粮食及农业组织、国际贸易中心）

七、产业发展前景分析和展望

（一）前景分析

1. 产业前景

香蕉作为受消费者喜爱的大众水果给产业发展带来了稳定的预期，香蕉四季均可挂果，生产投入周期短、收益见效快，一直是种植户投资的热点水果之一，但长期以来，粗放式发展给土壤的可持续利用带来较大的问题，枯萎病高发、生产成本高、与进口蕉的竞争、与其他高价值作物用地竞争等导致中国香蕉产业的发展遇到了瓶颈。可以预见，如果中国香蕉产业不向绿色、高质量发展方向转型，随着越来越多的国内蕉农到东南亚种蕉，国内香蕉产业的发展不容乐观。

2. 市场前景

经过了 2018 年中国香蕉市场供不应求，2019 年中国香蕉市场供不应求的矛盾有所缓解，供需较为平衡，随着香蕉市场需求结构日趋完善，2020 年国内香蕉市场行情较为稳定，进口蕉依然主要占据中高端市场，主要在各大中城市的大型超市、品牌水果连锁店销售，国产蕉仍以中小超市、农贸市场和县城以下的市场销售为主。经过近些年市场的洗礼和进口蕉的竞争，国产香蕉从过去片面追求产量逐渐转向越来越注重产品的品质，尤其是规模大的基地更加注重香蕉质量，精品香蕉的市场占比将会稳步增加。

（二）发展趋势

1. 稳控面积

因 2018—2020 年产地香蕉市场行情较为稳定，价格较好，无大的风灾和寒害，蕉农利润可观，或将在一定程度上刺激蕉农的扩种热情。但受枯萎病和地区产业结构调整影响，部分种植香蕉地块续种的难度较大，或有部分地块改种或弃种，加上我国香蕉产业向东南亚国家转移趋势明显，香蕉种植面积或将减少。综合来看，未来 5 年我国香蕉扩种面积小于缩减面积，将持续略有减少，种植面积将保持在 450 万～ 500 万亩。

2. 生态种植

由于进口蕉的竞争、市场绿色消费需求旺盛以及土地的可持续利用瓶颈等叠加因素的影响，倒逼我国香蕉产业不得不加大提高产业化程度和种植技术水平，不断提升香蕉的品质成为种植户的共识，未来香蕉的生态种植将成为趋势，绿色技术的使用将更普遍，种植户将更关注土地的可持续利用，高效有机菌肥的使用比例将大幅上升，化肥的使用比例将下降。

3. 消费持稳

2014—2020 年我国香蕉市场发展较为平稳，香蕉年消费量在 900 万吨以上，香蕉年消费量的变化主要是受种植面积和产量的影响。香蕉作为一种大众消费的平价水果，当香蕉市场价格较高时，被其他水果的替代性较强，如苹果、桃子、梨等替代性水果在一定程度上影响香蕉的消费量。总的来说，我国香蕉市场已经进入了相对平稳期，预计未来 5 年我国香蕉消费量相差不大，预计年消费量保持在 1 000 万吨左右。

4. 进口蕉占据中高端消费市场

随着香蕉市场需求结构日趋完善，预计未来 5 年进口蕉依然主要占据中高端市场，主要在各大中城市的大型超市、品牌水果连锁店销售，国产蕉仍以中小超市、农贸市场和县城以下的市场销售为主。经过近些年市场的调整和进口蕉的竞争，以及消费者健康意识的提高，国产蕉从过去片面追求产量逐渐转向越来越注重香蕉的品质，尤其是大的基地将更加注重香蕉质量，精品香蕉的市场占比将会稳步增加。

5. 进口来源地仍聚焦东南亚和拉美地区

近年来我国的进口来源地较为稳定，主要是东南亚国家和拉美地区，其中以菲律宾和厄瓜多尔为主，未来我国香蕉的进口来源地依然主要是东南亚和拉美地区，但进口来源国将更加多元，除传统的主要进口国菲律宾和厄瓜多尔外，越南、柬埔寨等东南亚国家，以及哥斯达黎加等拉丁美洲国家出口我国的香蕉份额将加大。

6. 出口贸易将保持增长

自2015年以来，我国香蕉的出口持续增长，但出口总量较小，2018—2020年保持在2万吨左右，出口目的地主要限于中国香港、中国澳门、朝鲜、蒙古国等，总体上，我国香蕉因品质、品牌、生产成本等原因在竞争力方面较弱。预计未来5年，我国香蕉的出口贸易将持续保持小幅增长，出口目的地变化也不大，预计年出口量在2万～2.5万吨以内。

八、产业发展存在的问题和面临的风险

（一）主要问题

1. 生产成本持续上升

我国香蕉产业整体上还是处于粗放式和低质量发展阶段，品质良莠不齐。在生产环节，还是以大量施用农药和化肥支撑生产的发展模式，生产成本较高，在绿色、高质量发展方面难以突破，尤其香蕉的连作障碍问题突出，香蕉一般种植2～3年后就通过换地的方式来减少枯萎病的发生，频繁换地不仅增加了生产成本，同时对香蕉产业可持续发展非常不利，尽管现在

香蕉市场行情较好，但已经难以找到“新地”（没种过香蕉的地）种植香蕉，老地枯萎病发生率较高不能种植。从近两年香蕉产业发展情况来看，逐渐改变了过去“卖”难问题，关键是卖不上好价格，主要还是香蕉品质上不去。

2. 产业化程度仍待提高

我国香蕉种植面积和产量居世界前列，但长久以来没有改变小而分散的生产格局，以中小种植户为主，以 100 ～ 300 亩的种植规模居多，缺乏大公司和龙头企业的引领发展，成立的合作社大多也没有充分发挥作用，没有把小而散的种植户组织起来。种植户之间大多相互竞争的意识较强，不愿分享好的经验和渠道，可以说处于“一盘散沙，各自为政”状态，导致行业信息不对称、议价能力弱、抗市场风险弱、产业竞争力不强，总体上整个产业链的整合和打造乏力，产业的科技创新、技术改造、绿色发展、品牌打造等缺乏资金、技术、资源、政策等支持。

3. 主产区枯萎病大面积暴发

近年来，我国广东、广西、云南、海南等香蕉主产区的枯萎病呈蔓延趋势，尽管国内蕉价整体行情较好，但种植面积在持续下降。目前针对香蕉枯萎病还没有好的防治技术和措施，只能防不能治，只能通过换地种植和种植抗病品种来减少枯萎病发生。以巴西品种为例，通常第二年种植，枯萎病发病率在 30% 左右，即使抗枯萎病的南天黄品种发病率也在 10% 左右。过度使用化肥破坏土壤微生物平衡是枯萎病产生主要原因，蕉农防治意识较弱，对病株的随意丢弃缺乏隔离和检疫检测不严格是枯萎病蔓延的主要因素。

4. 进口蕉优势明显，对国内产业形成冲击

2019 年我国的香蕉进出口贸易逆差持续扩大，进口蕉在品质和价格上优势明显，凸显国内消费市场对优质香蕉需求旺盛和国产蕉生产不能满足人们对优质香蕉需求的矛盾。与拉丁美洲和东南亚的香蕉相比缺乏竞争力，表面上看起来质量差不多，但一催熟后，品质高下立现。我国土地、人工、农资等生产成本的不断上升使香蕉的生产成本处于世界高位，加之缺乏标准化的生产和品牌营销战略，使我国香蕉出口贸易处于劣势，进口香蕉对国产香蕉冲击较大，也成为国产香蕉价格波动的重要参照。长期以来，我国香蕉主要

在低端市场销售，中高端市场主要是被进口香蕉所占领。

（二）风险分析

1. 市场价格敏感

供需关系是影响香蕉市场的最主要因素，而供需关系最直观的表现是价格变化。一定程度上，供需矛盾会通过价格得以平抑。若供不应求，香蕉价格上涨，一旦蕉价超过消费者的心理预期，消费者则会减少购买量，转而购买西瓜、苹果等替代水果；若供大于求，香蕉价格下滑，消费者则会加大香蕉的购买量，这也会在一定程度刺激价格回涨。其他水果的产量和价格也影响香蕉的市场行情，如 2019 年桃子、苹果等产量较高、价格低位运行，在很大程度上冲击香蕉市场销量。

2. 投资热度下降

从经济周期的角度看，当前全球经济处于下行周期，在周期力量带动下，消费可能受到抑制。国际货币基金组织（IMF）预计，发达经济体近两年经济增速均放缓至 1.7%，新兴市场和发展中经济体经济增速分别放缓至 3.9% 和 4.6%。对中国市场而言，中国经济仍会受到来自国内外的各种压力，经济增速或有下行可能。考虑经济运行的基本状态，预计未来商品价格或延续下跌走势，对于香蕉市场而言，可能因为宏观经济下行的风险或导致社会资本收紧对香蕉扩种投资。

3. 气候变化是高风险因素

我国香蕉五大产区中除云南外，广东、广西、海南、福建地处沿海，是台风高发地区，历年来台风都是我国香蕉生产的高风险因素，尤其是遇到大台风更是毁灭性打击，导致蕉农血本无归。上述地区为避开台风天气的影响，蕉农往往放弃在台风高发的下半年种植香蕉，难以做到持续大量周年生产，也影响了品牌打造。寒害天气也是影响香蕉市场长期行情的重要因素，除海南产区外，其他几大产区每年都不同程度地受到寒害影响。

4. 其他不确定因素

主要是不确定的市场因素和社会因素。市场因素其他水果的替代作用，香蕉是一种平价水果和替代性非常强的水果，一旦香蕉价格上涨，超过消费者的心理预期，消费者则转而购买其他水果。其他水果的产量和价格也影响香蕉的市场行情，例如，2019 年桃子、苹果等产量较高、价格低位运行，在很大程度上冲击香蕉市场销量。社会因素如行业信息发布不实对公众造成误导，例如，2007 年的“毒香蕉”事件给海南香蕉产业带来重创，并且这种负面影响持续的时间长，给产业发展带来非常不利影响。2020 年初新冠肺炎疫情的发生对香蕉产业也造成了较大影响，尤其是 2—3 月，因交通管制给香蕉的生产和销售带来较大影响。

九、政策措施建议

（一）协同解决连作障碍问题

政府要重视香蕉的连作障碍问题，应给予政策支持，支持科研机构科研攻关解决香蕉的连作障碍问题，引导产业从追求产量向绿色生产和高质量方向发展，保障产业的稳定和可持续发展。世界香蕉产业化程度较高的菲律宾和拉丁美洲国家等解决了连作障碍问题，采用多代种植，不仅降低了生产和管理成本，同时有利于土地保护和可持续利用，值得我国借鉴。

（二）建立先进现代化产业体系

借鉴国际香蕉产业较为发达的菲律宾和拉丁美洲国家的先进经验，建立一套高效的工业化产业体系，对育苗、品种选择、种植技术、绿色技术、无伤采摘、即时冷链贮运、催熟、管理、成本控制、营销、品牌战略、价格保护等各个环节进行科学设计和运作，产业向精细化方向发展。培育龙头企业，加强龙头企业、专业合作社对产业的引领发展，充分聚集生产要素、行业信息，在信息共享、生产指导、技术革新、风险应对、贷款扶持等方面发挥重要的作用。

（三）推广绿色种植技术

通过绿色技术和生产管理减少农药化肥的施用，鼓励农户施用高效有机菌肥改善和修复土壤，减少土传病害发生。除了在科研方面研发抗性品种和解决连作障碍问题，最关键的还是要转变长期以来大量使用化肥的生产模式，使用高效有机菌肥替代化肥，才能从根本上解决枯萎病的问题。要加强生产指导，对发生枯萎病的蕉园要有隔离和处理措施，对病株的运输要加强检疫检测，防止枯萎病蔓延。

（四）不断提升品质和标准化生产，促进香蕉产业的转型升级

从目前国内外农产品的发展趋势来看，优质农产品市场潜力巨大，香蕉已进入以质论价的时代，倒逼生环节必须转型升级，优化品种结构，推动品种多元化同步发展，不断提升香蕉品质和大力推行标准化种植，严格化肥和农药施用和农机农艺配套，逐步使用生物除草剂替代化学除草剂，大力推行高效微生物有机菌肥，提升香蕉的口感、风味等品质，推动产业绿色高质发展，加强品牌运营，积极打造区域公共品牌，促进产销对接，打造市场营销新模式，产品向中高端市场延伸。

（五）配套系列政策措施共同促进香蕉产业健康可持续发展

政府应引导和支持地区龙头企业或专业合作社培育和搭建成熟稳定的产供销渠道，增强蕉农抗市场风险、议价能力，解决“卖不上好价格”的问题。建立行业的信息公开、透明、共享机制，加强产业的监测预警和风险分析研究，关注香蕉替代性水果的监测和研究，减少信息不对称带来的市场风险。政府应鼓励和支持有条件的企业或大的专业合作社延长产业链，减少中间的流通环节，促进产品的价值实现。加大对香蕉品种的保险的力度，尤其加大对风灾、寒害等自然灾害的保险力度，简化理赔程序，减少香蕉种植企业或蕉农的从业风险，稳定产业发展。

第二章
印度香蕉产业发展情况

一、引　言

人们在公元前500年的梵文中发现有关香蕉的文字记载，推测香蕉起源于印度。现在，科研人员仍能在印度南部及中南半岛找到野生香蕉的历史痕迹。

香蕉被认为是世界上最早栽培的水果之一。在印度，从古代起香蕉就一直被认为是营养最丰富、最受人们尊敬的水果，还是一种很好的天然防腐剂，是印度医药体系中不可或缺的成分。香蕉富含碳水化合物和维生素，有助于降低心脏病的发作风险，并且价格低廉，因此，香蕉会出现在印度每一个家庭的餐桌上。

印度是全球第一的香蕉生产国，大多数用于满足国内市场消费。作为香蕉原产国之一，印度拥有60余种香蕉品种，对世界香蕉产业发展有着重要影响。因此，研究印度香蕉产业的发展状况对于全球香蕉产业的总体发展十分必要。

二、产区分布

印度位于亚洲南部，北纬8°24′～37°36′，东经68°7′～97°25′，整

体呈现北部和南部高，中间低的地势。按地理区位划分，印度可大致分为东西海域岛屿区、南部德干高原区、中部恒河平原区、西部塔尔沙漠区和北部喜马拉雅高山区 5 个部分。印度南部德干高原属热带气候，东西海域沿海低地是印度少有的热带雨林气候分布区，中部平原以热带季风气候为主，是印度主要农作物区和经济最发达的地区。由于香蕉喜温喜热的特性，水分需求和养分补给大，需要足够的光照才能正常生长，适合在热带地区生长，是典型的热带植物，因此印度的中南部和西部部分地区是香蕉生长的最佳地区。

从产区分布来看，印度香蕉种植分布存在很强的地域性，主要分布在湿热的沿海地区，其次分布在较为干热的南部德干高原，少数分布在印度东北部的恒河流域。从产业规模来看，香蕉种植规模较大的果园主要分布在泰米尔纳德邦、古吉拉特邦、安得拉邦、北方邦和马哈拉施特拉邦，次产区有阿萨姆邦、比哈尔邦、中央邦、奥里萨邦和西孟加拉邦。总体来看，种植逐渐向规模化集中化发展，种植面积总体呈增长态势。但是，除印度香蕉主要产区的种植面积处于增长趋势外，其他邦种植面积正不断减少，主要主产区生产了全国年产量 50% 以上的香蕉。

根据印度农业与农民福利部的数据，2018 年，共 26 个邦进行香蕉种植，按种植面积进行排序，排名前五位的邦分别是卡纳塔克邦、喀拉拉邦、安得拉邦、泰米尔纳德邦和马哈拉施特拉邦，分别为 11.06 万公顷、10.93 万公顷、8.90 万公顷、8.26 万公顷和 8.09 万公顷（表 2–1），占印度全国香蕉种植面积的 53.43%，仅卡纳塔克邦就占了全国香蕉种植面积的 12.5%。从 2016 年开始，5 个邦种植面积占印度全国的 50% 以上。按香蕉产量进行排序，排名前五位的邦分别是安得拉邦、古吉拉特邦、马哈拉施特拉邦、泰米尔纳德邦和北方邦，产量分别为 500.31 万吨、447.23 万吨、420.93 万吨、320.50 万吨和 317.23 万吨（表 2–2），占印度 2018 年全国香蕉产量的 65.12%。从 2016 年开始，5 个邦产量占印度全国的 62% 以上。印度单产排名前五位的邦有中央邦、古吉拉特邦、旁遮普邦、安得拉邦和马哈拉施特拉邦，单产水平分别是 69.54 吨 / 公顷、65.63 吨 / 公顷、57.95 吨 / 公顷、56.24 吨 / 公顷和 52.05 吨 / 公顷（表 2–3）。

表2-1 2016—2018年印度各邦香蕉生产面积

（单位：万公顷）

地区	2016 年	2017 年	2018 年
卡纳塔克邦	9.66	9.95	11.06
喀拉拉邦	8.46	8.50	10.93
安得拉邦	7.57	8.82	8.90
泰米尔纳德邦	9.46	9.50	8.26
马哈拉施特拉邦	6.96	8.13	8.09
北方邦	6.70	6.91	6.94
古吉拉特邦	6.47	6.63	6.82
阿萨姆邦	5.11	4.93	5.31
西孟加拉邦	4.81	4.81	4.93
比哈尔邦	3.48	3.51	3.11
切蒂斯格尔邦	2.58	2.61	2.66
中央邦	2.84	2.70	2.64
奥里萨邦	2.45	2.45	2.42
米佐拉姆邦	1.09	1.10	1.12
特里普拉邦	1.46	1.08	1.03
恰尔肯德邦	1.25	0.91	0.92
那加兰邦	0.73	0.83	0.83
梅加拉亚邦	0.71	0.72	0.74
曼尼普尔邦	0.70	0.82	0.69
锡金邦	0.12	0.12	0.13
旁遮普邦	0.01	0.01	0.01
喜马偕尔邦	0.01	0.01	0.01
拉贾斯坦邦	0.00	0.00	0.00
其他	1.51	0.97	0.86
总计	84.13	86.02	88.41

数据来源：印度农业与农民福利部。

表2-2　2016—2018年印度各邦香蕉产量

（单位：万吨）

地区	2016 年	2017 年	2018 年
安得拉邦	357.06	467.28	500.31
古吉拉特邦	418.55	429.32	447.23
马哈拉施特拉邦	302.52	388.89	420.93
泰米尔纳德邦	433.17	349.95	320.50
北方邦	306.12	316.08	317.23
卡纳塔克邦	237.10	244.60	232.89
中央邦	175.81	187.65	183.40
比哈尔邦	153.53	152.79	139.64
西孟加拉邦	117.23	117.23	120.00
喀拉拉邦	129.24	125.06	111.92
阿萨姆邦	88.27	85.49	91.33
切蒂斯格尔邦	58.74	60.92	74.58
奥里萨邦	46.27	46.64	44.98
米佐拉姆邦	14.10	14.10	14.38
那加兰邦	10.85	11.70	11.70
特里普拉邦	15.36	11.53	10.94
梅加拉亚邦	8.87	9.43	9.69
曼尼普尔邦	9.40	10.98	9.35
恰尔肯德邦	3.33	3.16	3.21
旁遮普邦	0.64	0.53	0.53
锡金邦	0.36	0.39	0.37
拉贾斯坦邦	0.04	0.04	0.07
喜马偕尔邦	0.04	0.04	0.04
其他	26.89	13.94	15.54
总计	2 913.49	3 047.74	3 080.76

数据来源：印度农业与农民福利部。

表2-3 2016—2018年印度各邦香蕉单产

（单位：吨/公顷）

地区	2016 年	2017 年	2018 年
中央邦	62.01	69.58	69.54
古吉拉特邦	64.70	64.75	65.63
旁遮普邦	57.37	57.93	57.95
安得拉邦	47.16	53.00	56.24
马哈拉施特拉邦	43.49	47.81	52.05
北方邦	45.69	45.74	45.73
比哈尔邦	44.12	43.57	44.94
泰米尔纳德邦	45.78	36.85	38.79
切蒂斯格尔邦	22.80	23.33	28.07
西孟加拉邦	24.39	24.39	24.34
卡纳塔克邦	24.54	24.59	21.07
拉贾斯坦邦	11.91	9.58	20.61
奥里萨邦	18.91	19.07	18.59
阿萨姆邦	17.27	17.35	17.20
那加兰邦	14.96	14.07	14.03
曼尼普尔邦	13.51	13.40	13.48
梅加拉亚邦	12.47	13.03	13.15
米佐拉姆邦	12.93	12.82	12.83
特里普拉邦	10.51	10.67	10.63
喀拉拉邦	15.28	14.72	10.24
喜马偕尔邦	4.80	4.18	4.25
恰尔肯德邦	2.66	3.49	3.49
锡金邦	3.09	3.20	2.90
其他	10.65	9.49	12.60
平均	26.29	26.53	27.43

数据来源：印度农业与农民福利部。

三、主要种植品种

印度香蕉品种资源丰富，且因复杂的地理环境而具有明显的地域性。印度香蕉约有 60 多个品种，主栽品种为罗布斯塔（Robusta）、普旺（Palayankodan 或 Poovan）、帕查拉丹（Pachanadan）、萨巴（Saba）、Peyan、卡普拉瓦利（Karpuravalli）、G8 和 Grand Naine，这 8 个品种的香蕉产量占全国香蕉总产量的 80% 以上。

各个香蕉品种的分布具有区域性，如卡普拉瓦利（Karpuravalli）集中种植在泰米尔纳德邦，Kanthali 主要集中在哈尔邦，Bood ida Bukkisa 主要集中在北方邦，Boodi Bale 主要集中在卡纳塔克邦。

目前印度香蕉的主要抗性品种：Pisang Li-in，抗香蕉枯萎病；Atia，抗香蕉黑叶条斑病，但易感染线虫；Rasthali，抗香蕉枯萎病菌古巴专化型 1 号生理小种；香蕉杂交种 Udhayam，由印度国家香蕉研究中心选育，具有高产、耐低温、耐香蕉黑叶条斑病和抗线虫的优点，但其对香蕉枯萎病较敏感。

香蕉喜温喜湿，是典型的热带作物，在寒冷天气中，香蕉会因霜冻受害，并于低于 10℃的温度下停止生长。有些香蕉品种具有较强的抵御寒冷的能力，如蒙特（Monthan）品种，通常生长在印度北部；拉贾普里（Rajapuri）和瓦尔哈西姆（Walhaseemes）品种也具有比大多数其他品种更好的抗寒能力；而哈里恰尔（Harichhal）虽然能够比巴斯莱（Brasrai）、矮种卡文迪许（Dwarf Cavendish）更好地承受寒冷侵袭，但它们在沿海地区的生长情况较差。

印度香蕉主要种植品种，按基因型分：AAA 基因组的有矮种卡文迪许（Dwarf Cavendish）、罗布斯塔（Robusta）和红香蕉（Red Banana）等；AAB 基因组有普旺（Palayankodan 或 Poovan）、Virupakashi 和帕查拉丹（Pachanadan）等；ABB 基因组有蒙特（Monthan）和卡普拉瓦利（Karpuravalli）等；AB 基因组有 Ney Poovan 和 Safed Velchi Musa 等。

矮种卡文迪许（Dwarf Cavendish）（AAA 基因组型）：主要种植在马哈拉施特拉邦、古吉拉特邦、比哈尔邦和西孟加拉邦，它是各州广泛种植、用于餐桌和加工的流行商业品种。同时，该香蕉品种在泰米尔纳德邦、卡纳塔克邦和安得拉邦也很受欢迎。巴斯莱（Brasrai）是矮种卡文迪许的主要商业品种，是马哈拉施特拉邦的主要商业品种，其香蕉树体较矮，因此比较抗风，该品种香蕉串的大小和果实的品相都较好，但保鲜质量差，即使果实成熟，普通果实在一定程度上仍会保留绿色。矮种卡文迪许在高投入的轻质土壤上，结合高密度种植和滴灌后，生长状况表现良好，因此也正在成为非常优秀的栽培品种。但是矮种卡文迪许在潮湿的热带地区极易感染香蕉叶斑病（Sigatoka），从而限制了其商业化种植。

红香蕉（Red Banana）（AAA 基因组型）：是喀拉拉邦和泰米尔纳德邦最受欢迎的品种，该品种在泰米尔纳德邦的 Kanyakumari 和 Tirunelveli 地区的商业种植十分广泛，在卡纳塔克邦、安得拉邦以及印度西部和中部也颇受欢迎。在管理规范的条件下，红香蕉每束重达 20 ～ 30 千克。成熟时果实香甜，果皮呈深红色，并带有浓郁果香。红香蕉的缺点是它极易受束顶病、枯萎病和线虫侵害。

罗布斯塔（Robusta）（AAA 基因组型）：属于半高品种，主要种植在泰米尔纳德邦、卡纳塔克邦、安得拉邦和马哈拉施特拉邦的某些地区，供人们食用。罗布斯塔高产且果实发育良好，果实个头相对其他品种而言更大。成熟期，果皮会由深绿色变成亮黄色，果实香甜，具有浓郁果香，一束果实重约 25 ～ 30 千克。然而，由于该品种的保鲜质量较差，成熟后果肉会快速分解，因此不适合长距离运输，并且罗布斯塔在热带潮湿地区极易患香蕉叶斑病。

普旺（Palayankodan）（AAB 基因组型）：是印度领先的商业栽培品种，一般集中种植于泰米尔纳德邦，它通常作为多年生作物种植。由于气候和边缘土地条件，泰米尔纳德邦是普旺品种的主要生产地区。普旺还在泰米尔纳德邦和喀拉拉邦的某些地区商业种植用于制叶业。水果略带酸性，坚硬，并有典型的酸甜香气，果实成熟时会变成诱人的金黄色。优点是良好的保存品质和耐水果破裂性。但是它极易受到香蕉花叶病毒（CINV）和香蕉条纹病毒（BSV）的影响。

帕查拉丹（Pachanadan）（AAB 基因组型）：是泰米尔纳德邦的一个广泛种植的品种，该品种在边缘土地上生长良好，且未降低产量，非常适合作为椰子 / 槟榔园中的间作作物，一束果实重量为 12 ～ 15 千克。帕查拉丹可以在嫩德兰（Nendran）品种的人工林中与之间种，该品种耐受叶斑病和香蕉束顶病毒（BBTV）病，但易患枯萎病。

嫩德兰（Nendran）（AAB 基因组型）：是喀拉拉邦的一种流行品种，既可作为水果食用也可用于加工。近几年，该品种在泰米尔纳德邦商业化种植面积迅速增长。该品种在植株大小、假茎颜色、雄性轴、果串大小等方面表现出相当大的多样性。果实生长期为绿色，果实成熟时转变为黄色，成熟后一束果实约重 12 ～ 15 千克。该品种对香蕉花叶病毒（CINV）和线虫高度敏感。

Rasthali（AAB 基因组型）：是在泰米尔纳德邦、安得拉邦、喀拉拉邦、卡纳塔克邦和比哈尔邦商业种植的变种。果实在幼果期为黄绿色，成熟后会从浅黄色变为金黄色。果实香气浓郁，对枯萎病的高度易感，要求使用束套保护果实免受阳光照射，因此该品种的生产成本相对较高。

蒙特（Monthan）（ABB 基因组型）：是一种主要用于加工的品种。该品种植株高大，果实 12 个月一熟，成熟后一束果实重 18 ～ 20 千克。果实形状短粗且弯曲，颜色呈淡绿色。近年来以蒙特为亲本的两种改良品种 Kanchi Vazhai 和 Chakkia 在泰米尔纳德邦种植面积逐渐增大。该品种果实除烹饪用途外，假茎还具有药用特性。蒙特对香蕉束顶病毒（BBTV）具有较高的抗性，其具有较好的耐盐性，但易患枯萎病。

卡普拉瓦利（Karpuravalli）（ABB 基因组型）：是用于烹饪的品种，甜度较高。其商业种植主要在泰米尔纳德邦和喀拉拉邦的中部和南部地区。少部分位于哈尔邦的 Kanthali 地区。该品种果实耐储存，非常适合干旱、盐分高的地区，对叶斑病具有耐受性，但易患枯萎病。

Ney Poovan（AB 基因组型）：一般在卡纳塔克邦和泰米尔纳德邦进行商业化单一种植。在喀拉拉邦，该品种由小农户分散种植向规模化和集中化生产转变。Ney Poovan 植株 12 ～ 14 个月一熟，成熟后一束果实重 15 ～ 30 千克。果实成熟后由最开始的深绿色向金黄色转变，入口口感较好。Ney Poovan 对叶斑病抗性高，但易感镰刀菌枯萎病和香蕉片花叶病毒。

Safed Velchi Musa（AB 基因组型）：主要在马哈拉施特拉邦的 Nasik 地区种植。该品种植株高度中等，有细长的黄绿色假茎，叶柄边缘带红色，果实硕大，果皮薄，果肉洁白，甜度较高。果实平均梳重约 2 千克，每串约有 150 个香蕉果实。

印度全年分为凉季（10 月至翌年 3 月）、旱季（4—6 月）和雨季（7—9 月）三季。降水量的时间与空间分配不均，乞拉朋齐是世界降水量最多的地区之一。表 2-4 是印度几个主要香蕉产区的收获时间和品种分布。

表2-4 印度主要香蕉产区收获时间与主要种植品种

地区	集中收获时间	主要种植品种
泰米尔纳德邦	全年	Virupakshi、罗布斯塔（Robusta）、红香蕉（Red Banana）、普旺（Poovan）、Rasthali、嫩德兰（Nendran）、蒙特（Monthan）、Karpuravalli、Sakkai、Peyan、Matti
古吉拉特邦	9—11 月	矮种卡文迪许（Dwarf Cavendish）、Lacatan、Harichal (Lokhandi)、Gandevi Selection、巴斯莱（Brasrai）、罗布斯塔（Robusta）、G-9、Harichal、Shrimati
安得拉邦	全年	矮种卡文迪许（Dwarf Cavendish）、罗布斯塔（Robusta）、Rasthali、Amritpant、Thellachakrakeli、卡尔普奥拉·普瓦文、Chakrakeli、Monthan、Yenagu Bontha
北方邦	7—8 月	G-9 (Tissue Culture)、矮种卡文迪许（Dwarf Cavendish）、Alpon、奇尼亚（Chinia）、奇尼·尚帕（Chin Champa）.
马哈拉施特拉邦	全年	矮种卡文迪许（Dwarf Cavendish）、巴斯莱（Brasrai）、罗布斯塔（Robusta）、Lal Velchi、Safed Velchi、Rajeli Nendran、大奈因（Grand Naine）、Shreemanti、红香蕉（Red Banana）

数据来源：《2018 印度园艺概览》。

四、生产情况

根据联合国粮食及农业组织（FAO）的数据（表 2-5）显示，2010—2019 年印度香蕉收获面积呈增长态势，占世界香蕉收获面积的比重不断提高，印度香蕉收获面积情况如图 2-1 所示。2019 年印度香蕉收获面积为 86.60 万公顷，占世界香蕉收获面积的 16.78%，相较于 2018 年同比下降 2.03%。2010—2019 年印度香蕉收获面积总体趋势先下降后上升，增长了 43.37%，年平均增长率为 1.22%。印度香蕉收获面积在 2010 年历史上首次突破 80 万公顷，在随后 3 年收获面积最低跌至 77.60 万公顷，至 2014 年印度香蕉收获面积回涨至 80.26 万公顷。在此后，2014—2018 年保持 80 万公顷以上，并以 2.12% 的增速增长。2018 年香蕉收获面积达到 88.40 万公顷，为历史最大值。总体而言，印度香蕉收获面积在世界香蕉种植面积中占有重要地位，尤其是在

2010—2019年世界香蕉收获面积出现萎缩态势的情况下，印度香蕉种植面积在世界的占比由2000年10.32%上升至2019年的16.78%，且从2014年开始逐渐保持在15%以上。

表2-5　2010—2019年印度香蕉生产情况

年份	产量（万吨）	收获面积（万公顷）	单产（吨/公顷）
2010	2 978.00	83.00	35.88
2011	2 845.51	79.65	35.73
2012	2 650.90	77.60	34.16
2013	2 757.50	79.60	34.64
2014	2 972.46	80.26	37.04
2015	2 922.10	82.20	35.55
2016	2 913.50	84.10	34.64
2017	3 047.70	86.00	35.44
2018	3 080.80	88.40	34.85
2019	3 046.00	86.60	35.17
2019年世界生产情况	11 678.17	515.86	22.64

数据来源：联合国粮食及农业组织。

图2-1　2010—2019年印度香蕉收获面积
（数据来源：联合国粮食及农业组织）

2010—2019 年，随着印度香蕉收获面积的扩大，印度香蕉产量也呈现增长态势，印度香蕉产量情况如图 2-2 所示。2010—2019 年，印度香蕉产量增长了 2.28%，年平均增速相对稳定，增速约为 1.56%，占全球香蕉产量的比重不断上升，除 2012 年与 2013 年外，印度香蕉产量在全球产量占比保持在 25% 以上，2010—2019 年香蕉产量平均占比为 26.13%。2017 年之后，印度香蕉产量保持在 3 000 万吨以上。2018 年为印度香蕉收获面积最大值，香蕉产量峰值也出现在 2018 年，为 3 080.8 万吨，与 2017 年同比增长了 4.61%，到 2019 年回落至 3046 万吨，同比下降 1.13%。2010 年香蕉产量增速最快，增速为 12.41%，2011 年之后增长速度出现负增长。2010 年香蕉产量为 2 978 万吨，同时印度香蕉产量也处于增长趋势，但 2011 年出现负增长，此后香蕉产量增长率波动不大。

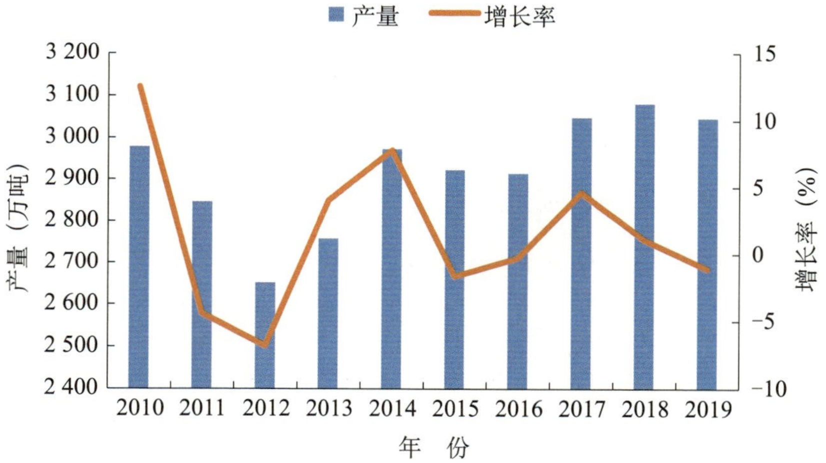

图 2-2 2010—2019 年印度香蕉产量

（数据来源：联合国粮食及农业组织）

2010—2019 年全球香蕉单产情况如图 2-3 所示，印度香蕉单产水平的发展趋势遵循收获面积和产量增加的趋势，2010—2019 年伴随着栽培管理、品种改良等香蕉种植业科技水平的提高，印度香蕉单产水平总体呈现增长态势。由于印度香蕉种植历史悠久，农业科技水平逐步发展，虽然印度香蕉单产由 2010 年 35.88 吨 / 公顷下降至 35.17 吨 / 公顷，下降了 1.97%，但印度香蕉单产 2010—2019 年平均增速为 0.29%，单产仍然保持在 35.30 吨 / 公顷左右，在全球香蕉单产中居较高地位。

自 1961 年以来，占全球香蕉产量 86% 的 27 个国家和地区的单产有所增加。但如果气候变化以预期的速度持续下去，到 2050 年，这些收益可能会大大减少。

图 2-3　2010—2019 年印度香蕉单产
（数据来源：联合国粮食及农业组织）

五、生产组织模式

（一）种植模式

1. 庭院种植模式

在传统的种植地区，香蕉的庭院种植很普遍，种植地点在农舍周围，资本投资小，且有利于家庭成员之间的劳动分担。庭院种植也存在以下缺点，一是香蕉种植密度不恰当，导致肥料和杀虫剂使用不充分；二是生产效率参差不齐，与种植者水平关联较大。家庭庭院种植一般会利用轮作作物与混合作物进行种植。香蕉可以与水稻、甘蔗、豆类、蔬菜等一起周期轮作种植。混合作物种植则是在同一块土地上同时种植两种或多种作物。这种种植方式可以改善土壤肥力并提高农作物的产量，例如，香蕉种植在帕尼和谢瓦罗伊山丘上，作为咖啡的遮阴作物，在最初几年为咖啡的商业种植收入作出了贡献。在混合耕作系统中，香蕉被用作包括可可、咖啡、黑胡椒和肉豆蔻等多种作物的遮阴作物。

2. 多层系统种植模式

印度南部的喀拉拉邦在小块土地上进行多层系统种植的传统做法生产率高且土地使用寿命长，基于家庭的一般生活需要（如家庭的饮食习惯与家庭经济需要）、该地区的气候、经济因素等选择适合的作物，并与牲畜饲养结合在一起，它们协同作业以维持生产力。这种模式不仅利于作物生长的自然需求，也利于增加家庭收入。

多层系统这种高密度种植模式，将多年生作物（如椰子、菠罗蜜、产林木、槟榔、腰果等）作为上层作物；第二层种植香蕉、杧果、肉豆蔻、胡椒、丁香、肉桂、香蕉、山药等农作物；第三层地面层则被生姜、姜黄、菠萝和各种蔬菜所占据。高投入管理是其重要特征。半高香蕉 Bano Poovan 和 Ney Poovan 是该系统的首选。在有限的平坦土地上很难进行集约化耕种，因此，在椰子、槟榔种植园中种植香蕉和其他贴地表生长作物是非常可行的。

多层系统种植模式在卡纳塔克邦、喀拉拉邦和安得拉邦的沿海种植园中被普遍采用，香蕉种植在椰子和槟榔种植园中，各类作物品种繁多。除这些作物外，种植园还种植了生姜、棉花、葫芦和其他蔬菜，以最大限度地增加单位面积的收入。

3. 间作系统模式

间作系统是在同一田地同时种植两种或多种农作物，传统上，资源有限的农民对土地进行了多种耕种，以最大限度地减少种植单一作物的风险，并确保粮食产量和收入方面更加稳定。在一年生作物的香蕉园中多种耕种可以更好地利用土地，能提高农民收入，并且与其他农作物的间作也是提高土壤肥力的一种方法。一般来说香蕉的间作系统种植模式主要由小农户种植，这种模式在泰米尔纳德邦和克雷拉邦广泛应用。

泰米尔纳德邦间作是在香蕉生长的早期阶段，在香蕉种植园中种植容易生长的作物。种植香蕉后，可根据气候条件选择与香蕉进行间作的作物，如香芋、姜黄、辣椒、扁豆、萝卜、花椰菜、白菜、菠菜、玉米等。香蕉、槟榔、椰子与其他间作作物混合种植在泰米尔纳德邦沿海地区是一种传统普遍的做法。

克雷拉在建立间作系统种植时，习惯将多年生作物，如咖啡与香蕉进行间作种植。多年生作物的根能够从深层土壤中回收营养物质，从而为地上香蕉保留浅层土壤中的营养物质使香蕉生长受益。此外，也可采用豆类等一年生作物与香蕉间作种植。两种作物在多层系统中是兼容的，因为豆类不会与香蕉竞争，并且比大多数其他粮食作物更耐阴。而玉米和地瓜初期可以与香蕉幼株间作，并在冠层封闭时逐步淘汰。人工种植的树木可以选择木瓜等果树，能提供水果产品的来源，也可作为防风林。

（二）种植成本

根据 2017 年印度香蕉种植管理数据显示，印度香蕉生产种植成本涵盖了香蕉种植到香蕉销售阶段所产生的费用，包括整地（深耕和耙松）、挖坑、运输与施用化肥、灌溉、购买与喷洒农药，还包括保险、收割、装卸和运输的人工费用，其中作物保险费占总成本的 5%，杂项费用占总成本的 5%。

（三）物　流

1. 国内运输

印度的国内销售渠道主要为 3 种。渠道一的主要参与者是生产者、村级贸易商、批发商、零售商和消费者；渠道二的主要参与者是生产商、村级贸易商、零售商、消费者；渠道三的主要参与者是生产商、村级贸易商、卖方、消费者。

与渠道二（46.80%）和渠道一（41.59%）相比，渠道三中生产者的收入所占份额更高（50.90%）。然而农民偏爱渠道一，因为农民在将产品出售给村庄后立即能收到现金。此外，在渠道中，可以避免公开市场价格剧烈波动的风险。

地头的香蕉想要在市场流通需要经历以下几个阶段：采摘堆放与存放、运输给批发商进行打包，最后经过货车服务和铁路货车运送到各邦进行销售，但是并不一定所有香蕉都要经过以上的每个流程，可减少流程以减少成本。

从农村地头中收获的香蕉通常以马车、推车和货车载物为主的运输形式，各邦之间的贸易运输主要通过汽车货运和铁路货运进行。由于批发商在及时安排铁路货运方面有一定困难，因此印度的香蕉批发商更加依赖汽车运输。

印度南部的安得拉邦、喀拉拉邦、卡纳塔克邦和泰米尔纳德邦生产的香蕉主要销往班加罗尔、迈索尔、金奈、马杜赖、海得拉巴、维沙卡帕特南和特里凡得琅。马哈拉施特拉邦、中央邦和古吉拉特邦生产的香蕉主要销往印度北部的博帕尔、斋浦尔、勒克瑙和德里市场，并在喜马尔邦、北阿坎德邦、查克什米尔邦、旁遮普邦和哈里亚纳邦等北部各邦销售。西孟加拉邦和奥里萨邦生产的香蕉销往巴特那、兰契、赖布尔、加尔各答、布巴内斯瓦尔等市场。东北部各邦种植的香蕉就在当地进行消费。

2. 国外运输

运往远方和出口市场的香蕉应进行预冷以延长保质期，并经过长时间的贮存与运输到达目的地，而后经过催熟室，最后通过零售商进入消费者手中。如果严格遵守与收获成熟度有关的准则，香蕉可以通过海运成功出口。

（四）合作社

印度是世界最大的香蕉生产国，同时也是最大的香蕉消费国，99% 以上的香蕉均在国内消费。香蕉的产销既有订单农业的形式，也有分散生产自由销售的形式。香蕉合作社是生产和销售的组织机构，但合作社给出的收购价往往比私人运销商的价格要低，因此不能成为主要产销形式。印度香蕉运输成本较高，品质和数量损失严重。印度不足 1% 的香蕉用于出口，其中，80% 的出口香蕉产自泰米尔纳德邦。欧洲和日本是印度香蕉主要出口目的地。印度临近海湾国家，因此海湾国家也是印度香蕉重要出口目的地。印度拥有多个本土优良香蕉品种，在海湾地区有巨大市场潜力。印度出口的香蕉加工产品有香蕉原浆和香蕉酱，但原浆的生产成本和价格过高，难以进入欧洲市场，香蕉酱主要出口欧盟和中东海湾国家。

六、贸易情况

印度是世界最大的香蕉生产国，同时也是最大的香蕉消费国，虽然印度是香蕉最大的生产国之一，但并不是主要的香蕉贸易出口国，每年印度香蕉出口量不及全年香蕉产量的1%，且印度香蕉出口以鲜果为主。2010—2019年印度香蕉出口贸易情况如表2-6所示，国际贸易中心（ITC）数据显示，2019年印度香蕉出口17.47万吨，相比于2010年出口量的5.81万吨增加了200个百分点，虽然增长幅度较大，但印度香蕉出口量绝对值仍比较小，出口量占比仍然达不到印度香蕉年产量的1%。

表2-6　2010—2019印度香蕉出口贸易情况

年份	产量（万吨）	出口量（万吨）	出口额（亿美元）	出口量占比（%）
2010	2 978.00	5.81	0.25	0.20
2011	2 845.51	4.09	0.17	0.14
2012	2 650.90	5.38	0.24	0.20
2013	2 757.50	2.81	0.21	0.10
2014	2 972.46	5.47	0.35	0.18
2015	2 922.10	8.09	0.52	0.28
2016	2 913.50	11.39	0.61	0.39
2017	3 047.70	9.24	0.49	0.30
2018	3 080.80	11.67	0.56	0.38
2019	3 046.00	17.47	0.76	0.57

数据来源：产量数据来自联合国粮食及农业组织，贸易数据来自国际贸易中心。

2010—2019年印度香蕉出口贸易情况如图2-4所示，2010—2019年印度香蕉出口量总体呈逐渐上升趋势，年平均增长率为22.15%，前5年虽然波动较大，但出口量总体处于较低水平。2013年出口量和增长率都降至最低，分别为2.81万吨和-47.75%。除2017年印度香蕉年出口量呈现回落趋势至9.24万吨之外，2013—2019年出口量持续增加，在2019年达到历史最高值17.47

万吨，相较 2018 年同比增加了 49.62%。

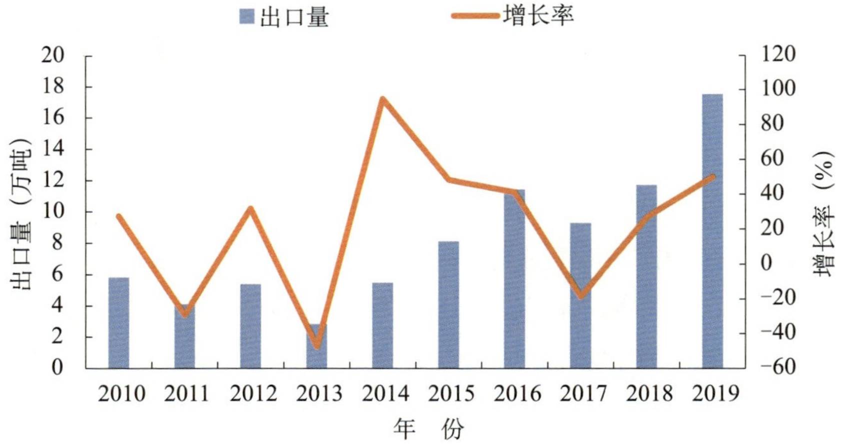

图 2-4　2010—2019 年印度香蕉出口量及其变化情况

（数据来源：国际贸易中心）

2010—2019 年印度香蕉出口额情况变化趋势与出口量变化趋势类似，前 5 年增长率变化较大，出口额在 2019 年达到 0.76 亿美元的峰值。此前在 2016 年香蕉出口额曾出现一个 0.61 亿美元的小高峰。2013—2019 年只有 2017 年出现了出口额负增长，同比减少 18.73%（图 2-5）。

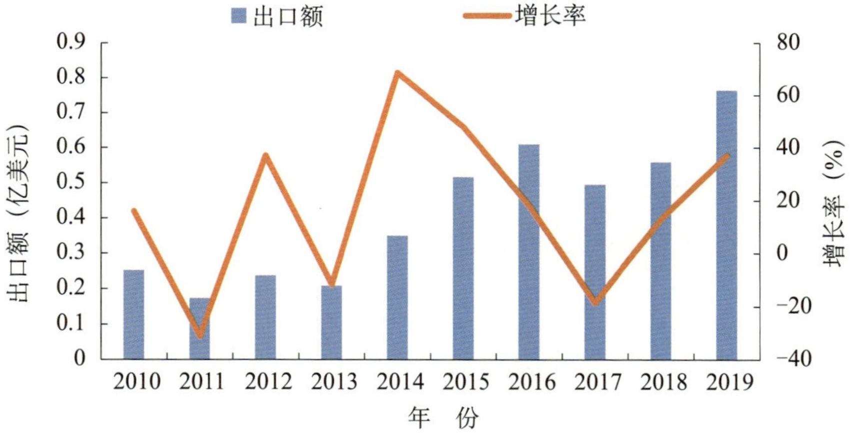

图 2-5　2010—2019 年印度香蕉出口额及其变化情况

（数据来源：国际贸易中心）

印度香蕉出口流向国保持基本稳定，主要出口至邻国、中东的一些国家和地区，近年来印度政府和出口商大力开拓欧洲、东南亚等新兴市场。香蕉主要出口至伊朗，约占印度香蕉出口总额的1/4，出口至阿拉伯联合酋长国的香蕉约占印度香蕉出口总额的22.1%，其次是阿曼、尼泊尔、伊拉克，占比分别为16.1%、7.5%和7.0%（表2-7）。

表2-7　2019年印度香蕉主要出口流向

排名	出口国或地区	出口量(万吨)	出口额（亿美元）	出口额占比（%）
1	伊朗	3.43	0.19	24.8
2	阿拉伯联合酋长国	2.26	0.17	22.1
3	阿曼	2.44	0.12	16.1
4	尼泊尔*	5.43	0.06	7.5
5	伊拉克	1.26	0.05	7.0
6	沙特阿拉伯	0.86	0.05	6.8
7	科威特	0.34	0.03	3.9
8	卡塔尔	0.31	0.03	3.5
9	阿富汗	0.45	0.02	2.5
10	巴林	0.22	0.02	2.2
11	马尔代夫	0.21	0.01	1.4
	其他	0.26	0.02	2.2
总计		17.47	0.77	100.0

数据来源：国际贸易中心。

注：* 因对尼泊尔出口的香蕉均价较低，故在出口量较大的情况下，其出口额仅排在第四位。

七、产业影响因素

印度新版的《粮食与农业综合开发行动报告(FAIDA)》强调了农业重点发展领域，即推动下一轮增长的几大产业，包括杧果、香蕉、马铃薯、大豆和家禽等。该报告阐明了几点，包括建议提高农业技术和单产，消除供给障碍，采用科学投入，增加农民产业合作，为农业流通和品牌食品加工提供优惠政策。通过高质量的投入，扩大灌溉设施和农业机械化，改进育种、田间管理及收获技术，以提高产量。尽管印度是世界第三大农业生产国，也是最大的香蕉生产国，但出口量极小。该报告建议推出农业和粮食出口计划任务，吸引私人资本和全球投资，在整个国家建设收获、分拣、包装、运输和贮存等基础设施。同时，还建议设立采购、贮存、加工、出口农产品服务的一站式大型枢纽，创办世界一流的农业大学，以及吸引天使投资基金、中央政府和邦政府投入公私合营的农业模式。

目前印度香蕉产业发展面临的主要挑战有：缺少高质量的投入和科学的耕作方法；收获和冷链基础设施差、质量不一致；缺乏结构化的营销和品牌。

缺乏高质量的投入和科学的耕作方法：组织培养是香蕉高产的重要技术，印度对此推广应用不够；此外，还缺乏良好的生产资料投入和适当的田间护理作业。这是由于农民意识不足、资本密集型投资和获得信贷的机会有限等综合因素造成的。

采后保鲜和冷链基础设施较差：采后保鲜能力较低导致香蕉损耗达6%～15%。印度整个香蕉生产链普遍存在基础设施缺陷，如初级加工（洗涤、分类和分级）、包装间、冷藏库和成熟室等设施不完备。因此，农产品产出的质量也不一致，是印度香蕉出口的一大障碍。

营销和品牌实践意识有限：香蕉生产的分散性导致了消费者需求和农民之间存在根本性的脱节。印度的香蕉商品化程度较低，未通过有效营销手段带来经济效益，农民也没有先进的市场意识。

第三章 印度尼西亚香蕉产业发展情况

一、引　言

印度尼西亚是香蕉的发源中心之一，也是全球香蕉第三大生产国。香蕉是印度尼西亚种植最广泛的、消费最多的水果，具有巨大发展潜力，对该国有着极其重要的意义。因印度尼西亚在板块交界处，地震、火山、台风频发，是香蕉产业的主要影响因素。

二、产区分布

印度尼西亚地处亚洲东南部太平洋和印度洋之间，位于东经 94°45′～141°05′，北纬 6°08′ 至南纬 11°15′，是世界最大的群岛国家，主要有苏门答腊岛、加里曼丹岛、苏拉威西岛、爪哇岛、努沙登加拉群岛、马鲁古群岛及伊里安岛。印度尼西亚地形以山地和高原为主，苏门答腊岛、爪哇岛、加里曼丹岛、伊里安岛平原辽阔，其他各岛内部多崎岖山地和丘陵，仅沿海为平原和沼泽地区。

印度尼西亚大部分位于热带，气候以热带雨林气候为主，全年高温多雨，土壤多为火山灰构成，非常适宜种植热带作物，尤其适合香蕉的生长习性。香蕉产区分布在南部东爪哇省、西爪哇省、南榜省、中爪哇省、万丹省、巴厘省、南苏门答腊省和南苏拉威西省等。

印度尼西亚统计局数据显示，2014—2018 年，印度尼西亚各省香蕉收获面积情况如表 3-1 所示，香蕉收获面积总体呈现下降趋势。2014 年，印度尼西亚的香蕉总收获面积达到 5 年内的最高值 10.060 万公顷，最低值 8.181 万公顷出现在 2016 年。2018 年香蕉的收获面积为 8.570 万公顷，同比下降了 4.37%。香蕉收获面积最大的是东爪哇省，2018 年东爪哇省收获面积 2.028 万公顷，占了香蕉收获总面积的 23.66%；其次是西爪哇省，收获面积为 1.574 万公顷，占 18.37%；楠榜省香蕉收获面积为 1.019 万公顷，中爪哇省香蕉收获面积为 0.901 万公顷，分别占 11.89% 和 10.51%。东爪哇省、西爪哇省、楠榜省和东中爪哇省 4 个省份 2018 年的香蕉收获面积占印度尼西亚全年收获面积的 64.44%。

表3-1 2014—2018年印度尼西亚各地区香蕉收获面积

地区	收获面积（万公顷）					2018年同比增长率（%）
	2014年	2015年	2016年	2017年	2018年	
东爪哇省	2.157	2.094	1.990	1.973	2.028	2.81
西爪哇省	1.818	1.794	1.518	1.504	1.574	4.66
楠榜省	1.336	1.559	1.086	1.136	1.019	−10.28
中爪哇省	0.863	0.840	0.885	0.952	0.901	−5.40
万丹省	0.348	0.226	0.262	0.617	0.512	−17.08
巴厘省	0.521	0.438	0.370	0.464	0.405	−12.67
南苏门答腊省	0.304	0.291	0.178	0.227	0.255	12.44
南苏拉威西省	0.231	0.223	0.215	0.241	0.219	−9.04
东努沙登加拉省	0.473	0.185	0.236	0.176	0.180	2.57
南加里曼丹省	0.199	0.184	0.160	0.151	0.165	8.57
东加里曼丹省	0.264	0.138	0.139	0.143	0.134	−6.42
北苏门答腊省	0.259	0.138	0.132	0.129	0.129	0.64
西苏门答腊省	0.188	0.179	0.171	0.158	0.119	−24.46
西努沙登加拉省	0.080	0.080	0.089	0.110	0.099	−9.74
日惹特别自治区	0.109	0.114	0.115	0.096	0.095	−1.41

续表

地区	收获面积（万公顷）					2018年同比增长率（%）
	2014年	2015年	2016年	2017年	2018年	
亚齐特别行政区	0.084	0.115	0.097	0.103	0.094	-9.33
占碑省	0.073	0.066	0.070	0.049	0.077	57.25
西加里曼丹省	0.217	0.226	0.202	0.157	0.075	-52.50
廖内省	0.074	0.061	0.079	0.070	0.074	6.23
东南苏拉威西省	0.069	0.059	0.064	0.052	0.065	24.68
北苏拉威西省	0.071	0.051	0.057	0.053	0.062	16.52
西苏拉威西省	0.054	0.062	0.060	0.065	0.056	-12.75
中加里曼丹省	0.064	0.066	0.068	0.052	0.047	-10.31
北加里曼丹省	0.000	0.023	0.027	0.029	0.039	35.20
马鲁古省	0.043	0.044	0.040	0.035	0.039	11.96
中苏拉威西省	0.040	0.034	0.031	0.025	0.024	-6.95
明古鲁省	0.036	0.043	0.120	0.122	0.023	-80.87
哥伦打洛省	0.026	0.020	0.017	0.020	0.019	-8.33
廖内群岛省	0.019	0.012	0.012	0.013	0.012	-1.73
巴布亚省	0.009	0.003	0.009	0.009	0.010	16.05
邦加—勿里洞省	0.008	0.007	0.007	0.007	0.007	-3.73
雅加达	0.010	0.014	0.015	0.016	0.007	-56.42
北马鲁古省	0.010	0.008	0.009	0.007	0.005	-22.63
西巴布亚省	0.006	0.005	0.004	0.002	0.002	0.43
总计	10.060	9.401	8.181	8.962	8.570	-4.37

注：印度尼西亚各地区的香蕉收获面积数据来源于印度尼西亚统计局，其数据总计与联合国粮食及农业组织公布的数据存在差异。出现这种情况是由于印度尼西亚统计局与联合国粮食及农业组织的统计口径和计算方法不同。

2010—2019 年印度尼西亚香蕉各省产量如表 3-2 所示，2010—2019 年印度尼西亚香蕉的产量总体呈现出一个上升趋势，2019 年香蕉总产量达到了 728.07 万吨，相比于 2010 年时产量 575.51 万吨，10 年间产量增长了 26.5%。在 2015 年时，产量大幅度增加至 729.93 万吨，达到了 10 年内的产量峰值。

表3-2　2010—2019年印度尼西亚各地区香蕉产量

地区	产量（万吨）									
	2010年	2011年	2012年	2013年	2014年	2015年	2016年	2017年	2018年	2019年
东爪哇省	92.20	118.89	136.29	152.74	133.67	162.94	186.58	196.01	205.99	211.70
西爪哇省	109.08	136.01	119.29	109.53	123.72	130.63	120.41	112.87	112.59	122.02
楠榜省	67.78	68.78	81.76	93.83	148.17	193.73	151.70	146.24	143.86	120.95
中爪哇省	85.44	75.08	61.75	56.10	51.96	58.18	59.16	60.20	61.39	62.15
万丹省	23.49	24.83	24.82	31.55	22.06	13.78	16.29	25.02	27.78	25.73
巴厘省	14.88	16.37	16.47	21.53	23.42	18.94	18.32	27.32	23.88	23.18
东努沙登加拉省	18.79	18.48	14.83	13.60	12.99	10.83	14.08	9.30	10.51	22.75
南苏门答腊	21.88	10.93	18.30	10.91	32.94	16.02	9.20	11.83	24.94	14.31
南苏拉威西省	14.47	15.35	14.91	18.54	15.45	17.54	15.98	17.24	13.61	14.25
西苏门答腊省	10.05	11.34	13.73	13.66	13.89	13.70	14.48	14.38	9.27	11.64
北苏门答腊省	40.34	42.96	36.31	34.23	29.89	13.95	13.79	15.07	11.86	11.41
东加里曼丹省	11.31	12.25	12.47	10.18	13.40	7.21	7.93	10.26	9.83	10.39
西努沙登加拉省	6.28	6.19	9.18	5.87	5.77	7.32	7.55	10.10	9.29	10.21
西苏拉威西省	6.24	5.23	5.38	5.00	3.54	2.85	3.62	7.92	5.91	6.66
南加里曼丹省	7.79	6.51	6.97	7.14	8.83	7.95	8.16	7.94	8.14	6.28
占碑省	4.84	3.69	3.78	3.71	4.66	3.23	5.04	2.92	4.12	6.11
亚齐特别行政区	7.07	6.90	6.27	5.05	5.52	6.10	7.25	6.73	6.34	5.91

续表

地区	产量（万吨）									
	2010年	2011年	2012年	2013年	2014年	2015年	2016年	2017年	2018年	2019年
日惹特别自治区	5.08	3.90	6.12	5.69	5.61	5.12	5.38	4.09	4.51	4.76
西加里曼丹省	3.82	4.68	5.35	5.91	6.71	14.47	7.28	5.98	4.65	4.70
北苏拉威西省	6.53	3.12	3.20	2.12	3.22	2.91	3.74	4.15	4.23	4.64
东南苏拉威西省	3.04	2.62	3.07	2.40	2.86	2.91	3.49	2.01	3.64	4.40
廖内省	2.52	2.65	2.06	1.97	2.28	2.13	2.52	3.88	4.66	4.34
马鲁古省	1.87	3.81	2.92	3.98	4.17	5.25	2.68	2.36	3.52	3.33
西巴布亚省	0.50	0.26	0.55	0.19	0.16	0.21	0.15	0.06	0.03	3.17
北加里曼丹省	—	—	—	—	—	1.21	1.99	1.29	2.65	2.71
中加里曼丹省	1.77	1.74	1.98	2.25	2.68	2.72	4.18	3.86	2.62	2.67
中苏拉威西省	4.82	5.65	4.77	5.17	3.71	2.75	3.06	1.47	1.25	2.45
明古鲁省	1.75	2.51	3.35	2.60	1.95	2.40	3.18	2.43	2.07	2.22
北马鲁古省	0.29	0.12	0.30	0.32	0.48	0.73	0.97	0.83	0.43	0.86
哥伦打洛省	0.50	0.42	0.44	0.51	0.61	1.00	0.85	1.10	1.26	0.77
巴布亚省	0.25	0.67	0.73	0.40	0.23	0.17	0.76	0.19	0.61	0.50
邦加—勿里洞省	0.53	0.86	0.68	0.49	0.43	0.39	0.35	0.47	0.39	0.36
廖内群岛省	0.23	0.42	0.67	0.59	0.74	0.45	0.38	0.31	0.25	0.30
雅加达	0.07	0.07	0.22	0.19	0.53	0.21	0.20	0.44	0.38	0.24
总计	575.51	613.27	618.91	627.93	686.26	729.93	700.71	716.27	726.44	728.07

数据来源：印度尼西亚统计局。

香蕉产量最多的省是东爪哇省，其次是楠榜省和西爪哇省，接下来是中爪哇省。2019 年东爪哇省香蕉产量为 211.70 万吨，占印度尼西亚香蕉年产量的 29.08%；西爪哇省产量为 122.02 万吨，占 16.76%；楠榜省产量为 120.95 万吨，占 16.61%。东爪哇省、西爪哇省和楠榜省 3 个省份 2019 年的香蕉产量占印度尼西亚全年总产量的 62.45%，2018 年 3 省香蕉产量占印度尼西亚总产量的 63.66%。

2014—2018 年，印度尼西亚各省香蕉单产如表 3-3 所示，处于波动状态。2018 年单产最高的省份是楠榜省，达到了 141.55 吨 / 公顷，同比增加了 9.64%；其次是南苏拉威西省，单产达到了 105.08 吨 / 公顷；单产排名第三的省份是东爪哇省，香蕉单产为 101.56 吨 / 公顷。此外，单产排名较高的还有南苏门答腊省、北苏门答腊省、马鲁古省和明古鲁省。2018 年单产增长率最高的省份是明古鲁省，增长率为 346.06%。

表3-3 2014—2018年印度尼西亚各地区香蕉单产

地区	单产（吨/公顷）					2018年同比增长率（%）
	2014年	2015年	2016年	2017年	2018年	
楠榜省	110.94	124.29	139.75	128.74	141.55	9.64
西苏拉威西省	65.96	45.70	60.55	122.87	105.08	-14.47
东爪哇省	61.97	77.81	93.78	99.35	101.56	2.22
南苏门答腊	108.22	54.98	51.81	52.16	97.83	87.55
北苏门答腊省	115.60	101.33	104.35	117.20	91.69	-21.77
马鲁古省	96.92	119.46	67.07	67.56	90.09	33.36
明古鲁省	54.99	56.47	26.59	19.89	88.70	346.06
西努沙登加拉省	71.74	92.12	85.07	91.82	83.50	1.82
北马鲁古省	48.56	90.85	104.49	124.59	83.06	-33.34
西苏门答腊省	73.69	76.50	84.57	91.13	77.78	-14.66
东加里曼丹省	50.75	52.17	56.97	71.68	73.37	2.36
西爪哇省	68.05	72.82	79.30	75.04	71.52	-4.68
北苏拉威西省	45.42	56.88	66.11	78.34	68.59	12.45

续表

地区	单产（吨/公顷）					2018年同比增长率（%）
	2014年	2015年	2016年	2017年	2018年	
中爪哇省	60.22	69.30	66.85	63.23	68.16	7.79
哥伦打洛省	23.80	49.64	48.54	54.55	67.81	24.31
亚齐特别行政区	65.47	53.30	47.63	65.26	67.74	3.81
北加里曼丹省	0.00	53.41	73.61	44.55	67.71	52.04
廖内省	30.73	34.85	31.98	55.54	62.76	13.00
西加里曼丹省	30.96	64.02	36.13	38.04	62.25	63.62
南苏拉威西省	66.89	78.68	74.28	71.54	62.07	−13.23
巴厘省	44.98	43.30	49.47	58.94	58.98	0.08
东努沙登加拉省	27.47	58.44	29.63	52.97	58.38	10.22
巴布亚省	26.85	55.85	89.03	21.44	58.38	172.24
东南苏拉威西省	41.67	49.27	54.20	38.64	56.22	45.48
邦加—勿里洞省	54.59	54.29	53.05	65.26	55.85	−14.13
中加里曼丹省	42.15	40.88	61.33	73.60	55.64	−24.40
雅加达	53.30	14.61	13.53	27.04	54.61	101.94
万丹省	63.38	60.96	62.21	40.54	54.29	33.89
占碑省	63.49	49.20	71.52	60.00	53.84	−10.26
中苏拉威西省	91.90	80.82	98.48	58.23	53.05	−8.90
南加里曼丹省	44.34	43.17	51.15	52.48	49.58	−5.53
日惹特别自治区	51.66	44.93	47.00	42.69	47.68	11.71
廖内群岛省	39.51	37.15	31.31	24.09	20.44	−15.18
西巴布亚省	27.11	42.48	35.33	34.34	17.72	−48.41

数据来源：印度尼西亚统计局。

三、主要种植品种

印度尼西亚各省份种植的商业香蕉品种有所差异，但是大多数省份种植的商业品种有两大类：第一类是作为烹饪使用的木棉（Kepok）（ABB / BBB

基因组型，沙巴 Saba）、拉惹（Raja）（AAB 基因组型）和坦杜克（Tanduk）（AAB 基因组型）；第二类是作为甜点使用的安汶希乔（Ambon Hijau）（AAA 基因组型，如大麦克香蕉 Gros Michel）、安汶（Ambon Hijau/ Ambon Banana）（AAA 基因组型，如巨型卡文迪许 Giant Cavendish）、巴兰甘（Barangan）（AAA 基因组型）、拉惹色莱（Raja Serai）（AAB 基因组型）和马斯（Mas）（AA 基因组型，如苏克里尔 Sucrier）。总体来说，印度尼西亚种植的主要三大品种是木棉（Kepok），拉惹（Raja）和安汶希乔（Ambon Hijau）。

部分地方的商业香蕉品种因为受到病害的威胁，种植计划发展受阻，于是在一些种植地区除了种植以上商业品种外，还进行了其他特色地方品种的开发。目前，在西爪哇省、西努沙登加拉省和苏门答腊的一些地方种植的品种有比桑克坦（Pisang Ketan）、詹坦（Jantan）、乌利（Uli）和凯蒂普（Ketip）；在苏拉威西岛的北部和南部种植的品种是乌蒂·塞雷（Uti Cere）、五郎峰（Goroho）；在西苏门答腊种植的品种有比桑贾里布亚（Pisang Jari Buaya）、丽琳（Lilin）和萨里奥（Sario）。

比桑巴兰干（Pisang Barangan）（AAA 基因组型）是北苏门答腊省、努沙登加拉省和巴布亚省种植的流行品种，而安汶库宁（Ambon Kuning）（AAA 基因组型）和坦杜克（Tanduk）（AAB 基因组型）在爪哇地区更常见。柏林（Berlin）（AA 基因组型）是楠榜省和西爪哇省的一个商业品种。种植品种和收获的时间因不同地区而异，因此印度尼西亚香蕉可全年供应。

四、生产情况

印度尼西亚是全球香蕉第三大生产国。根据 FAO 的数据显示，2010—2019 年印度尼西亚香蕉生产状况如表 3-4 所示，香蕉收获面积和产量在 10 年间总体呈上升趋势。2019 年印度尼西亚香蕉收获面积为 13.22 万公顷，相比于 2010 年香蕉收获面积的 10.12 万公顷，10 年增长了 30.63%。2010 年印度尼西亚香蕉产量为 575.50 万吨，2019 年香蕉产量为 728.07 万吨，占世界香蕉生产总量的 6%，10 年增长了 26.51%。自 2010 年起，印度尼西亚香蕉收获面积和产量增速始终保持在一个相对平稳的上升状态，年平均增长率分别为 3.06% 和 2.65%。2010—2019 年印度尼西亚香蕉收获面积和产量最大值均出现在 2015 年，2015 年印度尼西亚香蕉收获面积为 15.80 万公顷，与 2014 年和 2016 年相比分别高出 4.4 万公顷和 4.1 万公顷；2015 年印度尼西亚香蕉产量为 949.60 万吨，与 2014 年和 2016 年相比分别高出了 263.35 万吨和 248.89 万吨。由于印度尼西亚属于群岛国家，本身位置处于板块交界处，香蕉种植受自然灾害影响较大。2014 年印度尼西亚火山爆发和 2016 年出现特级台风严重影响了香蕉收获。然而 2015 年受自然灾害影响较小，加之上一年火山爆发遗留下来的火山灰使得土壤肥沃，因此，2015 年印度尼西亚香蕉收获面积和产量出现大幅增长。

表3-4　2010—2019年印度尼西亚香蕉生产水平

年份	产量（万吨）	收获面积（万顷）	单产（吨/公顷）
2010	575.50	10.12	56.82
2011	613.26	10.41	58.87
2012	618.90	10.31	59.99
2013	627.92	10.52	59.66
2014	686.25	11.40	60.19
2015	949.60	15.80	60.10
2016	700.71	11.70	59.89
2017	716.26	11.90	60.19
2018	726.43	12.12	59.88
2019	728.07	13.22	55.06
2019 年世界生产情况	11 678.17	515.86	22.64

数据来源：联合国粮食及农业组织。

2010—2019 年印度尼西亚香蕉收获面积和产量均呈现上升趋势（图 3-1 和图 3-2），10 年间印度尼西亚单位面积产量存在两个峰值，分别是 2014 年和 2017 年，单位面积产量均为 60.19 吨 / 公顷。印度尼西亚种植香蕉历史悠久，种植管理技术成熟。但因其特殊的地理位置，处于板块交界地带，香蕉种植多受自然灾害（如地震、火山及台风）的影响。作为香蕉原产地之一，印度尼西亚的香蕉单产水平在2010—2019年保持在高位且波动较小（图3-3）。2010年印度尼西亚单位面积产量为56.82吨/公顷，2019年单位面积产量为55.06吨/公顷。2010—2012年印度尼西亚香蕉单产出现快速增长，此后香蕉单产基本稳定在60吨/公顷左右的生产水平，在2019年香蕉单产水平出现大幅负增长。

图3-1 2010—2019年印度尼西亚香蕉收获面积及其变化情况

（数据来源：联合国粮食及农业组织）

图3-2 2010—2019年印度尼西亚香蕉产量及其变化情况

（数据来源：联合国粮食及农业组织）

图 3-3 2010—2019 年印度尼西亚香蕉单产及其变化情况

（数据来源：联合国粮食及农业组织）

五、生产组织模式

（一）种植模式

印度尼西亚的香蕉种植模式主要是家庭庭院种植、混合种植系统以及一些小农场的单一种植。就农场规模而言，大多数农民在 1 公顷或更小的土地上种植香蕉。

家庭庭院种植模式通常会种植多种香蕉品种，如木棉（Kepok）、拉惹（Raja）、安汶希乔（Ambon Hijau）、安汶库宁（Ambon Kuning）、马斯（Mas）、柏林（Berlin）和 Awak，主要用于家庭消费。当农民在单种种植系统中种植香蕉时，安汶库宁（Ambon Kuning）和拉惹（Raja）是首选的高价值香蕉品种。其他高价值品种仅在某些地区种植，例如，诺兰苏门答腊和亚齐的巴兰甘（Barangan）品种，以及东爪哇的马斯（Mas）品种。数据表明，大多数农民种植香蕉耕种的是自己的土地，而少部分的农民则是使用租赁的土地。

根据印度尼西亚统计局 2018 年数据，印度尼西亚种植香蕉的农民年龄组成如表 3-5 所示，40 岁以上的农民占 83.92%，55 岁以上的农民占 41.89%，说明印度尼西亚种植香蕉的农民存在老龄化的问题。

表3-5 印度尼西亚种植香蕉农民的年龄组成

年龄组	占比	年龄组	占比
65 岁以上	17.31	35 ～ 39 岁	8.31
60 ～ 64 岁	11.94	30 ～ 34 岁	4.74
55 ～ 59 岁	12.64	25 ～ 29 岁	2.48
50 ～ 54 岁	17.11	20 ～ 24 岁	0.49
45 ～ 49 岁	14.69	15 ～ 19 岁	0.06
40 ～ 44 岁	10.23	总计	100.00

数据来源：印度尼西亚统计局。

（二）种植成本

2018 年印度尼西亚每 100 束香蕉的成本结构详见表 3-6。

表3-6 2018年印度尼西亚每100束香蕉的成本结构

类别	项目	金额（美元）
生产成本	种子	261.88
	肥料	4 241.10
	农药	692.97
	燃料	631.20
	电力	4.03
	遮阳网	30.89
	塑料袋、木桩、绳子	357.23
	劳动力	26 374.59
	土地租金	20 538.04
	其他费用	11 365.56
	总成本	64 497.49
产值	主要生产	128 147.54
	二次生产	2 406.60
	总产值	130 554.14

数据来源：印度尼西亚统计局。

（三）农业资金来源

印度尼西亚的农业部门在提供商业资本方面面临着严重问题，特别是在中小型生产规模的农民中。就农场生产而言，小农依靠的是他们从上一季节获得的利润来安排当季的生产活动。总体来说，可以从正规金融和非正规金融来源两种渠道获得农业资金。正规融资机构以银行信贷的形式提供资金，而非正式融资可以由农业投入品卖方、农产品购买者、放债人、朋友、亲戚和政府援助以农业投入品的形式提供资本，如肥料、农药和种子。乌兰达瑞（Wulandari）等的研究显示，农民在农业投入获得资金方面，从正规金融机构（如银行）获得资金的主要挑战来源于行政程序的限制和缺乏抵押品。农村地区的大多数农民都可以通过中间人从非正规金融来源获得资金，尽管由此获得的资金的利息相对较高，但对农民来说这是一种更容易获得资金的途径。

香蕉是印度尼西亚主要生产的农产品之一。在印度尼西亚，香蕉产量在过去 10 年中呈正增长，即 2010—2019 年增长了 26.51%。印度尼西亚的农民尚未在香蕉种植中采用更高的现代农业科技技术，因此香蕉的生产率仍有提高的空间。这可能是因为农民缺乏获得金融服务的机会以及农业资本，导致农业资金仅能满足农业所需的农业投入，如化肥、农药等需求。通过分析农民的经济来源，可以发现大多数农民可以使用的资金是来自家人和朋友的资金（占 32%）。此外，许多农民无法获得银行和小额信贷机构等正规金融机构提供的资金，可从这些正规机构渠道获得资金的农民比例不超过 20%。印度尼西亚的农民在从正规机构获得资金方面面临困难，非正式金融一直是家庭的主要金融来源。

关于获得实物融资，农民可以通过农民协会从政府获得这类融资（占 35%）。政府提供了农业财政补贴或其他激励措施，以刺激农民提高产量。另一项关于金融的研究表明，政府提供的金融帮助农民增加了产量。农民可以从买方、贸易商那里获得实物融资（占 30%），可以通过与商人签订合同来尝试增加对农业投入物的获取。农业资金来源结果表明，只有很少的农民（9%）以投入支付的灵活性形式从服务机构获得融资。

（四）市场销售

爪哇地区在印度尼西亚香蕉种植面积与产量的占比保持在30%以上，研究爪哇地区的香蕉销售模式对于印度尼西亚的销售模式具有重要意义。印度尼西亚的香蕉主要用于国内消费，而出口数量占香蕉产量的占比不到1%。印度尼西亚从生产者到消费者的供应链中，参与者包括农民、中间商、批发商、供应商、零售商和消费者。香蕉种植户通常将香蕉卖给中间商，再由中间商转售给批发商。爪哇地区的销售模式有以下几种。

类型A：农民—最终消费者。

类型B：农民—中间商—契安茹市场。

类型C：农民—中间商—雅加达主要市场。

类型D：农民—中间商—契安茹和万隆市场。

类型E：农民—分支机构—中间商—班达市—本地市场、雅加达市场和零售。

供应链会根据市场上香蕉的供给情况而变化。如果当年印度尼西亚香蕉由于病虫害和自然灾害而减产，中间商会迅速向农民购买香蕉。农场一级的香蕉价格根据香蕉的类型和买方的不同而不同，一般中间商从农民那里购买香蕉的主要方法是称重，并且不注重香蕉的质量，因此农民获得的收入取决于采摘的香蕉的重量。同时，进行分类和包装过程的中间商和市场部门均根据香蕉的质量等级对香蕉进行评估。在此阶段，中间商将香蕉放在一个可装100千克香蕉的箱子中，并根据香蕉的质量等级对其进行调整。从中间商到销售市场的香蕉的售价几乎会提高1倍。

中间商提供运输设施，以运输农民采摘的香蕉，同时香蕉采摘过程成本由中间商自行承担。香蕉称重之后，中间商用现金付款。香蕉销售市场通常为延期支付，即商品抵达市场之后再进行付款，而延期支付阻碍了中间商资本的周转并损害了农民的利益。因为该模式农民无法从出售香蕉中获得直接收益。爪哇地区的小规模农民主要经济来源为香蕉销售收入。大多数香蕉种植者都选择以最高价收购香蕉的中间商，也有些农民也出于其他原因出售香蕉，通过其他渠道销售而没有选择中间商。农民通过分支机构、农民团体或中间商中的营销人员专区进行营销，然后将其产品出售给市场中的经销商。

目前，香蕉分销系统仍由大型中间商控制，大型中间商赚取了销售模式中大部分利润，农民和中间商之间建立的关系是利益最大化的关系，农民与中间商双方都可以从一种销售模式转移到另一种销售模式或选择不同的交易对象。但是，大多数小农却没有自由更改销售模式的机会。因为绝大部分小农户对中间商或该集团的营销商负有债务。农民通过将香蕉抵押给放贷人来偿还债务。

香蕉的价格在进行借贷时确定，然后将其用作所提供贷款的标准。如果收获时香蕉不符合质量标准，从而达不到借贷时确定的价格，则农民必须在下一次种植香蕉时更换香蕉品种。这就是使小农无法转向能够提供更好价格的购买者的原因。

而延期支付并不能保证农民的生活来源，被迫一直与中间商进行固定合作，销售香蕉的利润大部分被中间商与销售终端所赚取，严重打击了农民香蕉生产的积极性。

六、贸易情况

印度尼西亚为世界香蕉主要生产国之一，但其出口贸易量占印度尼西亚全年香蕉产量不到0.01%。大部分香蕉为自产自销，2010—2019年印度尼西亚香蕉出口贸易情况如表3-7所示，国际贸易中心（ITC）数据显示，2019年出口量为2.274 4万吨，占全国香蕉生产总额的0.31%，出口额为0.113 4亿美元。相较于2010年，2019年印度尼西亚香蕉出口量增长了约160倍，与此同时，出口额增长了近240倍。虽然印度尼西亚香蕉出口情况变化波动较大，但因为其基数较小，出口量和出口额绝对值仍然较小，在印度尼西亚整体出口贸易结构中，香蕉出口贸易占比为0.1%。

表3-7　2010—2019年印度尼西亚香蕉出口贸易情况

年份	产量（万吨）	出口量（万吨）	出口额（亿美元）	出口量占比（%）
2010	575.50	0.001 4	0.000 5	0.000 2
2011	613.26	0.173 5	0.010 1	0.028 3

续表

年份	产量（万吨）	出口量（万吨）	出口额（亿美元）	出口量占比（%）
2012	618.90	0.148 9	0.008 7	0.024 1
2013	627.92	0.568 0	0.029 7	0.090 5
2014	686.25	2.626 4	0.161 8	0.382 7
2015	949.60	2.230 8	0.130 1	0.234 9
2016	700.71	1.902 4	0.108 1	0.271 5
2017	716.26	1.819 3	0.088 8	0.254 0
2018	726.43	3.037 3	0.146 1	0.418 1
2019	728.07	2.274 4	0.113 4	0.312 4

数据来源：产量数据来自联合国粮食及农业组织，贸易数据来自国际贸易中心。

2010—2019 年印度尼西亚香蕉出口量及其变化情况如图 3-4 所示，印度尼西亚香蕉出口量呈整体上升趋势，偶有波动。2010—2019 年香蕉出口量峰值出现在 2018 年，出口量为 3.037 3 万吨，出口额为 0.146 1 亿美元；而出口额最高值出现在 2014 年（图 3-5），出口量为 2.626 4 万吨，出口额为 0.161 8 亿美元。2010—2019 年，印度尼西亚香蕉出口贸易有两次较大幅度的增长，一是 2011 年香蕉出口量出现较大增长，二是在 2014 年香蕉出口量出现较大增长。2011 年香蕉出口贸易出现较大增长，其一是前一年的香蕉出口量基数较小，出口量稍有增加就显示出较大的变化率；其二是在 2011 年印度尼西亚香蕉出口贸易出现了新的合作方，如伊朗、科威特和阿拉伯联合酋长国，此外，香蕉出口向沙特阿拉伯的贸易量也有所增加。2014 年印度尼西亚香蕉出口贸易出现大幅增长，是由于对中国的香蕉出口有了较大增长，此外，阿拉伯联合酋长国、科威特和沙特阿拉伯对印度尼西亚香蕉的进口量也有所增加。

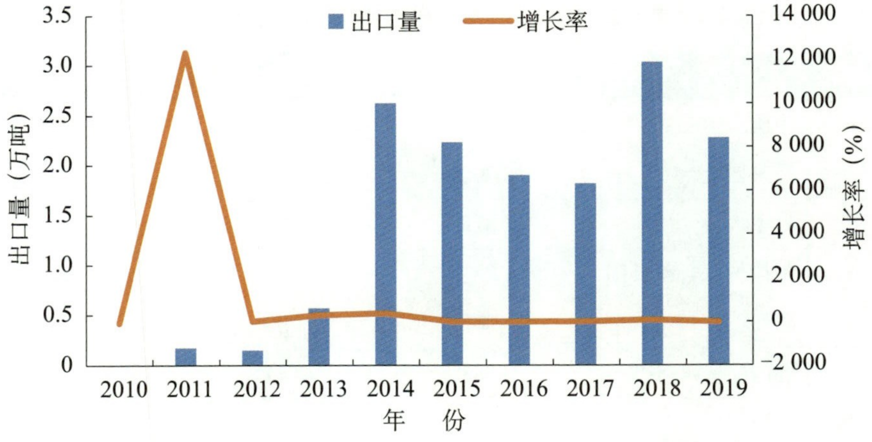

图 3-4　2010—2019 年印度尼西亚香蕉出口量及其变化情况

（数据来源：国际贸易中心）

图 3-5　2010—2019 年印度尼西亚香蕉出口额及其变化情况

（数据来源：国际贸易中心）

2019 年印度尼西亚香蕉出口国情况如表 3-8 所示，国际贸易中心（ITC）数据显示 2019 年印度尼西亚香蕉主要出口至中国、马来西亚和日本，分别占印度尼西亚香蕉出口的 47.5%、16.7% 和 14.2%，印度尼西亚向这 3 个国家出口的香蕉量占印度尼西亚 2019 年全年香蕉出口量的 78.4%。此外，印度尼西亚还向西亚的一些国家出口香蕉，如阿拉伯联合酋长国、阿曼、卡塔尔等，此外还向韩国、新加坡等出口香蕉。

表3-8 2019年印度尼西亚香蕉主要出口流向

排名	出口国或地区	出口量（吨）	出口额（万美元）	出口额占比（%）
1	中国	9 523	538.5	47.5
2	马来西亚	6 300	189.8	16.7
3	日本	2 817	161.4	14.2
4	阿拉伯联合酋长国	1 281	75.5	6.7
5	阿曼	901	50.6	4.5
6	韩国	788	44.8	3.9
7	卡塔尔	649	40.1	3.5
8	新加坡	471	30.0	2.6
	其他	14	3.7	0.4
总计		22 744	1 134.4	100.0

数据来源：国际贸易中心。

根据印度尼西亚统计局数据，在2019年出口总额中，香蕉产品出口占全国水果出口的11.62%，价值0.111 5亿美元，出口量2.2万吨。2010—2019年印度尼西亚的香蕉出口贸易量不断增长，这与印度尼西亚农业部的政策密不可分，政府促进农民与海关的合作，为农民提供优惠政策的种子、肥料和生产设备等，这刺激了包括香蕉在内的农产品的出口贸易。

七、产业影响因素

印度尼西亚的地理环境等自然资源因素对香蕉生产是十分有利的，土壤、水资源及气候非常适合香蕉的生长。印度尼西亚位于东南亚地区，地跨赤道，除努沙登加拉群岛上的平原、谷地属热带草原气候外，其余地区均属热带雨林气候。具有高温、多雨、风力小、湿度大的特性，满足了香蕉喜湿喜热的生长习性。并且全国约有400座火山，地震频发，每次火山活动后能够带来大量火山灰，从而提供肥沃的土地供作物生长。

印度尼西亚香蕉生产受限的主要问题有以下5个：一是香蕉种植方式不

规范；二是香蕉栽培技术未正确实施；三是香蕉品种多样化；四是香蕉苗和优良品种的可获得性仍然受限制；五是病虫害严重及种植园隔离措施不完善。

影响香蕉产量的原因各不相同，主要包括害虫、植物病害、天气、数据错误、人类活动和收获时间早晚等。害虫和植物病害是香蕉种植中的主要问题，一旦发现则需要快速响应处理，避免其传播到整个种植地区。高温和强风等极端天气可能导致干旱和香蕉减产。常见的香蕉雀斑病是由番石榴真菌引起的，这种真菌会覆盖在香蕉叶的表面，导致叶片变干。香蕉雀斑病会减少香蕉植株上的叶子数量，使果实受到日光照射迅速成熟，导致果实填充不理想。香蕉雀斑是许多卡文迪许香蕉种植园中存在的主要问题。

第四章 巴西香蕉产业发展情况

一、引　言

巴西是世界第四大香蕉生产国，作为香蕉的主要生产国，种植了多种香蕉品种，其中以普拉塔和卡文迪许作为最主要的种植品种。巴西香蕉的主要产区集中在东北部、东南部和南部，占全国产量的83%，但巴西香蕉种植产业中几乎所有产品都在国内市场消费。巴西实际上仅约1%的香蕉用于出口。

二、产区分布

巴西的地形主要分为两大部分，一部分是海拔500米以上的巴西高原，分布在中部和南部；另一部分是海拔200米以下的平原，分布在北部和西部的亚马孙河流域。全境地形分为亚马孙平原、巴拉圭盆地、巴西高原和圭亚那高原。其中，亚马孙平原约占全国面积的1/3，为世界面积最大的平原；巴西高原约占全国面积60%，为世界面积最大的高原。巴西大部分地区处于热带，北部为热带雨林气候，中部为热带草原气候，南部部分地区为亚热带季风性湿润气候。亚马孙平原年平均气温25～28℃，南部地区年平均气温16～19℃。

由于香蕉种植分布在巴西的全国各地，而且其种植区域延伸很大，因此香蕉在不同气候、土壤、海拔各种条件下都有种植，包括海岸附近或大陆中心的区域。此外，每个香蕉种植地都有不同病虫害的流行。因此，巴西的香蕉种植存在多样性，需要调整生产技术，以满足不同种植地点的特殊性要求。

巴西政府将各州划分为 5 个大型地理和统计单位，如表 4-1 所示，分别是北部（Norte）、东北部（Nordeste）、中西部（Centro—Oeste）、东南部（Sudeste）和南部（Sul）。

表4-1　2019年巴西按地理区域划分的香蕉生产情况

区域	收获面积（万公顷）	产量（万吨）	单产（吨/公顷）	产量占比（%）
东北部	18.02	233.27	12.94	34
东南部	13.63	232.05	17.02	34
南部	4.94	105.03	21.27	15
北部	7.31	79.08	10.81	12
中西部	2.28	31.84	14.03	5
巴西总计	46.18	681.27	14.75	100

数据来源：巴西国家地理统计局。

根据巴西国家地理统计局 2020 年的数据，2019 年巴西的香蕉种植面积为 46.18 万公顷，产量为 681.27 万吨。香蕉生产遍布该国所有地理区域，东北部和东南部是巴西的主要产区，这两个区的香蕉产量占巴西总产量的 68%，分别是 233.27 万吨和 232.05 万吨。在 5 个主要的香蕉生产州中，2 个州位于东南地区，其他 3 个州则位于中西部以外的其他地区。这 5 个主要香蕉生产州是圣保罗州、巴伊亚州、米纳斯吉拉斯州、圣卡塔琳娜州和伯南布哥州。尽管就产量而言，主要生产州是圣保罗州，但巴伊亚州是巴西香蕉种植面积最大的州，北里奥格兰德州则有巴西最高的香蕉单产。

2019 年巴西全国香蕉产量最高种植地区位于圣保罗州，该州香蕉产量为 100.89 万吨，巴伊亚州的产量为 82.83 万吨，米纳斯吉拉斯州的产量为 82.51 万吨，圣卡塔琳娜州的产量为 72.34 万吨，伯南布哥州的产量为 49.19 万吨。种植面积最大的 5 个州依次为巴伊亚州的种植面积为 6.47 万公顷，圣保罗州的种植面积为 5.04 万公顷，米纳斯吉拉斯州的种植面积为 4.82 万公顷，伯南布哥州的种植面积为 4.42 万公顷，塞阿拉州的种植面积为 3.50 万公顷，全国共种植 46.18 万公顷，收获 681.27 万吨（表 4–2）。

巴西是世界第四大香蕉生产国，但该产品向其他国家的出口不多，因为巴西国内市场消费了几乎所有生产的香蕉。2018 年出口香蕉 65 500 吨，占当年总产量的不到 1%，从此出口量中获得的收入为 2 050 万美元。

表4–2　2019年巴西香蕉产区情况

地区	种植面积（万公顷）	产量（万吨）	单产（吨/公顷）	产量占比（%）
巴伊亚	6.47	82.83	12.81	12.16
圣保罗	5.04	100.89	20.02	14.81
米纳斯吉拉斯	4.82	82.51	17.12	12.11
伯南布哥	4.42	49.19	11.12	7.22
塞阿拉	3.50	40.63	11.60	5.96
帕拉	3.37	38.12	11.33	5.60
圣卡塔琳娜	2.94	72.34	24.64	10.62
圣埃斯皮里图	2.82	41.00	14.52	6.02
戈亚斯	1.38	21.96	15.87	3.22
托坎廷斯	1.20	8.17	6.81	1.20
南里奥格兰德	1.19	13.58	11.43	1.99
帕拉伊巴	1.08	13.35	12.31	1.96
里约热内卢	0.95	7.65	8.08	1.12
阿拉戈斯	0.87	10.40	12.03	1.53
巴拉那	0.81	19.11	23.50	2.80
北里奥格兰德	0.77	21.92	28.45	3.22
阿克里	0.71	8.82	12.38	1.29
马托格罗索	0.71	7.87	11.14	1.15
罗赖马	0.66	5.93	9.01	0.87

续表

地区	种植面积（万公顷）	产量（万吨）	单产（吨/公顷）	产量占比（%）
朗多尼亚	0.64	8.28	13.03	1.21
亚马孙	0.57	8.22	14.35	1.21
马拉尼昂	0.47	7.21	15.33	1.06
皮奥伊	0.24	5.23	21.64	0.77
塞尔希培	0.20	2.50	12.60	0.37
阿马帕	0.17	1.53	9.06	0.23
南马托格罗索	0.16	1.70	10.49	0.25
联邦首都区	0.02	0.32	18.48	0.05
巴西总计	46.18	681.27	14.75	100.00

数据来源：巴西国家地理统计局。

一般来说，巴西全国的气候条件几乎都适合种植香蕉，以下地区除外：米纳斯吉拉斯北部、巴伊亚的圣弗朗西斯科中部、伯南布哥的圣弗朗西斯科、塞阿拉的部分地区、北里奥格兰德的摩索罗阿库部分地区，以及圣保罗和南方的低温地区。圣卡塔琳娜每年冬季的温度都会低于12℃，而某些年份的冬季最低温度甚至可能达到0℃。香蕉受温度影响明显，是一种不耐寒的热带水果。低温将会导致香蕉的果皮变暗，从而影响香蕉品质。因此亚热带气候的地区香蕉种植量相对较少，在巴西亚热带地区种植的香蕉面积占巴西香蕉总种植面积的23.4%。尽管受到气候限制，由于所使用的技术水平有所提高，而且品种的优势比全国平均产量高，部分处于这些环境中的香蕉种植地区生产力还是超过了全国平均水平。

三、主要种植品种

巴西现有500多个香蕉品种（品系）。北部和东部主栽品种为普拉塔（Prata），这个品种采后损失率很高，却是巴西国内最受欢迎的品种。南方主栽品种为卡文迪许香蕉纳尼卡（Nanica）、南尼考（Nannicao）、普拉塔

（Prata），中西部主栽品种为Maca(Silk Type)、Terra，大蕉也有少量栽培。根据香蕉的基因组型，巴西主要栽种的香蕉品种可以分为AAAB基因组型、AAA基因组型和AAB基因组型3种。AAAB基因组型的香蕉品种主要有皮奥内拉（Pioneira）、BRS FHIA—18、BRS马拉维拉（BRS Maravilha）、普拉塔格劳达（Prata–Graúda）、BRS白金（BRS Platina）、卡普里科萨（Caprichosa）、加兰蒂达（Garantida）、帕科万—肯（Pacovan–Ken）、宝仕奥莎（Preciosa）、维多利亚（Vitória）、加皮拉（Japira）、热带（Tropical）、公主（Princesa）、FHIA–21、FHIA–18。卡文迪许是AAA基因组型的代表，该型在巴西主要种植的香蕉品种有南（Nam）、凯皮拉（Caipira）、纳尼康科鲁帕（Nanicão Corupá）、IAC纳尼康2001（IAC Nanicão 2001）。AAB基因组型的主要香蕉品种有Thap—Maeo、BRS Conquista、SCS451 Catarina、Prata Gorutuba。

在巴西亚热带气候的地区，主要种植卡文迪许香蕉亚组，但南部米纳斯吉拉斯除外，那里几乎全在种植普拉塔（Prata），南部圣卡塔琳娜和东北部南里奥格兰德，在这些地区一般种植的品种是矮种普拉塔（Dwarf–Prata）。在亚热带地区，作物种植周期的持续时间较长，有时是热带地区的两倍。例如，在圣卡塔琳娜北岸，春季的卡文迪许香蕉的生长期可能为3个月，而秋季的卡文迪许香蕉生长期可达7个月（Lichtemberg等，2011）。热带气候下的香蕉种植地区从米纳斯吉拉斯北部延伸到整个东北部、中西部和北部。在这一产区，种植的品种多种多样，AAB基因组型品种占主导地位。在热带地区，在灌溉下生长的矮种普拉塔（Dwarf–Prata）的周期相当快，第一次开花在8—10个月，12个月是第一个收获期。这种香蕉经过良好培育，能够连续几年都保持9个月的生产周期（同一株香蕉树上两批香蕉收获之间的间隔时间）。在一年中的某些时期，例如，巴伊亚和米纳斯吉拉斯北部的半干旱地区，可能会出现35℃以上的高温，高温会影响香蕉的生产。这一因素在10月甚至更关键，该月一般温度可能超过38℃并伴随着过度的辐射、低相对湿度、缺乏降雨。这些条件阻碍了香蕉树的散热，导致气孔开放的强烈下降和破坏蒸腾，从而使植物的温度提高到接近热损伤点的值。在这种情况下，香蕉减少了叶片的潮红，减少了幼株和果实生长的束数，因此，普拉塔（Prata）香蕉的最佳发育期从春夏开始的4个月到秋冬开始的5个月不等（Donato等，2006和2009）。

四、生产情况

巴西是世界第四大香蕉生产国，全国各地均有香蕉种植，因技术水平和组织水平的南北差异性，生产和销售表现出区域性特点。巴西香蕉生产技术普及率低，病害流行，严重制约了香蕉产业的发展。

根据联合国粮食及农业组织的数据，2010—2019 年巴西香蕉收获面积变化如表 4-3 和图 4-1 所示，香蕉收获面积呈现递减趋势，2010 年巴西香蕉收获面积为 48.78 万公顷，截至 2019 年巴西香蕉收获面积缩减了 5.33%，为 46.18 万公顷。2016—2019 年巴西香蕉收获面积逐渐稳定在 46 万公顷左右。

表4-3　2010—2019年巴西香蕉生产情况

年份	产量（万吨）	收获面积（万公顷）	单产（吨/公顷）
2010	696.93	48.78	14.29
2011	732.95	50.34	14.56
2012	690.22	48.11	14.35
2013	689.26	48.51	14.21
2014	695.37	47.88	14.52
2015	685.92	47.82	14.34
2016	662.52	46.38	14.29
2017	658.50	46.14	14.27
2018	672.36	45.81	14.68
2019	681.27	46.18	14.75
2019 世界生产情况	11 678.17	515.86	22.64

数据来源：联合国粮食及农业组织。

巴西香蕉产量随香蕉收获面积缩减也呈现出递减趋势（图 4-2）。2010 年巴西香蕉产量为 696.93 万吨，2019 年香蕉产量为 681.27 万吨，缩减了 2.25%。2011 年巴西香蕉产量达到近 10 年的峰值，为 732.95 万吨；此后，巴西香蕉产量开始回落，2017 年巴西香蕉产量到达新低，为 658.50 万吨；2018 年和 2019 年巴西香蕉产量有所回升，分别为 672.36 万吨和 681.27 万吨。与此同时，巴西香蕉单产保持在 14.4 吨 / 公顷左右，2010—2019 年香蕉单产变化率保持在 3% 以内（图 4-3）。综上所述，可以看出，近年巴西的香蕉生产水平并无显著提高。

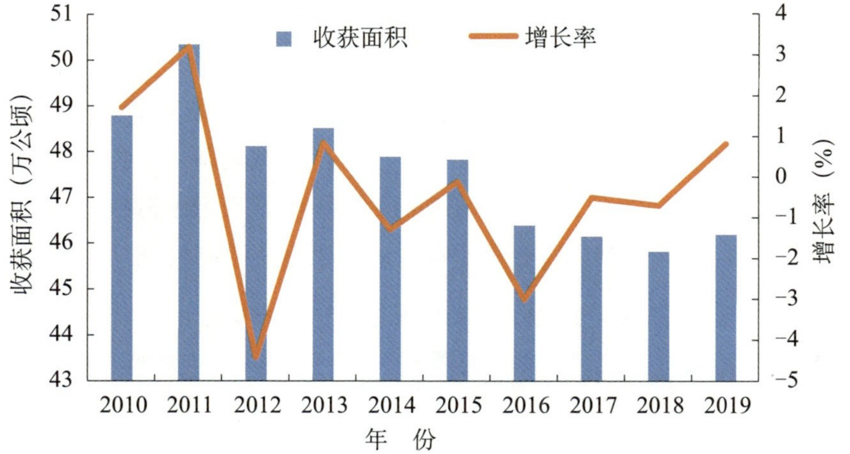

图 4-1 2010—2019 年巴西香蕉收获面积变化

（数据来源：联合国粮食及农业组织）

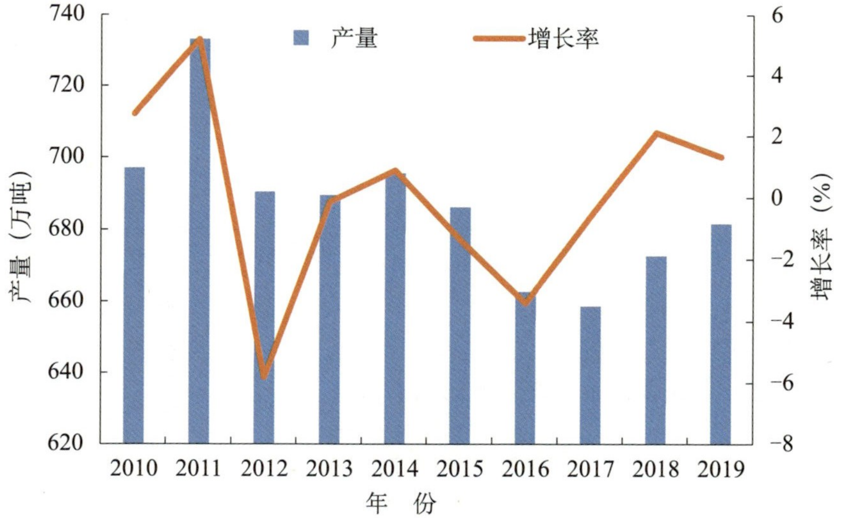

图 4-2 2010—2019 年巴西香蕉产量变化

（数据来源：联合国粮食及农业组织）

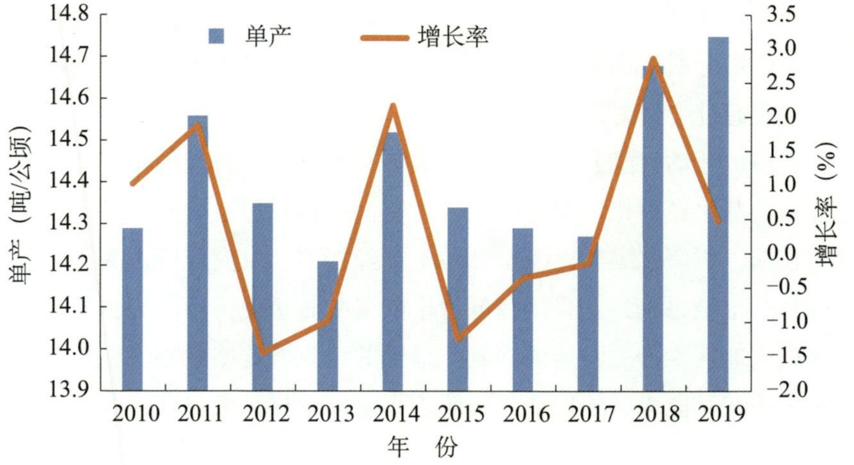

图 4-3 2010—2019 年巴西香蕉单产变化情况
（数据来源：联合国粮食及农业组织）

五、生产组织模式

巴西是世界上主要的香蕉生产国，根据巴西地理与统计研究所（IBGE）的数据，卡文迪许是巴西生产和消费最多的香蕉品种。巴西国内市场对香蕉需求量巨大，99% 自产自销，采用木箱包装再卡车运输，运输途中香蕉易受挤压，损耗较大。

巴西香蕉销售组织机构有合作社和蕉农协会。由于运输条件简陋、中间商环节过多及市场信息滞后等因素，巴西国内市场发展受阻。常规香蕉市场是一般被用来指代超市、零售商店、购物中心、集市、工业厨房等。在大中型城市中，尤其是在圣保罗，市场的传统组成部分是中间代理，因为消费地点与生产地点相距遥远，因此销售中的中间代理可以发挥不同的作用。这些中间代理有当地的个体代理商（来自邻近的市镇，生产者所在的市镇或农村社区），他们与买方、贸易商或批发商保持长久的联系或合作，他们与产地和市场长期保持较近的距离和较持久的强联系，但这些中介仅在生产者和购买者之间建立联系；还有来自其他地区的个体代理商，他们除了在生产者和购买者之间建立联系外，还进行香蕉的运输；此外，也有大中型批发公司直接对香蕉进行购买，并将其转售给零售商或公司的最终用户。在最近的几年中，与这些中介机构的关系对于香蕉的商业化绝对至关重要，因为巴西的香蕉产品主要通过中介销售。

在巴西，劳动力及其生产的所有成本和风险均由香蕉的生产者负责。由于无法影响其生产价格，个体生产者几乎没有找到通过生产活动增加利润的方法的余地。贡萨尔维斯（Gonçalves）已经指出，以商业资本为主导的这种结构的另一个结果是，它采用最低价格购买的做法使得中间商获得高销售利润，这是该地区生产的财富流向其他地区的结果。这些限制了在生产香蕉的家庭农民的获利能力，他们依靠传统市场上的价格，无法获得令人满意的经济回报。

六、贸易情况

巴西为世界香蕉主要生产国之一，但巴西并不是世界主要香蕉贸易国，巴西是全球第四大香蕉消费国，2010—2019 年巴西香蕉出口贸易情况如表 4-4 所示，2019 年巴西生产 681.27 万吨香蕉，占全球香蕉产量的 5.83%；2019 年的表观消费量占巴西全年香蕉产量的 98.84%，为 734.33 万吨；2019 年巴西香蕉出口量为 7.94 万吨，仅占巴西香蕉全年产量的 1.165%。巴西香蕉出口量小，一方面是由于巴西国内香蕉需求量较大、市场价格较高，另一方面是由于巴西香蕉品质低、生产成本较高，使得香蕉缺乏对外出口贸易的竞争力，从而限制了巴西香蕉出口。巴西的香蕉出口贸易不是本国发展的重点，同样位于拉丁美洲的厄瓜多尔和哥伦比亚分别占据了世界香蕉出口贸易量的第一位和第五位。巴西香蕉出口市场局限于乌拉圭、阿根廷和英国等国。

表4-4　2010—2019年巴西香蕉出口贸易情况

年份	产量（万吨）	出口量（万吨）	出口额（亿美元）	出口量占比（%）
2010	696.93	13.96	0.45	2.00
2011	732.95	11.01	0.39	1.50
2012	690.22	9.45	0.35	1.37

续表

年份	产量（万吨）	出口量（万吨）	出口额（亿美元）	出口量占比（%）
2013	689.26	9.92	0.36	1.44
2014	695.37	8.40	0.32	1.21
2015	685.92	8.09	0.25	1.18
2016	662.52	6.44	0.21	0.97
2017	658.50	4.14	0.12	0.63
2018	672.36	6.55	0.21	0.98
2019	681.27	7.94	0.24	1.17

数据来源：产量数据来自联合国粮食及农业组织，贸易数据来自国际贸易中心。

2010—2019年巴西香蕉出口量及其变化如图4-4所示。巴西香蕉出口量总体呈现递减趋势，2019年香蕉出口量为7.94万吨，相比于2010年香蕉出口量13.96万吨，下降了43.12%。2010—2019年，2010年巴西香蕉出口量最大，此后便开始下降，2017年巴西香蕉出口量达到新低，为4.14万吨，2018年与2019年的香蕉出口量略有回升，分别为6.55万吨和7.94万吨。2010—2019年巴西香蕉出口量及其变化情况如图4-5所示。巴西香蕉出口额随着出口量的减少而递减，2019年香蕉出口额为0.24亿美元，相比于2010

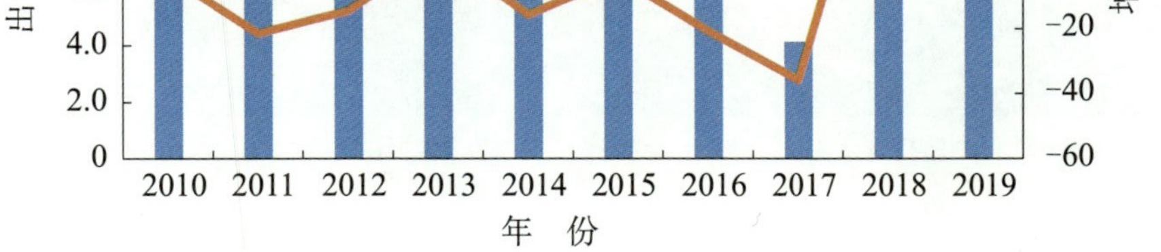

图4-4　2010—2019年巴西香蕉出口量及其变化情况

（数据来源：国际贸易中心）

年香蕉出口额 0.45 亿美元，下降了 46.20%。2010 年香蕉出口额为 10 年中最高，此后开始下降，于 2017 年跌至最低，2017 年香蕉出口额为 0.12 亿美元。2018 年与 2019 年香蕉出口贸易额开始回升，出口额分别达到 0.21 亿美元和 0.24 亿美元。

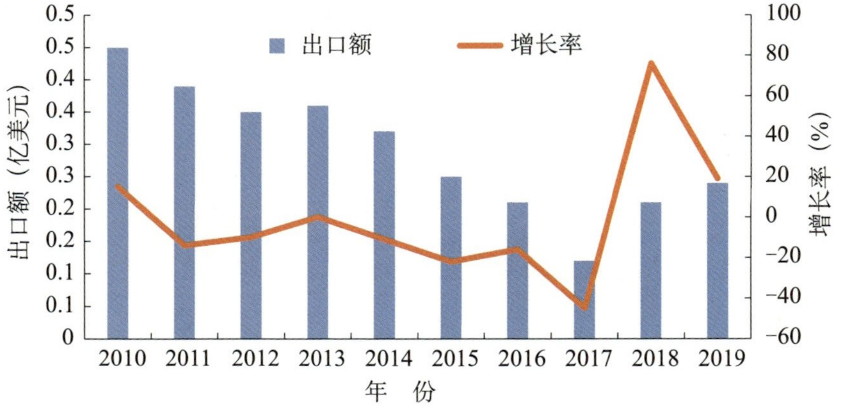

图 4-5　2010—2019 年巴西香蕉出口额及其变化情况

（数据来源：国际贸易中心）

2019 年巴西香蕉出口国如表 4-5 所示，国际贸易中心数据显示 2019 年巴西香蕉主要出口至拉丁美洲距离较近的一些国家，如乌拉圭、阿根廷等，以及欧洲的一些国家，如英国、荷兰、西班牙、波兰、德国和乌克兰等。其中，出口至乌拉圭、阿根廷和英国 3 个国家的香蕉出口额占据了巴西香蕉出口额的 76.66%。

2019 年巴西出口至乌拉圭和阿根廷的香蕉量超过 1 万吨，分别为 3.065 万吨和 2.672 万吨。

表4-5　2019年巴西香蕉主要出口流向

排名	出口国或地区	出口量（万吨）	出口额（亿美元）	出口额占比（%）
1	乌拉圭	3.065	0.092	37.544
2	阿根廷	2.672	0.056	23.062
3	英国	0.842	0.038	15.660
4	荷兰	0.323	0.014	5.789

续表

排名	出口国或地区	出口量（万吨）	出口额（亿美元）	出口额占比（%）
5	西班牙	0.169	0.009	3.541
6	波兰	0.222	0.008	3.296
7	德国	0.157	0.006	2.313
8	乌克兰	0.124	0.005	2.047
	其他	0.366	0.016	6.748
总计		7.940	0.244	100.000

数据来源：国际贸易中心。

七、产业影响因素

巴西香蕉产业影响因素总体可以分为3类，分别是香蕉生产的影响因素、香蕉国内销售的影响因素及香蕉出口贸易的影响因素。

（一）政商关系

由于巴西联邦立法的解释可能因州或市而异，实施方式也可能不同，而巴西香蕉的检疫与销售环节需要和政府打交道，香蕉种植者需要与政府官员及大型农业公司建立良好的沟通关系。

（二）土地资源

巴西超过20%的人生活在贫困线以下，社会贫富差距大的的部分原因是土地分配不均。数十万人无法获得土地哪怕是贫瘠的土地，而土地大部分都被寡头所控制。巴西缺乏公平的土地注册制度，土地使用权相关法律法规不完善，特别是在亚马孙地区。亚马孙地区许多土地为无使用权的公共土地或私有土地，但这类土地仍有大部分用于住房和商用，导致巴西香蕉产业种植者大多为庭院种植，数量多但规模小且分散。

（三）劳动条件

巴西的劳动法非常复杂，侵犯劳工权利的事件经常发生。农业部门是一个劳动密集型的部门，香蕉种植及后续采收包装等都需要大量劳动力。由于巴西劳动保护及劳动仲裁等发展缓慢，巴西香蕉种植的劳动力大多为固定人员，人数较少，短期工作人员较多但工作时间较短，未形成完整的香蕉行业劳动力资源链进行劳动力补充。

（四）环境因素

与劳动条件情况一样，巴西拥有复杂的立法来保护环境。办理环境许可证的程序时间较长且流程麻烦。但是，法律保护在实践中作用甚微。近年来，由于执行保护条例的预算减少，控制和执行环境法的效果也在逐渐减小。森林砍伐一直是巴西的一个严重问题。在 21 世纪初期森林砍伐率大幅度下降之后，近几年森林砍伐幅度又开始缓慢增长。香蕉种植者大多不注重环境保护，在土壤肥力下降至不足以支持香蕉高产时，开拓新的土地进行香蕉种植，形成恶性循环。

（五）水资源

虽然巴西是世界上淡水储量最丰富的国家，但该国南部地区水资源年度变化较大。另外，近几年全球气候变化带来气温上升和降雨模式的变化，从而使干旱和极端天气事件发生频次增加。干旱气象灾害的发生对香蕉这种需要大量水资源的作物造成严重影响，巴西大量开发地下水及调用淡水资源进行灌溉，而灌溉农业的强劲增长和流域周围生态结构的变化也导致了干旱的程度加剧，形成恶性循环。

（六）农药和化肥

巴西在农药的使用上未做标准化处理，农民在农药与化肥的使用上以经验为主，各地的香蕉农药残留存在较大差异，同时巴西未对高危害的农药进行违禁处理，因而时有农药危害土地与农民生命健康的情况发生。

影响巴西国内香蕉销售的最大因素为农民在香蕉上获利能力。在巴西的传统香蕉销售模式中，香蕉产品主要通过中介销售，即农产品销售中介机构。整个香蕉销售链中，只有一小部分价值分配给生产者，同时对于生产价格及成本农民无法通过生产活动增加利润，价值大部分分配给商业资本公司，商业资本采用最低价格购买的做法获得高额利润，其余分给中间商。香蕉产品的销售价格在巴西是由大型农业公司进行定价，价格中包含了大量的品牌溢价，销售价格由上至下进行，从而确保了批发公司、运营商和中介机构的盈利能力。这种模式保证了香蕉中下游的盈利能力，损害了香蕉上游即香蕉种植者的利益。香蕉种植绝大部分为家庭种植，从农民到中间商这一过程的价格依靠传统市场价格，而不是销售终端的价格，农民无法在出售时获得较高的经济回报。

若农民在香蕉中的获利能力增加，将会刺激香蕉产业的发展。施瓦茨曼（Schwartzman，2015）研究了圣保罗的 110 个家庭农民，将其生产的香蕉卖给了国家学校供餐计划，研究表明 83 人（占总人数的 76.4%）在出售给该计划后增加了收入。自 2009 年以来，该计划确立了以区域零售市场上平均价格向家庭农民购买食品的优先权，平均价格通常高于收购商收购价格。因此，平均价格增加了巴西香蕉种植家庭的家庭福祉。此外，农民所受的影响，源于大公司的价格操纵能力，中间商对农民的影响作用为压低收购价格并高价卖给农业公司。而农民单一的香蕉生产以及香蕉销售收入为唯一收入来源，使家庭香蕉生产者的议价能力较弱，所获得的低价无法实现生产性投资，农民生活条件无法得以改善。

影响巴西香蕉出口贸易的因素主要为巴西的出口价格比较优势与贸易壁垒。虽然巴西是全球香蕉第四大生产国，但出口的比重不到 1%。巨大的国内市场满足巴西香蕉产业的销售。与拉丁美洲其他香蕉生产国相比，巴西香蕉的出口价格比较优势较弱，且巴西香蕉产品质量参差不齐，绝大部分香蕉无法满足欧盟及中国的进口标准。影响巴西出口贸易的另一个因素为贸易壁垒，2019 年巴西最大的香蕉出口国为乌拉圭，其次是阿根廷。乌拉圭为巴西邻国，独特地理位置优势使得巴西出口乌拉圭拥有较多便利。阿根廷与巴西签订了双边和多边层面的国家协议，贸易壁垒较低。但是，巴西不是乌拉圭与阿根廷的主要进口国。

八、产业发展趋势

巴西庞大的国内消费市场与分散在全国的小规模香蕉种植者保证了巴西香蕉种植面积与产量总体是增长状态。巴西的香蕉产业发展趋势如下。

（一）香蕉种植规模仍以小规模分散种植为主

巴西香蕉种植分布在全国大部分地区，主要种植经营者为小农户家庭，尤其是在贫困地区，香蕉为主要经济来源。

（二）香蕉种植者利益得到保证，农民收入增加

当香蕉种植者利益一直处于被挤压的状态，农民会选择改种其他作物以增加收入，出于解决贫困及发展香蕉产业的要求，巴西政府应积极保证农民的利益。

（三）巴西香蕉销售市场以国内市场为主，少量销往国际市场

巴西在香蕉价格与质量上均弱于其他拉丁美洲香蕉主产国，虽然巴西香蕉出口量在逐年上升，但世界上主要香蕉进口国中巴西所占的比重甚微。

总体而言，巴西在全球香蕉产业仍占据重要地位。不仅是全球第四大香蕉生产国，也是发展速度良好的金砖国家之一。香蕉在巴西不仅是经济作物，也是该国的主食作物。香蕉的收成与该国人口的温饱与贫困问题相关。

巴西有可耕地 3. 71 亿公顷，人均近 2.32 公顷，农业开发领域有很大发展潜力。并且巴西目前仍处在“拓农业边疆”的发展阶段，耕地面积仍在不断扩大。巴西中西部著名的“稀树草原”占全国土地面积的 21%，其中可利用开发的土约 12 亿公顷。近 20 年来，巴西的耕地面积每年递增 1.84%，从 3 440 万公顷扩大到现在的 4 950 万公顷，但仍只占到国土面积 6%，人均 0.3 公顷。但巴西的土地占有状况极不均衡。全国可用田地大部分掌握在大庄园主手里，其规模大得惊人，最大的可以达几万、甚至几十万公顷。因此，巴西仍有巨大的发展潜力。

第五章
厄瓜多尔香蕉产业发展情况

一、引　言

厄瓜多尔是全球最大的香蕉出口国及主要的香蕉生产国之一，拥有优越的地理位置和气候，发展香蕉、可可等热带经济作物存在明显的优势。香蕉种植历史可追溯至18世纪，正式作为产业发展始于20世纪。厄瓜多尔香蕉产业在20世纪40年代末迎来黄金发展期，虽然在50年代受到来自其他中美洲国家的冲击，香蕉的种植和产业发展增速放缓，但依然是厄瓜多尔经济发展的支柱产业和重要的出口产品。20世纪90年代，厄瓜多尔香蕉产业再次进入黄金发展期，香蕉种植面积、产量及出口进入顶峰期，与80年代相比同期增长了1倍以上，创造了厄瓜多尔香蕉生产和出口的历史新高。进入21世纪，受到其他香蕉生产国冲击，造成国际市场的变化，厄瓜多尔的香蕉生产和出口数量均呈现下降趋势，但其种植技术、果实质量、生产和出口数量保持相对稳定。同时为了适应新的市场需求，厄瓜多尔加大了有机香蕉的种植，其香蕉产业追求高质量及可持续发展。因此香蕉产业在厄瓜多尔国民经济中仍处于重要地位。

二、产区分布

厄瓜多尔地处南美洲西北部，位于南纬5°至北纬2°，全年高温。陆地国土面积约为 25.63 万平方千米，依照地形可把厄瓜多尔分为 4 个部分，西部沿海地区、中部安第斯山区、东部亚马孙冲积平原地区和加拉帕戈斯群岛地区。西部沿海地区和中部山谷地区同属于热带雨林气候，全年高温多雨，日照时间较长，土地平坦肥沃，河流众多，地理环境相对独立导致病虫害较少。而香蕉喜热的特性也极为适合在厄瓜多尔种植。

从 20 世纪 50 年代起香蕉就是厄瓜多尔外汇的重要来源之一，在厄瓜多尔国民经济中占据了重要地位，同时也是厄瓜多尔的支柱产业。香蕉产业为厄瓜多尔提供的就业机会超过 200 万个，占厄瓜多尔全国经济活动人口的 16%。香蕉业还带动其他相关行业如（海运和陆运、纸张和纸箱包装、塑料、农业化工、食品加工等）的发展，对整个厄瓜多尔的经济和社会发展都起着积极的推动作用。

2019 年厄瓜多尔各省份香蕉生产数据见表 5-1，从厄瓜多尔香蕉种植地区分布来看，厄瓜多尔香蕉种植区域主要多集中沿海地区和塞拉地区，尤其是沿海地区，该地区占了全国香蕉种植面积的 93.58%，全国香蕉主要生产省份洛斯里奥斯、瓜亚斯和埃尔奥罗集中在该地区。塞拉地区香蕉种植面积占全国香蕉种植面积的 10.24%，卡尼亚尔和科托帕希是塞拉地区香蕉主要产出省份。亚马孙地区香蕉种植面积仅占全国香蕉种植面积的 0.58%。厄瓜多尔香蕉产量与香蕉种植面积呈正相关趋势。沿海地区香蕉总生产量为 622.05 万吨，占全国香蕉生产总量的 94.45%。塞拉地区香蕉产量为 35.87 万吨，占全国总产量的 5.45%。亚马孙地区的香蕉产量为 0.43 万吨，仅占全国产量的 0.07%。

表5-1 2019年厄瓜多尔各省份香蕉生产与销售情况

地区	省份	面积（万公顷）		产量（万吨）	销售量（万吨）
		种植	收获		
沿海地区	洛斯里奥斯	6.39	6.17	237.36	235.28
	瓜亚斯	4.92	4.71	199.85	199.28
	埃尔奥罗	4.58	4.53	164.91	162.76
	圣埃伦纳	0.33	0.32	11.98	11.95
	埃斯梅拉达斯	0.20	0.17	4.95	4.9
	马纳维	0.56	0.49	3.01	1.86
	小计	16.98	16.39	622.04	616.03

续表

地区	省份	面积（万公顷）		产量（万吨）	销售量（万吨）
		种植	收获		
塞拉地区	科托帕西	0.65	0.65	17.00	16.75
	卡尼亚尔	0.45	0.45	7.31	7.28
	圣多明各—德洛斯科罗拉多斯	0.31	0.31	7.04	7.03
	因巴布拉	0.19	0.15	2.39	2.31
	玻利瓦尔	0.21	0.21	1.15	1.05
	洛哈	0.11	0.05	0.69	0.62
	阿苏艾	0.02	0.02	0.21	0.1
	钦博拉索	0.01	0.01	0.07	0.07
	卡尔奇	—	—	0.01	0.01
	皮钦查	—	—	—	—
	通古拉瓦	—	—	—	—
	小计	1.95	1.85	35.87	35.22
亚马孙地区	苏昆比奥斯	0.08	0.07	0.28	0.08
	萨莫拉—钦奇佩	—	—	0.08	0.01
	莫罗纳—圣地亚哥	0.03	0.02	0.07	0.02
	纳波	—	—	—	—
	奥雷亚纳	—	—	—	—
	帕斯塔萨	—	—	—	—
	小计	0.11	0.09	0.43	0.11
全国合计		19.04	18.33	658.35	651.36

数据来源：厄瓜多尔统计局。

厄瓜多尔的香蕉种植主要集中在沿海地区的洛斯里奥斯、瓜亚斯和埃尔奥罗3省。埃尔奥罗、瓜亚斯和洛斯里奥斯属于热带萨凡纳气候，月均气温18℃，有较为明显的干湿两季。同时埃尔奥罗、瓜亚斯和洛斯里奥斯3省主要地形属于为冲积平原，地形平坦，其沿海地域为洋流流经处，温度适宜，台风影响较少。主产区靠近港口及首都瓜亚基尔，空运和海运均较发达，为发展香蕉产业提供了有利条件。2019年洛斯里奥斯、瓜亚斯和埃尔奥罗的香蕉种植面积分别为 6.39 万公顷、4.92 万公顷和 4.58 万公顷，分别占全国香蕉种植面积的 33.56%、25.84% 和 24.05%。2019 年香蕉产量与种植面积最多的省份排名相同，依次是洛斯里奥斯、瓜亚斯和埃尔奥罗 3 省，2019 年香蕉产量分别为 237.36 万吨、199.85 万吨和 164.91 万吨，分别占 2019 年全国香蕉总产量的 36.05%、30.36% 和 25.05%。

三、主要种植品种

厄瓜多尔主要种植品种为卡文迪许，该品种在全球范围内占比超过 50%，属于 AAA 基因组型，果实呈长而略弯曲的形状。卡文迪许理想的种植条件为高肥力土壤，土壤 pH 值为 6.5 左右，内部排水较好，低盐度，温度范围为 18.5 ～ 35.5℃。常见的种植模式是按照行种植或按三角形种植。一般每个香蕉植株间的种植距离在 2 ～ 3 米，种植后 9 个月左右可收获，收获后新的茎重新生长的时间为 3 ～ 4 个月。

厄瓜多尔由于香蕉种植历史悠久，拥有许多 20 年以上树龄的香蕉树，为香蕉的种子筛选和种苗培育提供了有利环境（表 5–2）。

表5–2 2019年厄瓜多尔香蕉种植情况

（单位：万公顷）

项目	类型	种植面积
种植年份	10 年以下	4.52
	10 ～ 20 年（含 10 年）	5.82
	20 年以上（含 20 年）	8.70
使用的种子类型	普通品种	12.54
	改良品种	6.06
	国内混合品种	0.41
	国际混合品种	0.02
栽培种植习惯	灌溉	17.04
	施肥	17.01
	植物保护应用	16.45

数据来源：厄瓜多尔统计局。

厄瓜多尔 2019 年种植最多的品种以卡文迪许为主，还有传统品种。由于 TR4 香蕉枯萎病已经传染至美洲，为增强抵御病虫害的能力，近几年厄瓜多尔增加了科技投入来改良香蕉种子。

四、生产情况

（一）生产状况

厄瓜多尔的香蕉在国际上占据着重要地位。自 20 世纪 50 年代至 80 年代末，厄瓜多尔一直是世界香蕉第一出口国，香蕉的种植面积和产量均占世界的 9% 左右。香蕉也是厄瓜多尔经济发展的支柱产业和重要的出口产品。根据 2019 年厄瓜多尔统计局数据显示，全国可用土地面积为 1 229 万公顷，其中塞拉地区为 376 万公顷，沿海地区为 482 万公顷，亚马孙地区为 371 万公顷。如表 5-3 所示，2017—2019 年多年生作物的种植面积呈上升趋势，在 2019 年达到峰值，为 144 万公顷。

表5-3 2017—2019年厄瓜多尔农业用地面积

（单位：万公顷）

年份	耕地	多年生作物	暂时性作物	天然牧场
2017	245	143	90	68
2018	238	139	80	72
2019	199	144	77	92

数据来源：厄瓜多尔统计局。

依据厄瓜多尔官方划分，厄瓜多尔种植的永久作物主要包括香蕉、芭蕉、甘蔗、非洲棕榈及可可等。如图 5-1 可知，厄瓜多尔面积最大的多年生作物是可可，占 39%。排名第二是非洲棕榈，占 16%。第三是则是香蕉，占 12%。多年生作物种植面积排在第四位、第五位和第六位的分别是芭蕉、糖用甘蔗和咖啡，分别占 10%、8% 和 3%。其他多年生作物占总多年生作物种植面积的 12%。

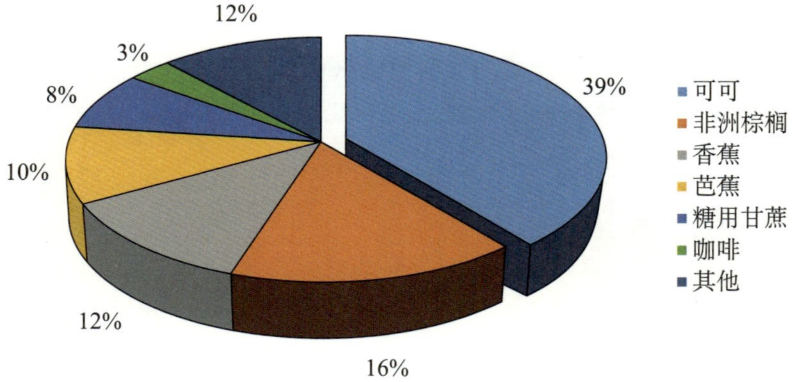

图 5-1 2019 年厄瓜多尔各多年生作物种植面积份额

（数据来源：厄瓜多尔统计局）

厄瓜多尔 2019 年全年种植香蕉面积为 19.04 万公顷，受病虫害及其他气候灾害的影响，香蕉实际收获面积为 18.33 万公顷（表 5-1），与种植面积相比少 0.71 万公顷，减少 3.73%。2019 年厄瓜多尔全年生产香蕉 658.35 万吨，销售量为 651.36 万吨，商品率为 98.94%。

根据联合国粮食及农业组织的统计，2010 年厄瓜多尔香蕉产量为 793.11 万吨，为 2010—2019 年香蕉产量的最大值。2019 年，厄瓜多尔香蕉产量为 658.35 万吨，10 年减少了 16.99%。总体来看，厄瓜多尔 2010—2019 年香蕉产量总体呈下降趋势。2013 年厄瓜多尔香蕉产量是 2010—2019 年的最低值，为 599.55 万吨。从 2013 年以后，每年产量均在 600 万吨以上（表 5-4）。

表5-4 2010—2019年厄瓜多尔香蕉生产情况

年份	产量（万吨）	收获面积（万公顷）	单产（吨/公顷）
2010	793.11	21.56	36.78
2011	742.78	19.20	38.69
2012	701.22	21.09	33.25
2013	599.55	18.87	31.78
2014	675.63	18.22	37.09
2015	719.44	18.55	38.79

续表

年份	产量（万吨）	收获面积（万公顷）	单产（吨/公顷）
2016	652.97	18.03	36.21
2017	628.21	15.81	39.75
2018	650.56	16.16	40.26
2019	658.35	18.33	35.91
2019 年 世界情况	11 678.17	515.86	22.64

数据来源：联合国粮食及农业组织。

厄瓜多尔 2010—2019 年香蕉收获面积与产量总体呈下降趋势（图 5-2 和图 5-3）。2010 年香蕉收获面积为 21.56 万公顷，为 10 年间香蕉收获面积峰值，占当年世界香蕉收获面积总额的 4.18%。2019 年，厄瓜多尔香蕉收获面积为 18.33 万公顷，10 年间下降 14.96%，占世界收获面积总额 3.55%。2010—2019 年，收获面积年均下降率为 1.50%。其中，2017—2019 年出现收获面积增长情况，3 年平均年增长率为 5.31%。

图 5-2　2010—2019 年厄瓜多尔香蕉收获面积

（数据来源：联合国粮食及农业组织）

图 5-3 2010—2019 年厄瓜多尔香蕉产量

（数据来源：联合国粮食及农业组织）

厄瓜多尔 2010—2019 年香蕉单产如表 5-4 所示，2010 年厄瓜多尔香蕉单产为 36.78 吨 / 公顷，2019 年单产为 35.91 吨 / 公顷。10 年间单产最低为 2013 年的 31.78 吨 / 公顷，单产最高为 2018 年的 40.26 吨 / 公顷。厄瓜多尔 10 年间的单产保持在 30 吨 / 公顷以上，主要得益于厄瓜多尔成熟的香蕉种植技术和病虫害防治技术。厄瓜多尔香蕉种植主要是商业性质的规模化和集中化生产。分布在全国的 5 000 多个农场，种植、管理、贮藏技术成熟，并

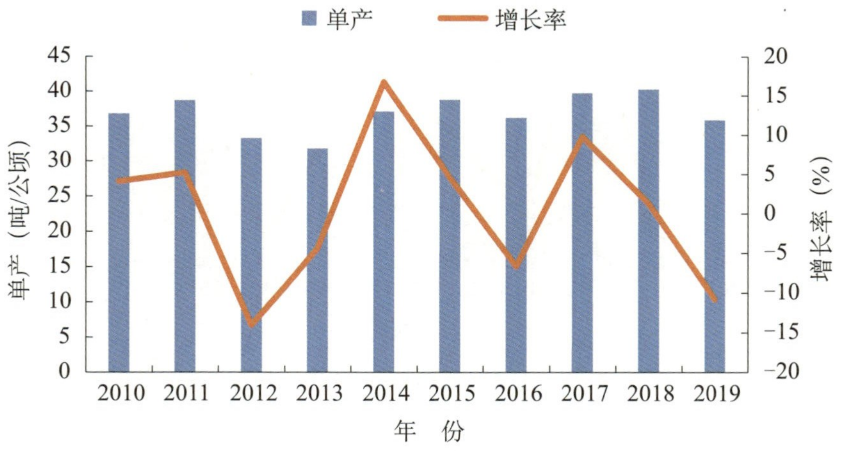

图 5-4 2010—2019 年厄瓜多尔香蕉单产变化情况

（数据来源：联合国粮食及农业组织）

有统一的品质监控标准，实现了标准化生产。厄瓜多尔香蕉种植园内隔离措施完善，隔离带和隔离技术成熟完备，可以较好地控制香蕉病虫害扩散。

（二）生产的影响因素

影响厄瓜多尔香蕉生产的自然灾害主要有病虫害、干旱、洪水及霜冻等因素。根据厄瓜多尔统计局的数据显示，2019 年影响香蕉生产的主要因素为虫害，其次是病害、洪水、霜冻和干旱，影响占比分别为 30.46%、16.59%、12.81%、9.66% 和 29.34%，其他影响因素占了 1.14%。

厄瓜多尔地理位置优越，种植香蕉具有得天独厚的优势，但伴随着全球气候的变化和病虫害的威胁，香蕉收获面积和产量总体呈递减趋势，单产也受其影响出现波动情况。从 2010 年开始，厄尔尼诺现象频发，影响了厄瓜多尔香蕉种植和采摘。厄瓜多尔香蕉种植品种单一，以卡文迪许为主要品种的香蕉业面临着众多挑战，其中最主要的问题之一是 TR4 引起的香蕉枯萎病。该病害 2019 年 7 月才在哥伦比亚的一个种植园中被发现，并已经威胁到拉丁美洲数千公顷土地。直到今天，还没有防治这种病害的有效方法。

五、生产组织模式

影响厄瓜多尔的香蕉产业主要取决于两个主要方面——自然资源和劳动力。在厄瓜多尔东部地区，农民倾向于小农生产系统，资本密集度较低，劳动密集度较高，因为该地区的地理特征无法大规模人工造林。种植香蕉需要大量的人力劳动，涉及清理丛林、支撑植物、抑制因香蕉果实重量而引起的弯曲、灌溉、防治病虫害，此外，常规生产过程还包括用聚乙烯袋覆盖香蕉束，以保护它们免受风、虫和鸟的袭击，并保持最佳温度。厄瓜多尔香蕉果实生长期为 9 ～ 12 个月，直到工人采摘并包装。

厄瓜多尔农业部从 2012 年开始在全国开展农业灌排规划（2012—2027 年），以合理开发和利用水资源，缓解厄瓜多尔全国农业用户的供需水矛盾，保证其农业灌溉率。另外，厄瓜多尔香蕉园内的隔离带、隔离区的相关技术完善，通常香蕉园的隔离区占到香蕉园总面积的 15%，将各个香蕉园作业区隔开，以便控制香蕉病虫害扩散；香蕉园道路两侧还设有绿化带，形成蕉园间的隔离带。香蕉园内普遍建有采收运蕉索道，均匀分布于香蕉园中，提高了香蕉的采收效率，同时节省了人工成本；同时，使用保鲜包装，无隙缝冷链运输，产后商品化处理量达到 100%。

香蕉种植方面，厄瓜多尔采用宿根蕉栽培，实现香蕉的常年无间断生产。能高效利用香蕉园各项基础设施，降低生产成本，又利于长期占领和开拓市场。另外，通过使用配方施肥技术，定期对香蕉园的土壤与叶片营养进行分析和诊断，有针对性地研制复合肥，能大幅减少化肥使用量，避免因不科学施肥造成的土壤板结退化；同时，厄瓜多尔在减少农药对环境和人的影响等方面也采取了不少措施，如采用大蒜驱虫、飞机喷药等，所使用的农药符合 ISO14001 标准的要求。

在香蕉灌溉方面，厄瓜多尔主要以喷灌为主，其次是微灌和沟灌。由于近几年极端异常气候频发，拉尼娜现象发生次数增加，厄瓜多尔旱灾次数增加，影响了香蕉生产。

香蕉园管理方面，厄瓜多尔的出口商主要是以企业为龙头，采取“公司 + 农户”的管理模式。出口企业的香蕉园采用统一管理、采收、运输、销售的模式，实现一体化高效经营。出口商除自身拥有香蕉园外，还会与第三方农户（香蕉种植者）签订香蕉收购合约，要求农户采用与出口商相同的管理标准。每个出口商均配备有若干名专业植保员，每名植保员管理 500 公顷左右的香蕉园，所有出口的香蕉必须经过出口商专业人员的验收并出具报告后方可出口。香蕉生产过程中的副产物，出口商会统一规划合理利用。如香蕉茎秆加工成动物饲料等，既提高了经济效益又减少了环境污染。另外，厄瓜多尔在抵御极端天气和病虫害防治等方面也积累了丰富的经验。

质量追踪体系建设方面，主要有两种技术体系，一是从香蕉园到厄瓜多尔海关的追踪体系（LTS），在 LTS 体系中，每个香蕉园会采用不同颜色的绳子来标记果实的生长周期，并建立相应的采收日历，每个包装箱上都标有香蕉园的编号、采收时间、包装厂编号等信息；二是从厄瓜多尔海关到进口国海关的追踪体系（DFF），在 DFF 体系中，货物至口岸随车附有运输报告，并附有香蕉园、包装厂、采收时间等信息。为确保追踪体系真实有效，出口商使用专业软件统一对包装箱进行编号，并建立可随时查询的数据库，同一批货物的包装箱只有唯一的编号，然后向各香蕉园按量免费配送，未使用完的包装箱香蕉园需按额退回。

厄瓜多尔主要采收香蕉模式：第一步，将香蕉束切开并悬挂在金属传送带上，接着进入包装车间。使用泡沫包装可以保护水果免受碰伤，使用塑料袋可以保护香蕉免受虫害。包装车间使用的泡沫包装可以重复利用，塑料袋也能够回收。第二步，将香蕉切成束，放在水池中，工人擦洗香蕉，以去除灰尘和农药残留等任何不符合规范的物质。第三步，将香蕉放入第二个水池再次清洗，然后捆成一捆放在板条箱中。第四步，添加认证标签，对板条箱进行称重和调整，喷上柠檬酸喷雾以防止表皮出现褐变。第五步，将香蕉包装在盒子里，装上卡车。

厄瓜多尔的香蕉生产主要分布在埃尔奥罗省、瓜亚斯省和洛斯里奥斯省，分别占全国的41%、34%和16%。小型生产者最为集中的地区是埃尔奥罗省，而较大规模的生产者主要集中在瓜亚斯省和洛斯里奥斯省。香蕉领域小型生产者中最杰出的代表是埃尔瓜博（El Guabo），是阿苏艾省、埃尔奥罗省和瓜亚斯省的小型香蕉生产者协会，成立于1997年。埃尔瓜博已有350个成员，并雇用了2 000多名员工，主要目标是在公平贸易制度下以高质量的产品满足客户的需求，以改善其合作伙伴的条件以及他们的社会和劳动环境。

六、贸易情况

香蕉产业在厄瓜多尔经济贸易体系中占有举足轻重的地位，厄瓜多尔是全球香蕉出口第一大国，从20世纪60年代起，香蕉就是厄瓜多尔主要外汇来源之一。2016—2019年香蕉占非石油传统出口产品比重呈上升趋势，略有波动，2019年，香蕉在非石油传统出口产品中占比达到59.41%。

厄瓜多尔2016—2019年出口总额的平均增长率为5.45%，香蕉出口额的平均出口增长率为4.22%。2016年香蕉出口额增长率为-2.6%，2017年香蕉出口的增长率为10.2%，2018年及2019年增长率分别为6.6%和2.5%。

2016 年厄瓜多尔受到俄罗斯市场需求减少、欧盟贸易协定签订及厄尔尼诺气候等因素的影响，出口量大幅减少。2017 年，厄瓜多尔加入欧盟自贸协定，增加了传统欧洲市场的份额，因此 2017 年香蕉增长率回升。

如表 5–5 和图 5–5 所示，2010—2019 年厄瓜多尔香蕉出口量年平均增长率为 3.34%，2019 年厄瓜多尔香蕉出口量为 10 年间最高纪录，为 688.11 万吨，出口额也为 10 年间最大值，为 33.11 亿美元。厄瓜多尔 2019 年香蕉产量为 658.35 万吨，出口量高达 688.11 万吨，出口量明显高于生产量，厄瓜多尔可能从其他国家进口香蕉再出口到其他国家。从 2017 年开始，厄瓜多尔香蕉出口量已连续 3 年高于厄瓜多尔本国生产量。厄瓜多尔 2010—2019 年香蕉出口额增长率为 62.78%，2010 年出口额为 20.34 亿美元，占世界香蕉出口价值总额的 14.42%；2019 年厄尔瓜多香蕉出口额为 33.11 亿美元，占世界总出口额的 23.47%，2019 年厄瓜多尔香蕉出口额占世界总出口额较 2010 年上升了 9.05%。2010—2019 年厄瓜多尔香蕉出口量和出口额稳步上升，整体发展趋势良好（图 5–5 和图 5–6）。

表5–5 2010—2019年厄瓜多尔香蕉出口情况

年份	产量（万吨）	出口数量（万吨）	出口价值（亿美元）
2010	793.11	515.65	20.34
2011	742.78	577.82	22.46
2012	701.22	520.54	20.82
2013	599.55	546.08	23.32
2014	675.63	597.73	25.90
2015	719.44	628.78	28.20
2016	652.97	617.63	27.42
2017	628.21	658.70	30.45
2018	650.56	677.99	32.18
2019	658.35	688.11	33.11

数据来源：国际贸易中心。

图 5-5 2010—2019 年厄瓜多尔香蕉出口量
（数据来源：国际贸易中心）

图 5-6 2010—2019 年厄瓜多尔香蕉出口额
（数据来源：国际贸易中心）

在厄瓜多尔，香蕉产业是该国主要农业收入来源。考虑到香蕉在当地的消费市场，厄瓜多尔数百万人的收入和粮食依赖于香蕉产业。香蕉出口占厄瓜多尔非石油传统出口产品的 1/4，厄瓜多尔约占世界香蕉市场供应量的 30%。香蕉产业在该国创造了约 200 万个直接和间接的就业机会。香蕉产业在种植园和包装车间创造了 45 万个直接工作岗位。香蕉出口占厄瓜多尔国民生产总值的 2%，并在农业国内生产总值中贡献了 25%。在厄瓜多尔，香蕉生产者 70% 为土地面积小于 30 公顷的小农户。

厄瓜多尔2019年香蕉出口流向如表5-6所示，根据国际贸易中心数据显示，厄瓜多尔以20%以上的出口份额牢牢占据全球香蕉出口的头把交椅，厄瓜多尔香蕉主要出口到40多个国家，其传统市场主要是欧盟和美国。厄瓜多尔香蕉的主要出口国是俄罗斯、美国、土耳其、德国、中国和荷兰，这些地区共占厄瓜多尔香蕉出口总量的56.76%，占厄瓜多尔香蕉出口总额的56.96%。

表5-6　2019年厄瓜多尔香蕉主要出口流向

排名	出口国或地区	出口量（万吨）	出口额（亿美元）	出口额占比（%）
1	俄罗斯	144.51	6.42	19.40
2	美国	86.19	4.89	14.78
3	土耳其	50.70	2.32	7.01
4	中国	45.84	2.20	6.65
5	德国	35.11	1.68	5.08
6	荷兰	25.61	1.42	4.30
7	意大利	28.22	1.34	4.04
8	阿根廷	23.08	1.04	3.13
9	沙特阿拉伯	19.62	1.01	3.05
10	阿尔及利亚	20.38	0.96	2.91
11	比利时	17.43	0.94	2.83
12	智利	24.33	0.87	2.63
13	希腊	16.43	0.78	2.36
14	日本	12.05	0.62	1.88
15	英国	11.64	0.58	1.75
16	瑞典	9.67	0.57	1.73
17	乌克兰	12.31	0.57	1.73
18	伊拉克	12.47	0.55	1.66
19	斯洛文尼亚	11.49	0.49	1.48
20	阿拉伯联合酋长国	9.12	0.45	1.36
	其他	71.91	3.37	10.24
	总计	688.11	33.11	100.00

数据来源：国际贸易中心。

据厄瓜多尔出口商数据显示，厄瓜多尔 2019 年平均每箱香蕉（18 ～ 20 千克 / 箱）的价格为 6.3 美元 / 箱。但由于购买农业生产资料、香蕉枯萎病防控、劳动力和运输等成本的上升，与美洲其他香蕉生产国（如哥伦比亚和危地马拉）相比，厄瓜多尔逐渐失去在欧盟等市场的竞争力。根据厄瓜多尔香蕉出口商协会（AEBE）数据显示，在 2019 年前三季度，香蕉出口量比 2018 年同期增长了 2.12%。2019 年厄瓜多尔向中国售出近 3.6 亿箱香蕉，与 2018 年的销量基本持平。厄瓜多尔 2019 年对欧盟、俄罗斯的香蕉出口量分别同比下降了 14.63%、3.16%；对美国、中东国家和地区的销售量分别增长了 2.73%、12.63%。欧盟是全球最大的香蕉进口地区，厄尔瓜多 2019 年对欧盟出口量的比重为 33%。

七、国际组织的影响

公平贸易是一种有组织的社会活动，其相关产品都贴有公平贸易标签，它提倡一种关于全球劳工、环保及社会政策的公平性标准，其产品包括从手工艺品到农产品，这个活动特别关注那些自发展中国家销售到发达国家的产品。公平贸易对厄瓜多尔的影响主要来自欧洲地区，欧盟对于厄瓜多尔香蕉进口主要要求为 3 个方面，分别是香蕉质量、生长环境和公平贸易认证。

由于公平贸易组织的介入，厄瓜多尔实施以下举措：一项向农民提供信贷并为其提供基金投资，改善灌溉系统，为农民提供培训课程，教授生产技术，特别是有机生产技术。实际上，厄瓜多尔大多数人工林已经过现代化改造，其中许多人工林获得了符合 ISO、HACCP（危害分析关键控制点）、雨林联盟和全球联盟（Global GAP）等国际质量控制标准的认证。还有一些香蕉园在申请 SA 8000 社会责任体系认证，厄瓜多尔规模化、集中化种植的香蕉园在整体规划和设施建设等方面都符合世界雨林联合会的环保标准。厄瓜多尔出口商联合会认为以上认证更有利于厄瓜多尔香蕉的出口贸易。

在联合国发展计划署（UNDP）的支持下，由绿色气候基金（GCF）和全球环境基金（GEE）资助厄瓜多尔农业和畜牧业部，保护厄瓜多尔雨林地区。与世界其他雨林地区一样，农业疆界的扩大是森林砍伐的主要原因，其影响因素可以归为以下几类：有关自然资源使用和开采的法规和法律；缺乏财政政策和激励措施；农业实践和技术效率低下；对农业和林产品的需求；宏观社会经济发展。雨林保护符合世界环境保护大趋势，增加消费者对厄瓜多尔香蕉生产的认可度。

德国发展合作署（GIZ）与厄瓜多尔农业和畜牧业部共同启动了一个可持续香蕉生产的新试点项目，自 2021 年开始。这个项目的实施能够确保厄瓜多尔所生产的每种香蕉都减少对环境的负面影响，并有助于提高香蕉的生产效率。该项目在“厄瓜多尔优质与可持续”运动的背景下，支持厄瓜多尔过渡到可持续农作物原产国的努力。只有消费者支持支付更高的价格，整个行业的生产和消费才更具可持续性。

八、产业政策

厄瓜多尔在宪法原则的框架下，对香蕉采取重要的控制措施，以控制生产过程中的环境污染与香蕉质量。主要措施包括：小规模香蕉生产者生产力发展计划，为小农户提供技术援助，并鼓励研究和使用同一香蕉种植园中的有机肥料，这为厄瓜多尔有机香蕉种植提供了政策条件，而有机香蕉正是近年欧洲香蕉市场新的增长点。为确保香蕉食用和出口安全，以及农户健康，厄瓜多尔农业质量保证局建立了一个控制系统，对农业投入物进行登记。厄瓜多尔农业质量保证局 2016 年 11 月的 0262 号决议《促进安第斯共同体第 804 号决定实施的补充规范》，确定了经营或使用农药的自然人或法人实体，必须通过厄瓜多尔农业质量保证局（GUIA）统一信息管理系统进行注册，并附上相关信息。厄瓜多尔农业质量保证局将进行验证，有权授予或拒绝注册。此外，厄瓜多尔农业质量保证局还将进行定期检查，可以中止、修改或撤销注册，并制定关于危险和非危险废物的管理指南。为了确保这些制度的执行，厄瓜多尔的环境部门、农业部门及公共卫生部进行协调，对香蕉作物进行定期检查。根据当前法规，除控制农药使用外，厄瓜多尔农业质量保证局还监管农产品质量，以确保香蕉的质量达到出口要求。

自 2010 年以来，厄瓜多尔一直在实施《刺激和控制香蕉及其他相关产品生产和商业化的法律》(简称《香蕉法》)，旨在通过规范香蕉价值链，理顺香蕉生产者、中间商和出口商之间的价值分配关系。自2013年起，厄瓜多尔农业和畜牧业部启动了“小香蕉生产者生产力发展计划”，旨在提高小种植园的生产力和营利能力。计划基于以下四类活动：技术援助、通过国家开发银行(BNF)提供的信贷进行融资、发展香蕉产业链业务、建立产业链之间的关联性。在支持小型生产者政策的背景下，厄瓜多尔于2015年12月颁布第350号部长协议，农业和畜牧业部要求出口商至少有15%的香蕉必须从小型生产者收购。该要求旨在促进香蕉部门利益的公平分配，并防止垄断者占领市场。2014年8月15日，对外贸易部与农业和畜牧业部签署了《机构间合作框架协议》，实施香蕉行业的竞争性改进计划(PMC)，旨改善价值链中企业管理的部分，采用可持续技术，并通过持续商业化创造附加值的方式来促进香蕉生产者的收入稳固增长。对外贸易部与香蕉生产链中的生产者、出口商和其他香蕉产业从业者共同制定了《善意战略协议》，以确定香蕉部门结构性变化的行动和承诺，在有组织和公平的价值链基础上，巩固厄瓜多尔香蕉产业的全球领导者地位，确保利润在整个价值链中公平地分配。

九、产业发展趋势

2010—2019年，全球的香蕉产量一直在稳定增长且产量的90%以上来自发展中国家，生产方式大多数是小农户种植而不是商业化种植，这些小农户土地大部分小于5公顷，种植规模小且分散。因此，香蕉在大多数主产国具有重要的粮食安全和经济意义。香蕉全球产量的增长主要是由面积扩大驱动的，与粮食作物相比，每公顷收益更高。由于主要生产和进口地区的收入增加，香蕉的人均消费量在2010—2019年处于上升阶段。但是，鉴于香蕉不易贮存的特性，在国际市场上交易的数量仅占全球香蕉产量的一部分，大部分香蕉成熟后都在本国国内消费。

假设生产不受气候变化和病虫害的不利影响，厄瓜多尔、危地马拉将从进口需求的增长中受益。在主要的进口市场中，基于积极的宏观经济发展，预计俄罗斯联邦的人均消费量增长最大，2029年人均消费量将达到12.8千克。厄瓜多尔目前是俄罗斯的主要供应国。在投资的推动下，预计厄瓜多尔在全球出口中的占比会逐步增加 1%。欧洲仍然是世界各地水果的主要进口国，由于对新鲜、天然和有机水果的需求仍在迅速扩大，预计欧洲的香蕉市场将继续扩大。但欧盟市场注重香蕉质量、生长环境和公平贸易认证的相关性，这对厄瓜多尔香蕉出口是机遇也是挑战。亚洲市场随着消费者购买力提高与经济的快速发展而扩大，尤其是中国市场，近年香蕉表观消费量增长速度均在 2% 以上。对于厄瓜多尔而言，欧盟的香蕉市场逐渐趋近于饱和，虽然厄瓜多尔在欧洲香蕉市场占比较大，但面对其他拉丁美洲香蕉主产国的冲击，占比逐年降低。在亚洲市场上，主要的香蕉出口国为菲律宾，拉丁美洲国家由于地理位置的原因在亚洲市场的占比较低。近年欧洲香蕉市场的需求向有机转变，虽然厄瓜多尔正在逐渐增加有机香蕉的种植面积，但仍以传统的香蕉种植为主。未来几年，厄瓜多尔势必增加在亚洲的香蕉出口份额，根据厄瓜多尔香蕉营销与出口行业组织（ACORBANEC）数据显示，2020 年厄瓜多尔出口增长一方面来自达到出口品质要求的香蕉产量的增长，另一方面则是得益于多个出口市场需求的扩大，其中包括俄罗斯（增长 2.39%）、中东（增长 19.89%）、南方共同市场（增长 5.97%）、东欧（增长 27.5%）、欧盟（增长 20.22%）、非洲（增长 22.53%），而在美国（下降 1.84%）、东亚（下降 8.81%）及大洋洲（下降 6.13%）则有所减少。

厄瓜多尔国内为推动香蕉产业的发展预计开展以下活动。第一，厄瓜多尔政府进行人口普查，这将使其对香蕉产业从业人员有更准确的了解。为了实现设定的目标，政府从收集信息、更新和验证 20 年前记录的数据开始，比较香蕉产业变化情况，分析预计未来香蕉产业发展趋势。第二，厄瓜多尔预通过重新分配和调整支持政策的方式提高香蕉产业的竞争力，实现可持续的经济增长。到 2021 年，厄瓜多尔全国的农业生产率指数从 98.9 提高到 112.0。

总体来看，厄瓜多尔香蕉产业仍然是其重点发展的产业，其在国际上第一出口大国的地位无可动摇。

第六章
菲律宾香蕉产业发展情况

一、引　言

香蕉是全球出口最多的新鲜水果，约占世界新鲜水果贸易的40%，目前发现的香蕉品种有1 000多个。香蕉主产国集中在亚洲、美洲和非洲，亚洲是第二大香蕉出口供应地，其中，菲律宾是主要出口国。随着菲律宾香蕉出口的大幅增长，越来越多的大型农场主和个体小农户加入香蕉种植出口业中。棉兰老岛是菲律宾主要香蕉出口生产基地。菲律宾香蕉产业的发展两极分化较为严重。棉兰老岛的跨国公司出口生产基地拥有先进的生产技术，执行严格的质量标准，如都乐公司和金吉达公司等。但个体中小型蕉园基础设施和技术设备落后，种植方式原始粗放。

二、产区分布

菲律宾位于亚洲东南部，北纬5°～18°，东经117°～127°。北隔巴士海峡，南与西南隔苏拉威西海、巴拉巴克海峡与印度尼西亚、马来西亚相望，西濒南海，东临太平洋，处于亚洲与大洋洲以及东亚与东南亚国家之间的交通要道，地理位置十分重要。所辖岛屿约 7 000 多个，其中有吕宋、棉兰老、萨马等 11 个主要岛屿，面积约占全国陆地面积的 96%，其中吕宋岛为最大岛屿。菲律宾群岛海拔在 500 ～ 2 000 米，地形以山地、丘陵和高原为主，约占总面积的 3/4 以上。且处于环太平洋火山地震带上，火山众多、地震频发。平原面积狭小，除少数岛屿有较宽广的内陆平原外，大多数岛屿仅沿海有零星分布的狭窄平原。

菲律宾属季风型热带雨林气候，全年高温多雨，湿度大，台风多。年平均气温约 27℃，年平均降水量大部分地区为 2 000 ～ 3 000 毫米，年平均湿度为 77%。境内河流均为短促湍急，水力资源丰富。一般在群岛西部有旱季（11 月至翌年 4 月）和雨季（5—10 月）之分，东部海岸终年有雨，并以冬雨最多。南部地区亦全年多雨。台风主要发源于东部的太平洋面，多发生于每年的 6—11 月。

菲律宾每个行政区都种植香蕉，最大的香蕉产区是达沃区。根据菲律宾统计局（PSA）统计，达沃区 2019 年香蕉种植面积达 9.24 万公顷，生产面积占全国香蕉总种植面积的 20.58%，产蕉量高达 342.9 万吨，占菲律宾全国产蕉量的 37.44%；其次是棉兰老岛北部地区，香蕉种植面积为 5.34 万公顷，占全国香蕉种植面积的 11.88%，产蕉量 196.4 万吨，占 21.45%；第三大香蕉产区是棉兰老穆斯林自治区，香蕉种植面积为 3.38 万公顷，产蕉量 60 万吨，占 12.91%。其中香蕉种植面积最大的区——达沃区中，北达沃省种植面积最多，2019 年达到 3.66 万公顷，占全区种植面积的 39.65%。北达沃省的香蕉种植面积甚至超过了第三大香蕉种植面积地区棉兰老穆斯林自治区。在菲律宾香蕉第二大种植区棉兰老岛北部地区中，种植面积最大的省份是布基农省，该省香蕉种植面积达到了 2.13 万公顷，其次是东米萨米斯省，香蕉种植面积 1.71 万公顷（表 6-1）。

三、主要种植品种

菲律宾约种植有 90 个香蕉栽培品种。如表 6-2 所示，菲律宾香蕉种植有

表6-1 2010—2019年菲律宾各地区香蕉生产面积

（单位：万公顷）

产区		生产面积									
		2010年	2011年	2012年	2013年	2014年	2015年	2016年	2017年	2018年	2019年
科迪勒拉行政区（Car）	阿布拉	0.09	0.09	0.09	0.09	0.09	0.09	0.09	0.08	0.08	0.08
	阿巴尧	0.22	0.23	0.24	0.26	0.23	0.23	0.23	0.05	0.05	0.06
	本格特	0.03	0.03	0.03	0.03	0.03	0.03	0.03	0.03	0.03	0.02
	依富高	0.09	0.08	0.08	0.08	0.07	0.07	0.07	0.07	0.07	0.05
	卡林阿	0.03	0.03	0.03	0.03	0.03	0.03	0.03	0.03	0.03	0.03
	高山	0.03	0.03	0.03	0.03	0.03	0.03	0.03	0.02	0.03	0.03
	小计	0.48	0.49	0.49	0.51	0.48	0.49	0.48	0.29	0.30	0.28
伊罗戈地区（Ilocos Region）	北伊罗戈	0.18	0.17	0.17	0.17	0.17	0.17	0.17	0.16	0.16	0.16
	南伊罗戈	0.15	0.15	0.15	0.15	0.15	0.15	0.15	0.15	0.15	0.15
	拉乌尼翁	0.11	0.11	0.11	0.12	0.12	0.11	0.12	0.12	0.12	0.12
	邦阿西楠	0.32	0.32	0.33	0.33	0.33	0.33	0.32	0.31	0.31	0.33
	小计	0.76	0.75	0.76	0.76	0.76	0.76	0.75	0.74	0.74	0.75
卡加延河谷（Cagayan Valley）	巴坦群岛	0.00	0.00	0.01	0.01	0.01	0.01	0.01	0.00	0.00	0.00
	卡加延	0.48	0.48	0.48	0.48	0.49	0.49	0.51	0.45	0.45	0.44
	伊莎贝拉	0.98	0.98	1.02	1.16	1.18	1.17	1.17	1.17	1.17	1.16
	新比斯开	0.19	0.19	0.19	0.19	0.19	0.19	0.19	0.19	0.19	0.20
	基里诺	0.72	0.72	0.72	0.72	0.72	0.72	0.72	0.72	0.72	0.75
	小计	2.37	2.37	2.41	2.55	2.58	2.58	2.60	2.55	2.55	2.55

续表

产区		生产面积									
		2010年	2011年	2012年	2013年	2014年	2015年	2016年	2017年	2018年	2019年
吕宋中部（Central Luzon）	奥罗拉	0.21	0.21	0.21	0.21	0.21	0.21	0.23	0.24	0.24	0.21
	巴丹	0.03	0.02	0.02	0.02	0.02	0.02	0.02	0.02	0.02	0.02
	布拉干	0.14	0.14	0.14	0.14	0.13	0.13	0.14	0.14	0.14	0.15
	新怡诗夏	0.07	0.07	0.07	0.07	0.07	0.07	0.06	0.06	0.06	0.06
	邦板牙	0.05	0.05	0.05	0.05	0.05	0.05	0.05	0.05	0.05	0.05
	打拉	0.09	0.09	0.09	0.09	0.09	0.09	0.09	0.09	0.09	0.09
	三描礼士	0.06	0.06	0.06	0.06	0.05	0.05	0.05	0.05	0.05	0.06
	小计	0.63	0.63	0.63	0.62	0.62	0.61	0.64	0.65	0.65	0.64
卡拉巴松（Calabarzon）	八打雁	0.75	0.75	0.67	0.67	0.59	0.57	0.57	0.55	0.55	0.55
	甲米地	0.39	0.39	0.39	0.39	0.39	0.37	0.37	0.37	0.37	0.37
	内湖	0.71	0.71	0.71	0.71	0.66	0.64	0.64	0.64	0.64	0.64
	奎松	0.92	0.92	1.02	1.02	1.02	0.98	0.98	0.99	0.98	0.98
	里扎尔	0.20	0.20	0.20	0.20	0.20	0.17	0.15	0.15	0.15	0.16
	小计	2.97	2.97	2.99	2.99	2.87	2.74	2.71	2.70	2.70	2.70
民马罗巴（Mimaropa Region）	马林杜克	0.05	0.05	0.05	0.05	0.05	0.05	0.05	0.05	0.05	0.05
	东民都洛	0.07	0.07	0.07	0.08	0.08	0.08	0.08	0.09	0.08	0.08
	西民都洛	1.84	1.84	1.84	1.36	1.39	1.40	1.40	1.40	1.40	1.40
	巴拉望	0.55	0.55	0.57	0.57	0.58	0.58	0.58	0.59	0.59	0.59
	朗布隆	0.17	0.17	0.17	0.17	0.17	0.16	0.17	0.17	0.17	0.17
	小计	2.66	2.68	2.69	2.22	2.26	2.27	2.27	2.29	2.29	2.29

续表

产区		生产面积									
		2010年	2011年	2012年	2013年	2014年	2015年	2016年	2017年	2018年	2019年
比科尔（Bicol Region）	阿尔拜	0.10	0.09	0.09	0.09	0.08	0.06	0.06	0.06	0.06	0.06
	北甘马粦	0.45	0.45	0.45	0.45	0.45	0.45	0.45	0.48	0.49	0.54
	南甘马粦	0.93	0.93	0.93	0.93	0.93	0.93	0.93	0.93	0.93	0.93
	卡坦端内斯	0.04	0.04	0.04	0.04	0.04	0.04	0.04	0.04	0.04	0.04
	马斯巴特	0.11	0.12	0.12	0.12	0.12	0.11	0.11	0.11	0.11	0.11
	索索贡	0.25	0.25	0.25	0.25	0.23	0.23	0.23	0.23	0.24	0.24
	小计	1.88	1.88	1.88	1.88	1.85	1.83	1.83	1.85	1.87	1.92
西米沙鄢（Western Visayas）	阿克兰	0.61	0.61	0.61	0.60	0.44	0.44	0.44	0.44	0.44	0.44
	安蒂克	0.16	0.16	0.16	0.17	0.17	0.18	0.18	0.18	0.18	0.18
	卡皮斯	0.24	0.24	0.24	0.24	0.18	0.18	0.18	0.18	0.18	0.18
	吉马拉斯	0.05	0.06	0.06	0.06	0.06	0.06	0.06	0.06	0.06	0.06
	伊洛伊洛	1.43	1.45	1.47	1.47	1.47	1.47	1.48	1.48	1.48	1.48
	西内格罗斯	0.95	0.95	0.95	0.95	0.94	0.94	0.93	0.93	0.94	0.94
	小计	3.44	3.47	3.49	3.50	3.26	3.27	3.27	3.27	3.28	3.29
中米沙鄢（Central Visayas）	保和	0.30	0.30	0.30	0.31	0.24	0.24	0.24	0.24	0.24	0.24
	宿务	0.92	0.92	0.92	0.92	0.93	0.93	0.93	0.93	0.92	0.92
	东内格罗斯	0.81	0.81	0.80	0.80	0.80	0.80	0.80	0.80	0.80	0.80
	锡基霍尔	0.13	0.13	0.13	0.13	0.13	0.13	0.13	0.13	0.13	0.13
	小计	2.15	2.15	2.16	2.16	2.10	2.10	2.09	2.09	2.09	2.09

续表

产区		生产面积									
		2010年	2011年	2012年	2013年	2014年	2015年	2016年	2017年	2018年	2019年
东米沙鄢（Eastern Visayas）	比利兰	0.14	0.14	0.14	0.14	0.12	0.12	0.12	0.12	0.11	0.11
	东萨马	0.14	0.14	0.14	0.14	0.14	0.14	0.14	0.14	0.14	0.13
	莱特	0.62	0.62	0.63	0.63	0.49	0.49	0.49	0.49	0.49	0.49
	北萨马	0.54	0.54	0.54	0.54	0.54	0.54	0.54	0.54	0.54	0.54
	西萨马	0.49	0.50	0.50	0.50	0.47	0.47	0.47	0.47	0.48	0.48
	南莱特	1.11	1.09	1.10	1.10	0.99	0.99	1.02	1.02	1.02	1.00
	小计	3.06	3.04	3.05	3.05	2.76	2.75	2.79	2.79	2.78	2.75
三宝颜半岛（Zamboanga Peninsula）	北三宝颜	0.79	0.81	0.84	0.84	0.84	0.84	0.84	0.86	0.89	0.90
	南三宝颜	0.62	0.63	0.62	0.62	0.62	0.62	0.64	0.64	0.64	0.62
	三宝颜—锡布盖	0.23	0.22	0.22	0.21	0.18	0.17	0.17	0.17	0.17	0.17
	三宝颜市	0.34	0.34	0.34	0.34	0.34	0.29	0.29	0.29	0.29	0.29
	小计	1.97	1.99	2.02	2.01	1.99	1.93	1.95	1.96	1.99	1.98
棉兰老岛北部（Northern Mindanao）	布基农	2.05	2.04	2.04	2.08	2.08	2.09	2.10	2.12	2.12	2.13
	甘米银	0.13	0.13	0.13	0.12	0.12	0.12	0.12	0.12	0.12	0.12
	北拉瑙	0.88	0.87	0.87	0.87	0.87	0.87	0.86	0.86	0.86	0.86
	西米萨米斯	0.45	0.46	0.46	0.46	0.47	0.47	0.47	0.51	0.51	0.51
	东米萨米斯	1.65	1.65	1.66	1.66	1.67	1.67	1.70	1.76	1.74	1.71
	小计	5.15	5.15	5.14	5.19	5.21	5.22	5.25	5.37	5.36	5.34

续表

产区		生产面积									
		2010年	2011年	2012年	2013年	2014年	2015年	2016年	2017年	2018年	2019年
达沃区（Davao Region）	北达沃	3.54	3.59	3.56	3.53	3.62	3.64	3.73	3.73	3.73	3.66
	南达沃	1.51	1.52	1.54	1.54	1.54	1.54	1.54	1.54	1.54	1.17
	达沃市	0.55	0.55	0.56	0.56	0.56	0.68	0.70	0.72	0.73	0.73
	东达沃	0.91	0.94	0.96	0.87	1.04	1.05	1.07	1.07	1.08	1.08
	孔波斯特拉古	2.23	2.23	2.22	1.87	1.90	1.91	1.88	2.21	2.18	2.18
	西达沃	—	—	—	—	—	—	—	—	—	0.42
	小计	8.73	8.84	8.83	8.36	8.65	8.83	8.91	9.27	9.24	9.24
棉兰老岛中部（Soccsksargen）	北哥打巴托	1.53	1.53	1.54	1.67	1.67	1.62	1.40	1.43	1.43	1.52
	萨兰加尼	0.33	0.35	0.37	0.37	0.39	0.38	0.36	0.37	0.38	0.39
	南哥打巴托	0.27	0.26	0.22	0.24	0.24	0.37	0.40	0.45	0.48	0.48
	苏丹库达拉	0.80	0.79	0.87	0.93	0.92	0.91	0.88	0.88	0.90	0.91
	小计	2.92	2.93	3.00	3.21	3.21	3.28	3.04	3.12	3.19	3.29

续表

产区		生产面积									
		2010年	2011年	2012年	2013年	2014年	2015年	2016年	2017年	2018年	2019年
卡拉加（Caraga）	北阿古桑	0.90	0.88	0.86	0.54	0.54	0.53	0.53	0.53	0.53	0.54
	南阿古桑	1.15	1.11	1.10	1.02	1.08	1.09	1.11	1.11	1.12	1.16
	迪纳迦特群岛	—	—	—	0.01	0.01	0.01	0.01	0.01	0.01	0.01
	北苏里高	0.11	0.09	0.10	0.22	0.14	0.14	0.14	0.14	0.14	0.14
	南苏里高	0.45	0.40	0.57	0.51	0.55	0.55	0.55	0.56	0.57	0.57
	小计	2.61	2.47	2.63	2.30	2.31	2.31	2.34	2.35	2.37	2.41
棉兰老穆斯林自治区（Armm)	巴西兰	0.71	0.71	0.71	0.71	0.71	0.71	0.71	0.71	0.71	0.71
	南拉瑙	0.49	0.49	0.52	0.52	0.53	0.52	0.52	0.52	0.52	0.52
	马京达瑙	1.63	1.70	1.69	1.72	1.81	1.82	1.82	1.82	1.82	1.82
	苏禄	0.25	0.25	0.25	0.25	0.25	0.25	0.25	0.26	0.26	0.25
	塔威塔威	0.07	0.07	0.07	0.07	0.07	0.07	0.07	0.07	0.07	0.07
	小计	3.16	3.22	3.25	3.27	3.37	3.37	3.38	3.38	3.39	3.38
全国合计		44.94	45.03	45.42	44.58	44.28	44.34	44.30	44.24	44.79	44.90

数据来源：菲律宾统计局。

三大品种，分别是塞巴（Saba）、卡文迪许（Cavendish）、拉卡坦（Lakatan），分别占菲律宾香蕉种植面积的41.39%、19.65%、26.23%。小农户种植香蕉，通常是在后院花园种植供家庭食用。在小型人工林中，香蕉以单季作物的形式种植，面积从2公顷到20公顷不等，并根据当地消费者的喜好、农业气候条件以及所存在的病虫害类型来选择品种进行种植。

表6-2　2019年菲律宾香蕉主要种植品种生产数据

香蕉品种	产量（万吨）	种植面积（万公顷）	种植面积占比（%）
萨巴	251.28	18.59	41.40
卡文迪许	484.75	8.82	19.64
拉卡坦	90.97	2.71	6.04
其他品种	88.77	14.78	32.92
总计	915.77	44.90	100.00

数据来源：菲律宾统计局。

出口香蕉由菲律宾公司和跨国公司生产，主要出口品种主要为卡文迪许（Cavendish），其中，大奈因（Grand Naine）占90%，威廉斯（Musa AAA Group Cavendish Williams）占10%。香蕉生产者和出口商在大力开发新的出口品种和市场，如将贡蕉出口日本、中国和韩国，将红蕉出口日本，牛角大蕉出口新西兰等。在菲律宾国内的鲜销品种主要为拉卡坦（Lakatan）、本古兰（Bungulan）、拉通丹（Latundan）、贡蕉（Senorita）等。

菲律宾香蕉种植品质出现两极分化，既有优质、超甜的高海拔基地种植的香蕉，棉兰老岛的跨国公司（如都乐公司和金吉达公司等）就属于此类，且该类香蕉多用于出口；也有农民自己种植、粗放管理的庭院香蕉，且基础设施和设备落后。香蕉鲜销品种全国各地均有种植、多为粗放式庭院栽培。目前，菲律宾香蕉产业正处于快速增长时期。除了卡文迪许、卡达夫达和萨巴等香蕉品种主要出口外，本土品种的种植与出口成为香蕉产业的一大优势。近年来，菲律宾本土品种在有机栽培、保鲜贮藏和加工等技术的研发方面取得明显进展。

一般来说，菲律宾香蕉的最佳贮藏温度为13℃（Pantastico, 1990）。萨巴香蕉在10℃的环境下能保存21天，拉通丹在14℃能贮藏21～28天，拉卡坦在13℃环境下能贮藏28天。一般香蕉在13～14℃，相对湿度为95%的环境贮藏，或采取气调方式来贮藏香蕉，都能使香蕉能有更长的保鲜期。

四、生产情况

香蕉是菲律宾最重要的水果作物，根据菲律宾统计局（Philippine Statistics Authority，PSA）统计数据，2019年菲律宾农业生产总值为3.62亿美元，香蕉生产总值0.38亿美元，占其农业生产总值的10.57%。

表6-3为2010—2019年菲律宾各州香蕉产量，2019年菲律宾香蕉产量最高的地区是达沃区，香蕉产量达到了342.9万吨，同比2018年下降了3.55%，但占菲律宾全国香蕉产量的37.44%。其中北达沃省的产量为156.1万吨，是全国香蕉产量最高的省份，占2019年菲律宾香蕉产量的17.05%。第二大香蕉产区是棉兰老岛北部地区，该地区2019年香蕉产量为196.4万吨，为全国产量的21.45%。棉兰老岛北区产量最高的省份是布基农省，该省2019年香蕉产量为138.2万吨，是菲律宾香蕉的第二大生产省份。第三大香蕉产量地区是棉兰老岛中部地区，香蕉产量达到了118.2万吨，占全国产量的12.91%。

根据2019年联合国粮食及农业组织数据，菲律宾是全球第六大香蕉生产国（表6-4）。菲律宾全国盛产香蕉，香蕉是当地的主要消费水果品种之一，同时，也是全球第七大香蕉消费国。

表6-3 2010—2019年菲律宾各地区香蕉产量

（单位：万吨）

产区		产量									
		2010年	2011年	2012年	2013年	2014年	2015年	2016年	2017年	2018年	2019年
科迪勒拉行政区（Car）	阿布拉	0.78	0.76	0.77	0.76	0.71	0.74	0.65	0.65	0.61	0.60
	阿巴尧	0.64	0.64	0.64	0.94	0.89	0.88	0.91	0.54	0.52	0.54
	本格特	0.22	0.21	0.20	0.20	0.21	0.20	0.19	0.17	0.15	0.16
	依富高	0.67	0.66	0.65	0.54	0.54	0.55	0.55	0.55	0.51	0.34
	卡林阿	0.12	0.12	0.12	0.13	0.12	0.13	0.11	0.06	0.14	0.08
	高山	0.14	0.12	0.13	0.14	0.15	0.16	0.15	0.13	0.15	0.14
	小计	2.57	2.51	2.51	2.72	2.63	2.66	2.56	2.11	2.09	1.86
伊罗戈地区（Ilocos Region）	北伊罗戈	0.91	0.93	0.97	0.99	1.01	1.01	1.02	1.03	1.05	1.01
	南伊罗戈	0.92	0.96	1.01	1.05	1.03	1.00	0.97	0.96	0.94	0.91
	拉乌尼翁	0.69	0.69	0.71	0.73	0.74	0.75	0.72	0.79	0.80	0.75
	邦阿西楠	1.60	1.50	1.57	1.58	1.61	1.56	1.44	1.46	1.43	1.50
	小计	4.12	4.08	4.26	4.35	4.39	4.32	4.15	4.24	4.22	4.17
卡加延河谷（Cagayan Valley）	巴坦群岛	0.00	0.00	0.08	0.07	0.04	0.03	0.02	0.00	0.00	0.00
	卡加延	5.93	5.20	6.38	7.98	7.19	7.70	8.13	4.18	6.72	5.67
	伊莎贝拉	18.86	12.48	19.57	20.73	21.46	21.23	19.56	17.89	19.20	15.75
	新比斯开	3.04	2.85	2.63	2.48	2.45	2.37	2.59	2.51	2.55	2.60
	基里诺	8.97	6.38	2.27	4.85	6.49	7.08	5.13	6.18	6.17	4.61
	小计	36.81	26.92	30.92	36.11	37.64	38.41	35.44	30.76	34.65	28.63

续表

产区		产量									
		2010年	2011年	2012年	2013年	2014年	2015年	2016年	2017年	2018年	2019年
吕宋中部（Central Luzon）	奥罗拉	1.29	1.24	1.25	1.47	1.53	1.45	0.63	0.46	0.50	0.52
	巴丹	0.14	0.13	0.12	0.12	0.12	0.13	0.13	0.14	0.11	0.11
	布拉干	1.81	1.83	1.85	1.85	1.90	2.02	1.97	2.01	2.00	2.03
	新怡诗夏	0.74	0.74	0.74	0.74	0.73	0.72	0.72	0.75	0.76	0.82
	邦板牙	0.26	0.25	0.25	0.24	0.24	0.24	0.25	0.27	0.27	0.28
	打拉	0.48	0.49	0.49	0.49	0.42	0.39	0.38	0.46	0.52	0.55
	三描礼士	1.09	1.07	1.05	0.99	0.95	0.90	0.88	0.90	0.92	1.07
	小计	5.82	5.74	5.76	5.89	5.88	5.84	4.97	4.98	5.08	5.38
卡拉巴松（Calabarzon）	八打雁	3.35	3.39	3.44	3.38	3.20	3.32	4.02	4.13	4.33	4.09
	甲米地	2.48	2.53	2.54	2.58	2.25	1.92	2.35	2.47	2.24	2.03
	内湖	1.63	1.87	1.95	2.01	1.59	1.23	1.38	1.40	1.39	1.39
	奎松	2.82	3.23	3.38	3.49	3.05	2.83	3.07	3.03	3.14	3.03
	里扎尔	0.31	0.33	0.33	0.34	0.33	0.34	0.35	0.38	0.39	0.38
	小计	10.58	11.36	11.65	11.80	10.43	9.63	11.17	11.41	11.49	10.93
民马罗巴（Mimaropa Region）	马林杜克	0.08	0.08	0.08	0.08	0.07	0.07	0.06	0.06	0.06	0.07
	东民都洛	0.32	0.34	0.36	0.36	0.35	0.37	0.37	0.39	0.41	0.40
	西民都洛	17.84	18.98	16.29	12.02	11.54	12.66	5.71	4.98	5.98	6.43
	巴拉望	2.06	2.24	2.43	2.64	2.88	3.06	3.04	3.24	3.30	3.29
	朗布隆	0.73	0.74	0.77	0.76	0.69	0.67	0.62	0.64	0.66	0.61
	小计	21.04	22.38	19.93	15.87	15.53	16.83	9.80	9.32	10.41	10.81

续表

产区		产量									
		2010年	2011年	2012年	2013年	2014年	2015年	2016年	2017年	2018年	2019年
比科尔（Bicol Region）	阿尔拜	1.27	1.26	1.35	1.47	1.16	1.12	1.17	1.11	1.19	1.18
	北甘马粦	0.80	0.81	0.83	0.85	0.78	0.81	0.88	1.05	1.22	1.32
	南甘马粦	3.48	3.47	3.48	3.54	3.35	3.39	3.45	2.94	3.19	3.02
	卡坦端内斯	0.13	0.13	0.13	0.13	0.13	0.13	0.14	0.11	0.12	0.13
	马斯巴特	0.34	0.33	0.36	0.36	0.36	0.36	0.36	0.38	0.40	0.44
	索索贡	1.77	1.89	1.99	1.99	1.67	1.82	1.68	1.74	1.79	1.75
	小计	7.79	7.89	8.14	8.34	7.45	7.65	7.68	7.33	7.91	7.82
西米沙鄢（Western Visayas）	阿克兰	5.22	5.29	5.25	5.13	2.82	2.89	2.92	2.95	3.02	3.19
	安蒂克	1.79	2.03	2.08	1.66	1.59	1.77	1.76	1.89	1.99	1.96
	卡皮斯	2.76	2.79	2.82	2.61	0.35	0.74	0.78	0.80	0.81	0.95
	吉马拉斯	0.50	0.55	0.59	0.59	0.60	0.56	0.55	0.62	0.66	0.70
	伊洛伊洛	14.58	15.24	15.84	14.75	13.16	14.06	14.04	14.39	14.91	14.68
	西内格罗斯	8.37	8.55	8.72	8.54	8.51	8.54	8.42	8.47	8.82	8.98
	小计	33.22	34.46	35.31	33.28	27.03	28.56	28.47	29.11	30.21	30.46
中米沙鄢（Central Visayas）	保和	4.04	4.24	4.43	4.48	3.44	3.28	2.85	3.28	3.39	3.25
	宿务	5.29	6.18	6.35	6.18	6.76	7.84	8.41	8.64	8.91	8.45
	东内格罗斯	7.17	7.75	7.72	7.32	7.67	7.26	6.79	7.20	7.04	6.52
	锡基霍尔	1.74	1.78	1.74	1.09	1.54	1.50	1.34	1.44	1.45	1.35
	小计	18.23	19.95	20.25	19.07	19.41	19.88	19.39	20.57	20.80	19.58

续表

产区		产量									
		2010年	2011年	2012年	2013年	2014年	2015年	2016年	2017年	2018年	2019年
东米沙鄢（Eastern Visayas）	比利兰	1.62	1.62	1.62	1.39	1.10	1.10	1.11	1.10	0.94	0.90
	东萨马	0.56	0.54	0.57	0.54	0.45	0.31	0.31	0.29	0.26	0.25
	莱特	5.23	5.14	5.15	4.64	2.09	2.36	2.69	2.89	2.87	2.89
	北萨马	1.93	1.99	2.06	2.20	2.27	2.25	1.86	1.85	1.86	1.85
	西萨马	11.63	11.61	11.62	10.35	9.41	10.37	10.33	10.80	11.06	11.71
	南莱特	6.87	6.81	7.01	6.79	6.38	6.32	6.36	6.31	6.36	6.32
	小计	27.83	27.72	28.04	25.91	21.70	22.72	22.66	23.25	23.36	23.93
三宝颜半岛（Zamboanga Peninsula）	北三宝颜	12.86	10.12	9.27	9.10	9.27	10.34	9.34	9.13	8.65	8.21
	南三宝颜	4.83	4.95	5.91	7.61	8.61	8.60	8.21	8.34	8.31	8.02
	三宝颜—锡布盖	2.52	2.54	2.55	2.61	2.62	2.46	2.46	2.42	2.55	2.59
	三宝颜市	6.16	6.22	6.33	6.61	6.91	6.79	6.07	6.36	6.41	6.42
	小计	26.36	23.83	24.05	25.92	27.41	28.19	26.08	26.25	25.93	25.25
棉兰老岛北部（Northern Mindanao）	布基农	117.39	117.06	115.64	117.15	119.96	125.15	128.81	134.74	136.58	138.24
	甘米银	0.61	0.62	0.59	0.55	0.54	0.53	0.51	0.49	0.46	0.44
	北拉瑙	30.18	29.59	28.19	27.97	28.14	28.17	28.29	28.17	28.20	28.27
	西米萨米斯	5.62	6.26	6.50	6.90	7.47	7.82	7.44	7.51	7.59	7.57
	东米萨米斯	16.44	19.05	20.96	21.03	22.00	21.55	21.38	22.10	22.28	21.90
	小计	170.24	172.58	171.88	173.60	178.10	183.22	186.44	193.01	195.11	196.41

续表

产区		产量									
		2010年	2011年	2012年	2013年	2014年	2015年	2016年	2017年	2018年	2019年
达沃区 (Davao Region)	北达沃	154.05	157.50	153.78	154.96	159.10	160.54	162.61	163.42	165.11	156.14
	南达沃	57.73	58.02	58.00	58.25	59.37	61.09	61.20	62.38	63.58	43.61
	达沃市	22.77	23.24	23.77	24.09	24.58	25.38	25.66	26.82	28.30	28.95
	东达沃	13.98	15.25	15.93	15.00	15.97	15.99	15.88	16.36	16.54	16.74
	孔波斯特拉古	131.92	131.48	127.06	64.17	77.80	82.50	82.60	82.32	82.01	81.24
	西达沃	—	—	—	—	—	—	—	—	—	16.22
	小计	380.45	385.48	378.54	316.46	336.82	345.50	347.95	351.29	355.53	342.90
棉兰老岛中部 (Soccsksargen)	北哥打巴托	60.41	62.92	64.48	66.11	66.42	63.00	48.31	52.61	54.05	51.50
	萨兰加尼	15.51	17.92	21.91	21.89	21.42	20.26	19.79	20.61	20.93	20.38
	南哥打巴托	25.42	25.79	26.20	27.30	27.72	27.71	25.41	26.95	27.70	27.74
	苏丹库达拉	3.04	2.87	2.95	3.25	4.77	4.94	8.93	16.55	18.14	18.63
	小计	104.38	109.50	115.53	118.55	120.34	115.91	102.44	116.72	120.82	118.24

续表

产区		产量									
		2010年	2011年	2012年	2013年	2014年	2015年	2016年	2017年	2018年	2019年
卡拉加 (Caraga)	北阿古桑	8.95	8.10	7.40	6.43	5.87	6.22	6.71	6.82	6.85	7.16
	南阿古桑	6.16	6.22	6.75	5.73	6.58	6.81	7.69	8.29	8.28	7.96
	迪纳迦特群岛	—	—	—	0.04	0.03	0.02	0.02	0.02	0.03	0.03
	北苏里高	0.95	0.85	0.66	0.74	0.66	0.64	0.57	0.60	0.58	0.55
	南苏里高	4.99	5.25	7.07	7.90	11.25	12.28	12.80	13.57	13.22	13.73
	小计	21.04	20.41	21.88	20.83	24.38	25.97	27.80	29.31	28.95	29.43
棉兰老穆斯林自治区 (Armm)	巴西兰	2.42	2.47	2.38	2.30	2.35	2.28	2.10	2.10	2.15	2.08
	南拉瑙	10.80	10.67	10.59	10.53	10.88	10.99	11.08	11.08	11.20	11.20
	马京达瑙	23.62	25.86	28.39	30.61	33.62	37.38	37.85	41.43	43.55	44.28
	苏禄	1.92	1.80	1.78	1.68	1.67	1.66	1.54	1.55	1.59	1.58
	塔威塔威	0.90	0.90	0.88	0.84	0.83	0.80	0.80	0.81	0.83	0.82
	小计	39.65	41.69	44.02	45.96	49.36	53.10	53.37	56.97	59.33	59.97
全国合计		910.13	916.50	922.68	864.64	888.49	908.39	890.37	916.63	935.88	915.77

数据来源：菲律宾统计局。

表6-4　2019年全球香蕉产量前十位国家产量数据

排名	产蕉国	产量（万吨）	所占比重（%）
1	印度	3 046.00	26.08
2	中国	1 165.57	9.98
3	印度尼西亚	728.07	6.23
4	巴西	681.27	5.83
5	厄瓜多尔	658.35	5.64
6	菲律宾	604.96	5.18
7	危地马拉	434.16	3.72
8	安哥拉	403.70	3.46
9	坦桑尼亚	340.69	2.92
10	哥伦比亚	291.44	2.50
	其他	3 323.96	28.46
总计		11 678.17	100.00

数据来源：联合国粮食及农业组织。

注：因联合国粮食及农业组织与菲律宾统计局的统计口径不同，故数据不一致，余同；中国的产量数据，也存在联合国粮食及农业组织与中华人民共和国国家统计局统计口径不同的情况。

根据联合国粮食及农业组织统计数据，2010—2019年菲律宾香蕉生产数据如表6-5所示，2010年菲律宾香蕉产量为910.13万吨，2019年香蕉产量为604.96万吨，与2010年相比下降33.53%；2019年收获面积为18.59万公顷，与2010年相比下降58.63%；2019年单产为32.54吨/公顷，较2010年增长了60.69%。其产量和种植面积在10年中整体出现下降是由于菲律宾香蕉种植受到了台风、干旱等严重自然灾害和病虫害的影响。2019年菲律宾香蕉产量占全球香蕉产量5.18%，收获面积占世界香蕉收获面积的3.6%。

表6-5　2010—2019年菲律宾香蕉生产情况

年份	产量（万吨）	收获面积（万公顷）	单产（吨/公顷）
2010	910.13	44.94	20.25
2011	916.50	45.01	20.36
2012	922.68	45.43	20.31
2013	864.64	44.60	19.39

续表

年份	产量（万吨）	收获面积（万公顷）	单产（吨/公顷）
2014	570.71	18.17	31.41
2015	584.01	18.30	31.92
2016	582.91	18.18	32.06
2017	604.14	18.35	32.92
2018	614.44	18.42	33.35
2019	604.96	18.59	32.54
2019 年世界生产情况	11 678.17	515.86	22.64

数据来源：联合国粮食及农业组织。

菲律宾香蕉产业在 2013 年之前呈现较好较快发展且持续增长，每年产量在 900 万吨以上，收获面积保持在 45 万公顷以上。2010—2013 年菲律宾香蕉收获面积占全球香蕉收获面积的 8.2% 以上。2012 年年末的台风摧毁菲律宾约 1.5 万公顷的香蕉种植园，因菲律宾香蕉生产结构多为小农户种植，香蕉产业易遭受自然灾害影响且不易恢复，虽然 2014 年已经恢复生产，然而此后 2015 年又遇上严重的厄尔尼诺现象，这对香蕉产量造成巨大又深远的影响。2014 年菲律宾香蕉收获面积出现断崖式下跌，从 2013 年的 44.6 万公顷下跌为 2014 年的 18.17 万公顷，跌幅约为 60%，此后 2015—2019 年香蕉收获面积并无恢复，一直保持在 18 万公顷左右（图 6-1）。

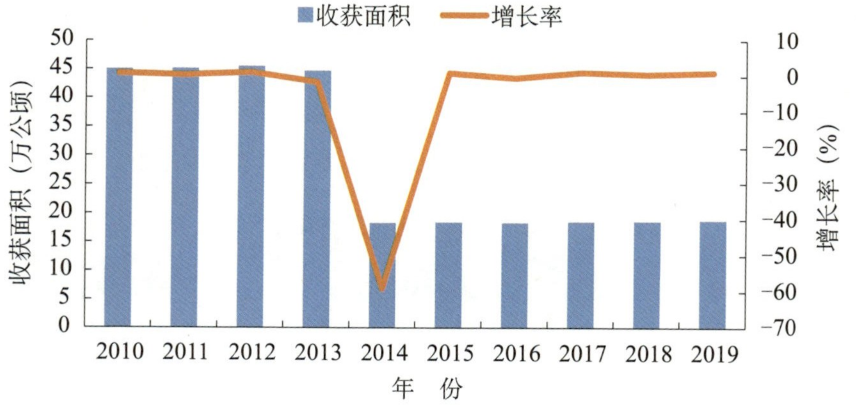

图 6-1 2010—2019 年菲律宾香蕉收获面积变化

（数据来源：联合国粮食及农业组织）

2010—2013 年，菲律宾香蕉产量每年保持在 900 万吨以上，受台风等多重因素影响，2013 年香蕉产量开始出现下跌（图 6-2），从 2012 年的 922.68 万吨下跌至 2013 年的 864.64 万吨，2014 年香蕉产量大幅下跌，跌幅约为 35%，此后菲律宾香蕉产量虽然有所回升，但每年香蕉产量保持 600 万吨左右，相比于 2010—2013 年，菲律宾香蕉产量下降了约 33%。

图 6-2　2010—2019 年菲律宾香蕉产量变化
（数据来源：联合国粮食及农业组织）

2019 年，根据联合国粮食及农业组织数据，在全球约 200 个香蕉生产国家和地区中，单位面积内香蕉产量最高可达 65 吨 / 公顷，相比而言，菲律宾香蕉单产并不突出，且在 2013 年出现较大幅上升之前，一直保持较低的单产水平。2010—2013 年菲律宾香蕉单产每年保持在约 20 吨 / 公顷的生产水平。2014 年香蕉单产出现大幅上升，增加到 31.41 吨 / 公顷，增幅为 60%。2015—2019 年菲律宾香蕉单位面积产量并无较大波动，每年保持在 30 吨 / 公顷，并于 2018 年达到最大值，为 33.35 吨 / 公顷（图 6-3）。

联合国粮食及农业组织提供数据和菲律宾统计局（PSA）提供数据相差较大。以 2019 年为例，联合国粮食及农业组织统计数据中，菲律宾香蕉生产量为 604.96 万吨，收获面积为 18.59 万公顷，单产为 32.54 吨 / 公顷。而菲律宾统计局统计数据中，菲律宾香蕉生产量为 915.77 万吨，收获面积为 44.90 万吨，单产为 20.39 吨 / 公顷。从 2014 年开始，联合国粮食及农业组织统计的菲律宾香蕉产量和面积都大幅下降，而菲律宾统计局统计数据中香蕉产量与面积 2010—2019 年变化相对都不大。

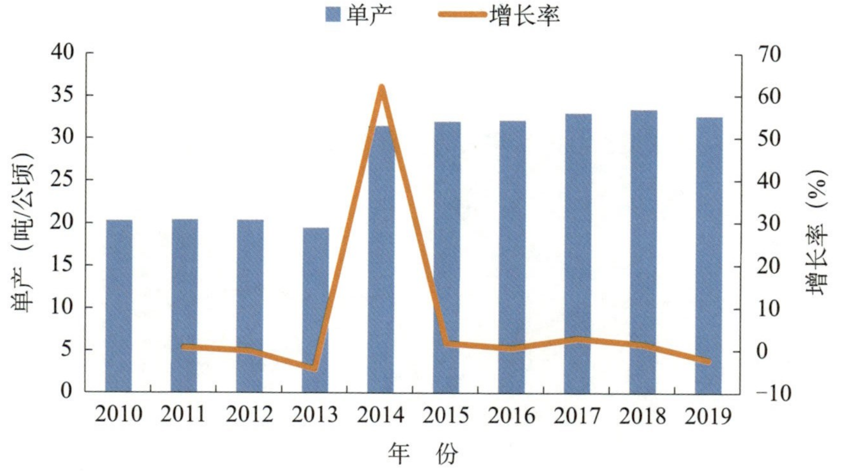

图 6-3 2010—2019 年菲律宾香蕉单产变化情况

（数据来源：联合国粮食及农业组织）

五、销售模式

（一）卡文迪许香蕉的市场销售渠道

卡文迪许作为菲律宾三大香蕉种植品种之一，种植在不同规模的商业种植园中，同时供应国内市场和出口市场。菲律宾商人经营的公司和跨国公司负责出口香蕉的生产、收购和出口。中小型农民生产的香蕉，一是卖给跨国公司，二是直接卖给国内经销商。出口香蕉的一小部分是有机香蕉。小农户通常在自家院中种植香蕉以供家庭食用，他们会根据自己的喜好和生产的难易程度来选择种植各类适合作为甜点或烹饪的香蕉品种。

（二）菲律宾香蕉本地市场销售渠道

棉兰老岛北部地区、中部地区和达沃区主要通过卡加延—德奥罗市和奥三棉示市将大部分香蕉运往马尼拉和宿务。打包商每周都从农场和农民那里收购，或者在最近的购买站购买。打包商通常与采购站和代理商联合，每周一次或两次采摘香蕉。打包商将香蕉卖给市区的收购商，收购商再把香蕉卖给批发商或零售商，之后，批发商再把香蕉卖给菜市场和超市。

（三）加工香蕉出口市场

菲律宾香蕉加工产品以香蕉片为主，主要面向出口市场。贸易商或香蕉片出口商在指定的收购点向农民收货。出口商通常会有代理商，或由当地的收购商在某个特定的地区或直辖市去考察和采购香蕉。一些出口商在香蕉产量大的地区设立香蕉加工厂，或者与一些香蕉加工厂建立合作关系以减少运输成本。

六、贸易情况

根据国际贸易中心（ITC）数据，菲律宾是继厄瓜多尔后全球第二大香蕉出口国。香蕉出口不仅是外汇的一个重要来源，也是当地人民的一个重要收入来源。菲律宾香蕉主要由小农种植，当地企业家进行贸易，并在当地消费。因此，多年来，香蕉在农村贫困人口的粮食保障和收入方面发挥着重要作用。

与此同时，根据国际贸易中心数据显示（表 6-6 所示），菲律宾香蕉出口贸易也出现较大波动，2013 年菲律宾香蕉出口量为 326.76 万吨，出口值为 9.63 亿美元，收获面积和产量波动导致其 2015 年出口量和出口值开始出现下跌，2015 年严重的厄尔尼诺现象导致持续的干旱、病虫害等使得菲律宾香蕉产量降低，质量也受到影响，从而致使菲律宾香蕉出口锐减。根据联合国粮食及农业组织数据显示，2015 年哥斯达黎加取代菲律宾，成为第二大香蕉出口国。2019 年菲律宾重新成为全球第二大香蕉出口国，仅次于厄瓜多尔，供给亚洲市场香蕉总需求量的 95%。菲律宾的香蕉出口创汇从 2014 年的 11.37 亿美元跌至 2015 年的 4.4 亿美元，出口量从 2014 年的 398.20 万吨跌至 2015 年的 140.99 万吨，此后几年，香蕉出口量和出口值快速恢复，2019 年达到历史新高，出口量增长至 435.20 万吨，年均增长 21%（图 6-4）；出口值增长至 19.31 亿美元，同比增长 28%（如图 6–5 所示），菲律宾夺回全球第二大香蕉出口国称号。

表6–6　2010—2019年菲律宾香蕉出口贸易情况

年份	出口量（万吨）	出口额（亿美元）
2010	159.01	3.19
2011	204.67	4.71
2012	264.64	6.48
2013	326.76	9.63
2014	398.20	11.37
2015	140.99	4.40
2016	139.75	6.19
2017	166.34	6.87
2018	338.88	15.04
2019	435.20	19.31

数据来源：国际贸易中心。

图 6–4　2010—2019 年菲律宾香蕉出口量变化情况

（数据来源：国际贸易中心）

图 6-5　2010—2019 年菲律宾香蕉出口额变化情况

（数据来源：国际贸易中心）

菲律宾香蕉不仅种植品质出现两极分化，并且其产业的发展两极分化也较为严重。棉兰老岛的跨国公司出口生产基地拥有先进的生产技术，执行严格的质量标准，如都乐公司和金吉达公司等。但个体中小型蕉园基础设施和技术设备落后，种植方式更加原始粗放。

菲律宾香蕉出口贸易在近几年出现快速增长，出口产品主要有鲜果和香蕉片两类。菲律宾香蕉出口主要输往中国、日本、韩国、沙特阿拉伯、伊朗等地（表 6-7）。经过多年发展，菲律宾已经成为香蕉片加工出口的第一大国，并且 90% 的香蕉片产自棉兰老岛，拥有 15 家大型加工厂。菲律宾香蕉片甜度适中，口感较脆，外观和品质均优于泰国香蕉片。据菲律宾统计，菲律宾香蕉片的年均出口额为 8 000 万美元。菲律宾香蕉片出口到 30 多个国家和地区，主要为美国、欧盟、中国、日本和韩国等。有机香蕉只占该国出口的一小部分，菲律宾有机香蕉主要出口到日本。

表6-7　2019年菲律宾香蕉出口流向

排名	出口国或地区	出口量（万吨）	所占比重（%）
1	中国（包括港澳台地区）	156.89	36.71
2	日本	139.75	32.70
3	韩国	54.68	12.79

续表

排名	出口国或地区	出口量（万吨）	所占比重（%）
4	沙特阿拉伯	18.93	4.43
5	伊朗	18.91	4.42
6	阿拉伯联合酋长国	14.65	3.43
7	伊拉克	6.06	1.42
8	新加坡	4.43	1.04
9	卡塔尔	2.98	0.70
	其他	10.15	2.36
总计		427.43	100.00

数据来源：国际贸易中心。

七、产业影响因素

（一）市场因素

菲律宾国内市场与国际市场的香蕉价格受到各种因素影响，如供求关系，世界香蕉价格、美元汇率和国际贸易形势等，市场价格波动大。菲律宾香蕉市场缺乏香蕉的质量标准，尽管用于出口的香蕉具有严格的标准，但国内市场的香蕉销售却没有统一的标准。缺乏标准也是造成价格不稳定的一个因素，因为无法确保农民根据其产品的质量进行定价。尤其是在国际市场，国际市场香蕉出口量波动变化较大，出口额随之波动，农民不仅承担了产量风险和生产成本，同时还承担了部分价格风险，菲律宾香蕉种植农户大多文化水平不高，对香蕉市场价格走势预估不准，缺乏与中间商或收购商直接议价能力，香蕉收购价格无法抵销生产成本。菲律宾香蕉产业发展主要遇到以下问题。

香蕉运输设施不完善。香蕉农场与销售市场距离通常较远，农民直接由农场运到市场的香蕉销售价格虽然较高，但由于运输数量较少而昂贵，尤其是大多数小型农场位于道路网络和运输设施不足的偏远地区。大部分香蕉由中间商或贸易商使用中小型车辆集中运输，由于运输货物量较大，因此每单位运输成本与农户相比较低。与陆运相比，航运则更多地受到停运的影响，在棉兰老岛到吕宋岛这一航运路程中，当香蕉从棉兰老岛运到吕宋岛由于其他产品运输而未能装载到船上造成延误时，香蕉可能由于过度熟化而造成损失，尤其是贸易商为了减少成本，通常不使用冷藏货车将产品运输到国内市场。为了减少采摘后的损失，通用做法是进行预冷降低香蕉果实热量，以延迟香蕉成熟，直到到达目标市场。但菲律宾冷库和冷链货车数量少，无法满足国内香蕉产业的需求，增加了采收后的损失。

营销基础设施不足。无论是菲律宾国内销售或是国际销售，营销基础设施数量都较少。在国内市场上，缺乏如集散市场、中转网点等营销设施，香蕉的本地销售乃至国内销售通常由小型交易商完成，这些交易效率低下且在质量和价格方面难以监管。而在国际市场上，菲律宾缺乏向其他国家或地区的营销推广。菲律宾香蕉国际市场由大型跨国公司主导和控制，这些大型跨国公司以自己的品牌销售菲律宾香蕉而不是菲律宾香蕉这一地理标志，该模式损害了菲律宾其他小型出口商的利益，这些出口商在国际市场中由于缺乏销售渠道，导致香蕉销售价格低且数量少。菲律宾农业部与贸易部近年来逐渐重视菲律宾香蕉这一地理标志打造，以开拓新市场并协助小型独立出口商进行香蕉出口。

中间商是连接香蕉种植者与香蕉出口商或加工商的桥梁，其提供信贷合同，向香蕉种植者提供资金，向农民提供香蕉销售渠道。中间商影响了加工商和出口商的生产与贸易配额。

世界其他地区的竞争力加大，市场份额降低。近年来，由于台风与厄尔尼诺等气象灾害及其他因素的影响，近年菲律宾的香蕉产量总体呈下降趋势。拉丁美洲香蕉在亚洲市场和在菲律宾传统市场中的占比不断上升。

（二）种植管理因素

1. 优质种子种苗资源流通困难

优质的农作物种苗与品种在经济作物生产中占有重要地位。菲律宾大型香蕉公司能够满足签约农户的需求，但未签约小农户的需求无法得到满足，大型公司在优质种子资源上通常形成垄断地位。菲律宾政府做出尝试，组织实验室和苗圃来培养优质种质资源，以通过认证的母本生产质量统一的种植材料，以确保品种和幼苗活力，将培养的优质种子资源分发给小农户，以提高小农户种植的香蕉种子品质。

2. 小农户为追求短期效益，通常受农产品市场价格影响较大

农民有时会在给定的时间或季节转换成更易销售或具有较高潜在市场价格的其他农作物。虽然这是部分土地由种植水稻向种植香蕉转化的原因，但从技术上说，并非所有转化后的土地都适合种植香蕉，然而，该问题需要1～2年才能被种植户察觉。总而言之，转种其他作物会影响原计划定下的香蕉生产目标，并最终影响农民的收入。

3. 化肥和农药的过度使用

总体来说，菲律宾禁止使用高毒且对环境具有长期残留影响的农药。但是，菲律宾农药监管措施执行不到位，菲律宾政府重点监控大型种植园，只有一部分农民为节省成本及追求短期效益，仍使用高毒农药与化肥。

4. 病虫害

病虫害对任何农作物的危害都较大，尤其是在单作系统中，因为虫害与疾病在单作系统中传播和影响更快。关于菲律宾香蕉，危害较大病害的有香蕉枯萎病、叶斑病和束顶。且菲律宾香蕉种植品种较为单一，主要是萨巴、拉卡坦和卡文迪许，品种单一则要求更完善的人工林隔离设施、更严格的卫生标准和检疫措施。

5. 小农户粗放管理

小型香蕉种植园通常缺乏技术和资源，无法对小规模生产进行精细化与标准化管理。此外，香蕉有时不是主要农作物，作为间作作物数量稀少。因此，粗放管理，产量较低。

6. 劳动力成本居高不下

小农户相较于大型种植企业来说，具有雇用劳动力的成本较高以及单产产量和单产价值相对较低的相对劣势。种植规模较小的香蕉种植园地形不适

于使用大型农用机械，并且小规模生产而购买和运行机械化系统通常不具备成本优势。

（三）金融因素

1. 农业借贷困难

农业被菲律宾银行业视为高风险投资，因此与其他投资相比，农业需要更高的利率、抵押要求和市场保证。提高农业利率的另一个因素是农作物的生长期较长，在香蕉的生长周期中，金融机构无法筹集和结转贷款资本。

2. 生产成本和商业成本上升

近几年菲律宾香蕉成本主要由于汇率变化，投入物的可利用性，以及肥料和杀虫剂等投入物的成本增加而增加，导致生产和商业成本逐年上升。

（四）农业环境因素

1. 气候变化异常导致产量降低

近年来菲律宾气候变化反常，导致香蕉产业的产能降低。2019 年台风帕勃罗波及了菲律宾大约 25% 的商业香蕉种植园，导致种植园恢复期间的未来两年内产量下降。定期发生的厄尔尼诺现象和拉尼娜现象也影响香蕉的产量，前者导致菲律宾降水减少后者导致降水增多。

2. 非政府环境保护组织（NGO）影响香蕉生产

非政府环境保护组织通常诟病香蕉种植园，反对农业生产造成生物多样性的丧失、化肥农药的使用以及香蕉生产和运营对环境的其他影响。

（五）政治和政策因素

1. 未解决的土地改革问题

香蕉种植园受到全面农业改革计划的影响，迫使生产者将其管理方式从公司农场转为个人种植合同。在某些情况下，土地分配导致受益群体之间的争端难以解决，从而影响香蕉种植园的生产和投资，香蕉种植园进入搁置状态。

2. 安全隐患较大

近年来，菲律宾民间武装团体（叛乱分子和恐怖分子）在菲律宾国内制造恐怖袭击，不仅造成香蕉种植园果树及设施设备的损失，还造成了种植农民的伤亡。

3. 存在贸易壁垒

由于错误判断国际形势，菲律宾在外交政策上时常出现问题，阻止了菲律宾香蕉的出口，降低了国际市场的份额。尽管菲律宾与部分国家签有自由贸易协定，但由于关税实施和非关税限制，难以进入部分国家市场。

八、产业发展趋势

近年来，菲律宾的香蕉出口大国地位受到冲击，但是，其在 2019 年重回世界第二大香蕉出口国。香蕉是菲律宾的重要外汇来源之一，为继续稳固菲律宾香蕉产业，菲律宾政府采取如下举措。

（一）提出关于香蕉产业的愿景使命

菲律宾香蕉产业的使命愿景：香蕉及其加工品，能够以较高的生产率满足世界公认的质量标准，从而确保其利益相关者的市场适应力。

（二）到 2022 年香蕉产业的发展目标是提高农民的生产率

①卡文迪许品种的产量每年提高 4%，拉卡丹品种和卡尔达巴品种产量每年提高 2%；②卡文迪许品种每年至少增加 3% 的生产面积，拉卡丹品种和卡尔达巴每年增加 2% 的生产面积；③将香蕉和其加工品的市场份额提高 3%；④达到 100% 的标准产品质量；⑤支持利益相关者在价值链中向生产端发展；⑥确定香蕉价值链参与者的资源和融资窗口；⑦改善香蕉价值链中的基础设施；⑧建立香蕉研发体系；⑨加强香蕉产业治理。

（三）香蕉产业发展方向和升级策略

①提高生产力；②提高质量和可持续发展水平；③扩大生产区域；④在价值链中向上发展；⑤确保市场意识；⑥资源产生与融资；⑦基础设施建设（道路、灌溉等）；⑧研究与开发；⑨香蕉产业集群组织发展与人力资源开发。

（四）菲律宾政府香蕉产业优先发展项目

①成立香蕉产业发展理事会；②成立香蕉研究所；③举办全国香蕉产业大会；④建立香蕉数据库；⑤建立香蕉产业组织培养室与种苗资源；⑥购置多环芳烃实验室设备；⑦确定最佳实践基准。

（五）重点出口市场

总体来看，未来 5 年内，菲律宾在国际上的香蕉出口地位仍是无法动摇的，尤其是在该国高度重视香蕉产业的情况下。菲律宾的国际香蕉市场重心仍是在亚洲地区，但面对东南亚国家（如泰国、柬埔寨）同行业的冲击，菲律宾仍需开拓新的销售市场。对华出口尤为重要，中国在 2019 年成为全球第三大香蕉消费市场，此外，新加坡与日本等传统市场仍应引起重视。如何在其他东南亚国家香蕉出口的冲击下，保持市场份额是菲律宾未来几年重点关注的问题之一。

第七章

危地马拉香蕉产业发展情况

一、引　言

危地马拉属于热带气候。降水充沛，火山众多，火山灰的堆积作用令土地肥沃，使得危地马拉具有发展农业的天然优势，尤其适合香蕉、咖啡等热带作物种植。香蕉产业是危地马拉仅次于咖啡和糖的第三大农业收入来源。

危地马拉在拉丁美洲所有香蕉出口国中，种植面积最稳定，在过去的40年中，播种面积几乎在20 000公顷左右保持不变，土地的生产力略有提高。从20世纪60年代到90年代初，产量以每年1%的温和速度增长；但在90年代期间以每年5%的速度迅速增长。根据Arias（2002）的研究，危地马拉香蕉产业为国家的经济增长作出了贡献，并且香蕉产业也是当地出口收入和就业的重要来源。由于气候变化、作物病害、生产成本上升和经济萧条的因素影响，香蕉生产在1985—2000年停滞不前。从2000年开始，香蕉生产和出口才出现了显著恢复。根据联合国粮食及农业组织的数据，2010—2019年，危地马拉的香蕉产量和香蕉生产面积持续总体增长。

二、产区分布

危地马拉位于中美洲，北与墨西哥和伯利兹接壤，南与洪都拉斯、萨尔瓦多接壤，东面和西面分别是太平洋和大西洋。危地马拉全境 2/3 为山地和高原。西部有库丘马塔内斯山脉，南部为马德雷山脉，西部和南部属火山带，北部佩滕低地是热带雨林，太平洋岸有狭长的沿海平原，主要城市多分布在南部的山间盆地。危地马拉位处热带，北部及东部沿海平原地区属热带雨林气候，南部山地属亚热带气候，一年分干湿两季，5—10 月为雨季，11 月至翌年 4 月为旱季。危地马拉沿太平洋畔狭窄富饶的平地是热带气候，中部的高原在海拔 1 300 ～ 1 800 米高处全年气温温和，日温度在 18 ～ 28℃，更高海拔的地区 1 月和 2 月往往会比较冷。东北部年降水量为 2 000 ～ 3 000 毫米，南部为 500 ～ 1 000 毫米。

危地马拉有适合种植香蕉的农业生态区，包括雷塔卢莱乌、苏奇特佩克斯、埃斯昆特拉、胡蒂亚帕、哈拉帕、圣罗莎、奇基穆拉省、埃尔普罗格雷索、萨卡帕、伊萨瓦尔和克萨尔特南戈等省。此外，托托尼卡潘、圣马科斯、索洛拉、危地马拉市、奇马尔特南戈、下韦拉帕斯、上韦拉帕斯和佩滕省具有巨大潜力。但是，要考虑到生态环境和基础设施条件，以优化农业生态区域。在香蕉种植的适应性方面具有比较优势的地区是雷塔卢莱乌、马萨特南戈、埃斯昆特拉、圣罗莎省、伊萨瓦尔、上韦拉帕斯省和佩滕省。

三、主要种植品种

香蕉是热带地区最重要的主食之一，大部分在当地市场出售或供自用，而只有一部分用于出口。用于出口和用于自消费的香蕉生产技术有所不同，以至于一般将其视为两种不同的经济活动。运往出口市场的香蕉生产大量使用外部投入，并且技术先进，大部分都是在统一管理的种植园中生产。然而即使在生产用于出口的香蕉的过程中，不同种植地和种植园生产商之间的技术也会有很大差异。而用于自消费的多半是小型种植园或是小农生产，将香蕉种植在自家后院中，产量不高但因数量较少而便于管理，一般种植和管理技术相对落后。

香蕉生产的季节性取决于收获季节，在商业上决定了供需行为。当产量低时，价格上涨，而产量高时，价格反而下跌。在危地马拉，香蕉可以全年种植，特别是在有灌溉的地区。该产品的供应量全年稳定，但价格随着作物的产量和季节性变化而波动。

危地马拉香蕉种植高产的时期为2—5月，同一时期，产品价格随供应增加而下降。在接下来的几个月中，供应保持稳定，当地市场价格上涨。

香蕉是一种热带植物，通常在北纬30°到南纬30°种植，海拔在0～1 000米。香蕉生长需要相对较高的温度，介于21～29.5℃，平均27℃左右的温度是最适合香蕉生长的温度区间，而香蕉能正常生长的温度绝对最小值是15.6℃，最大值是37.8℃。如果暴露在较高或较低温度下会导致香蕉植株的退化和发育迟缓，并造成对香蕉果实的不可逆损害。危地马拉主要的种植品种有米歇尔 / 大麦克（Gross Michel）、矮种卡文迪许（Gran Enano）、瓦莱里（Valery）、威廉（William's）。

（一）米歇尔 / 大麦克（Gross Michel，属于 Musa Acuminata，AAA 基因组型）

米歇尔型香蕉在加工和保存方面具有出色的品质，因为茎很结实并且收获的香蕉束可以很好地利用。米歇尔是一个大而健壮的品种，其假茎长6～8米，呈浅绿色，某些部分呈粉红色。它的叶柄在基部有深棕色斑点。一般而言，叶片是绿色的，长约4米，宽约1米。簇垂直悬挂，呈圆柱形。内排的果实是直立的。根尖为瓶颈形，花序短而坚固。米歇尔品种成熟后拥有均匀可口的味道和细腻的质地，因此也被称为“Guineo De Seda”或“Banana De Seda”。

（二）矮种卡文迪许（Gran Enano，AAA 基因组型）

这个品种的活力极强，叶片面积大，甚至可能是卡文迪许组中最大的半矮植物。植株的假茎具有相当大的厚度，非常坚固，球茎较大，根系广泛，根又粗又结实，可以很好地固定在地面上。由于其不易因强风倒地，因此该品种替代了危地马拉商业种园中先前被广泛种植的罗布斯塔品种。

（三）瓦莱里（Valery，属于卡文迪许品种，AAA 基因组型）

瓦莱里品种是卡文迪许品种中的一种，一般是中等大小，高约3米，该品种成熟的香蕉质地细腻，是三倍体的“卡文迪许”的克隆品种，与罗布斯塔品种非常相似，一些分类学家认为可能是相同的。目前它已经比拉卡坦品种更广泛地种植用于出口，它不易受香蕉的雪茄腐烂病（Cigar End Rot）的影响，但容易受到香蕉球茎蛀虫和线虫的攻击。它对香蕉枯萎病有抵抗力，但容易感染香蕉叶斑病（Sigatoka）。

（四）威廉斯（William's，属于卡文迪许品种，AAA 基因组型）

该品种的根系类似于矮种卡文迪许，种类很少；花序长度达到 75 ～ 150 厘米。假茎的高度在 1.5 ～ 2 米。该品种由于具有出色的固定性而被引进，已被研究证明对洪水和风具有极强的抵抗力。

（五）拉卡坦（Lakatan）

这个品种能生长到 4 ～ 6 米的高度。具长圆柱形束，果实在顶端部分弯曲。花序梗长而脆弱，果实收获后对寄生虫非常敏感，成熟时果肉肉质细腻。

（六）罗布斯塔（Robusta）

该品种的高度在 2.8 ～ 4 米。耐风，叶子较短，生长迅速，可以高密度播种，从而提高了生产率。节间短，果实紧凑，果实直而长。

四、生产情况

农业是危地马拉的支柱产业之一，占 GDP 的 25%，农业用地占国土的 35%，并雇用了全国一半以上的劳动力。根据联合国粮食与农业组织的统计，香蕉在危地马拉的出口中，占据重要地位，危地马拉 2019 年的香蕉种植面积达到了 9.02 万公顷（表 7-1），且是 2019 年全球第七大香蕉生产国和全球香蕉收获面积第十名的国家。

根据联合国粮食及农业组织数据，2010—2019 年危地马拉香蕉产量变化如图 7-1 所示，收获面积变化如图 7-2 所示。危地马拉的香蕉收获面积和产量在逐步扩大，收获面积从 2010 年的 6.35 万顷，上涨至 2019 年的 9.02 万公顷，年均增长 4.67%；产量从 2010 年的 256.06 万吨，增长至 2019 年的 434.16

万吨，年均增长 7.73%。2010—2019 年，香蕉产量除了在 2016 年有略微下滑外，整体呈现上升趋势。另外，香蕉单产在 2015 年达到峰值，为 50.57 吨 / 公顷，此后保持在 48 吨 / 公顷左右，单产在全球保持较高水平（图 7-3）。

表7-1　2010—2019年危地马拉的香蕉生产情况

年份	产量（万吨）	收获面积（万公顷）	单产（吨/公顷）
2010	256.06	6.35	40.31
2011	288.05	6.59	43.71
2012	297.83	6.83	43.62
2013	330.70	7.03	47.04
2014	342.49	7.14	48.00
2015	379.61	7.51	50.57
2016	377.52	7.82	48.27
2017	408.27	8.53	47.89
2018	420.72	8.72	48.28
2019	434.16	9.02	48.11
2019 年世界生产情况	11 678.17	515.86	22.64

数据来源：联合国粮食及农业组织。

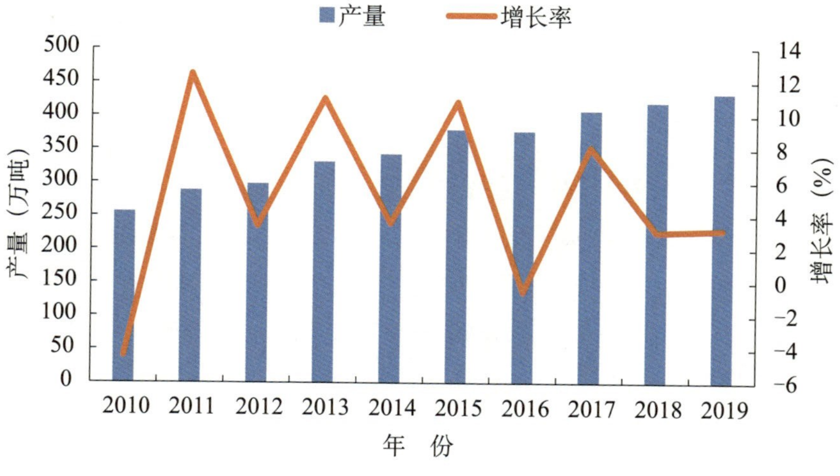

图 7-1　2010—2019 年危地马拉香蕉产量变化

（数据来源：联合国粮食及农业组织）

图 7-2　2010—2019 年危地马拉香蕉收获面积变化

（数据来源：联合国粮食及农业组织）

图 7-3　2010—2019 年危地马拉香蕉单产变化情况

（数据来源：联合国粮食及农业组织）

根据联合国粮食及农业组织的数据，除了 2016 年产量略有降低外，2010—2019 年危地马拉的香蕉产量大体呈现一个上升趋势，但增长速度是波动变化的，其中最高增长速度出现在 2011 年，危地马拉香蕉产量同比增长率为 11.11%，最低增长速度出现在 2016 年，是 10 年内危地马拉香蕉产量同比增长率唯一出现负增长的一次。而危地马拉的香蕉收获面积在 2010—2019 年持续增长，同比增长率一直保持正增长，其中收获面积的最高同比增长率出现在 2017 年，同比增长了 9.08%，收获面积达到 8.53 万公顷。

五、生产组织模式

（一）种植模式

在危地马拉，香蕉种植活动主要由小农户进行，小农户在大西洋沿岸地区种植香蕉树，待果实成熟后卖给收购商。由于危地马拉的南部沿海地区种植和贸易活动更加频繁，目前一些国际香蕉公司就在南部沿海地区租用了一些物业和土地，租给当地独立的种植者来生产种植香蕉。香蕉公司在国民经济框架中占有重要地位，因为香蕉不仅是危地马拉的外汇收入来源，还提供了西南海岸和北海岸的就业机会。

香蕉的生产种植成本取决于所用香蕉品种的类型或种类、灌溉的类型、排水方式、病虫害的发生率以及各种气象现象的影响。香蕉的直接生产成本包括使用的灌溉设备、安全保护设施、电缆轨道系统，各种用品和人工的投资等。同时，间接成本包括管理费用、利息和一些不可预见的额外支出等。生产成本分配如下：耕种成本相当于总生产成本的 45%；切割、分类和包装成本占总成本的份额达到 36%；而行政费用等其他费用所占比例较小，仅占总生产成本的 19%，其中，香蕉的检疫控制和防虫害工作约占该项的 56%。

（二）销售模式

危地马拉的香蕉农业综合企业从生产到销售都进行了垂直整合。这些农业综合企业拥有纸板箱和聚丙烯箱的工厂、进口生产用品的仓库和分销渠道等，也有陆地和海上运输系统的综合管理以及国外营销基础设施，可在目的地国家直接分销水果。

销售渠道中的中介代理商也被称为经纪人，经纪人不一定会购买香蕉产品，因为他们未必拥有香蕉保鲜和贮存的相关设施。但中介代理商可以通过两种方式起作用：一种方式是不直接购买香蕉产品，仅充当佣金代理，赚取了产品销售价值的预定百分比；另一种方式是中介代理商确实购买了香蕉并提高了价格，价格既包括香蕉自身费用，又包含其利润。

在中介到批发这一环节，一般是由零售商负责。在危地马拉，中介代理商不从事包装工作，因为它致力于为当地市场提供散装水果。而一般零售商由超市、农贸市场和商店等组成。在到达最终消费者之前，零售商构成了香蕉产业链中的最后一个环节。

与咖啡行业的产业分散不同，危地马拉的香蕉行业更加集中，主要是大中型公司在控制危地马拉的香蕉产业。主导市场的大型公司金吉达（Chiquita）、都乐（Dole）和德尔蒙（Del Monte）的香蕉生产活动集中在两个海岸地区，特别是在太平洋沿海地区。这3家公司负责在全球范围内将危地马拉香蕉商业化。危地马拉的香蕉出口在2019年贡献了9.44亿美元的外币，占出口总额的11%，这使得危地马拉成为世界第四大香蕉出口国。大型香蕉公司通过与生产者预先签订的买卖合同来开展业务。在开始此过程之前，可以提供质量、体积、重量和价格规格的信息，以便出口，不满足这些标准的产品将运往当地消费。

危地马拉的香蕉是该国主要的传统出口产品之一。由于香蕉产业的属性情况，一般在香蕉种植农场内就设有包装厂，这种情况意味着将水果运输到包装中心没有任何限制。同时大多数大型人工香蕉种植林都有仓库和包装房，以及灌溉系统、围栏、排水系统和内部道路。由于该国的道路质量高，香蕉在危地马拉的内部运输非常容易。此外，到港口的距离不太长，因此种植园靠近离港港口，因此价格较低。运输是关键问题之一，它将决定香蕉产业中的未来营利能力。这些良好的基础设施情况极大地便利了香蕉的运输和销售出口。

六、贸易情况

世界香蕉产量中约有20%用于国际贸易，使香蕉与苹果、葡萄和柑橘类水果一起成为世界上最重要的水果贸易产品。危地马拉的热带农作物占了其出口额的1/3以上，香蕉占了近14%的出口额，而咖啡占8%左右。根据国际贸易中心（ITC）数据，2019年危地马拉香蕉出口总量为269.89万吨（表7-2），世界排名为第四位，仅次于厄瓜多尔、菲律宾和哥斯达黎加。香蕉出口不仅是该国外汇的一个重要来源，也是当地农民的重要经济收入来源。

表7-2 2010—2019年危地马拉香蕉出口贸易情况

年份	出口量（万吨）	出口额（亿美元）
2010	149.77	3.85
2011	156.03	4.76
2012	203.23	6.18
2013	209.72	6.51
2014	224.65	7.21
2015	246.95	8.19
2016	241.82	7.89
2017	258.02	8.82
2018	259.54	9.01
2019	269.89	9.44
2019 年世界情况	2 476.01	135.27

数据来源：国际贸易中心。

2010—2019 年危地马拉香蕉出口贸易变化情况如表 7-2 所示，从危地马拉香蕉贸易的发展历程来看，2010—2019 年危地马拉香蕉出口量与出口额总体呈增长态势，年平均增长速度分别为 5.86% 与 8.55%，但危地马拉在世界香蕉出口量与出口额的占比呈萎缩态势。2010 年危地马拉共出口香蕉 149.77 万吨，占世界出口量 8.22%，而到 2018 年，危地马拉香蕉出口量为 259.54 万吨，在世界香蕉出口量占比仅为 3.49%，出口份额下降 4.73%。2012 年危地马拉香蕉出口量为 203.23 万吨，首次突破 200 万吨，与 2011 年同期相比增长了 10.74%，2012 年之后出口量保持在 200 万吨以上，2012—2019 年平均增速为 7.46%。危地马拉 2019 年共出口香蕉 269.89 万吨，与 2010 年同期相比产量增加了 120.12 万吨，增长幅度为 80.2%，为近 10 年香蕉出口量峰值（图 7-4）。危地马拉出口额在 2019 年达到 9.44 亿美元，相比于 2010 年的 3.85 亿美元，增加 5.59 亿美元，增长了 145%。危地马拉于 2012 年香蕉出口额首次突破 6 亿美元，2012—2019 年出口额平均增速为 9.32%，2018 年与 2019 年增速放缓，仅分别为 2.15% 与 4.77%（图 7-5）。

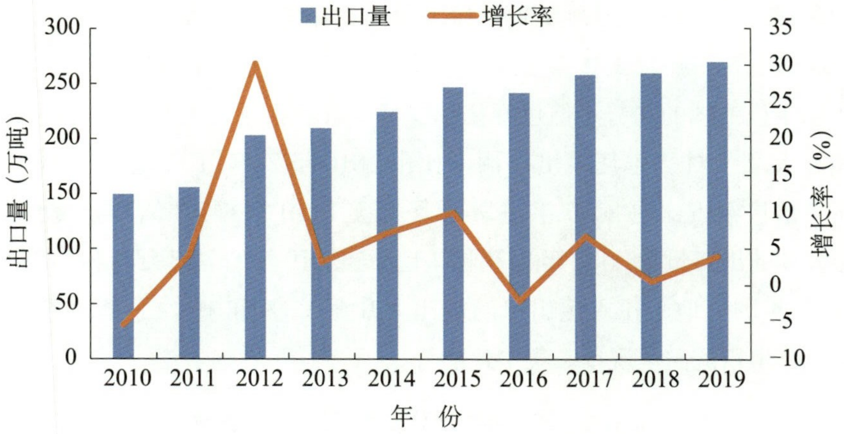

图 7-4 2010—2019 年危地马拉香蕉出口量变化情况

（数据来源：国际贸易中心）

图 7-5 2010—2019 年危地马拉香蕉出口额变化情况

（数据来源：国际贸易中心）

危地马拉香蕉出口量与出口额增长率峰值均出现在 2012 年。根据国际贸易中心的数据，危地马拉目前为北美市场提供了大约 40% 的香蕉。2019 年危地马拉香蕉的主要出口国是美国，尽管正力求使出口目的地市场多样化，如俄罗斯、韩国、德国或法国，但美国仍然占危地马拉出口总额的 90% 以上。2019 年危地马拉 94% 的香蕉销往美国（表 7-3），出口额为 8.97 亿美元，与 2010 年 85.8% 相比，美国市场在危地马拉香蕉出口市场份额占比提升了 8.2%，2010—2019 年危地马拉香蕉出口额美国占比的最大值为 2012 年的 96.4%，最小值为 2010 年的 85.8%。危地马拉香蕉出口在海外的市场除美国外总体呈缩减的趋势，但也开拓了少部分香蕉市场，尤其是欧洲地区的德国和意大利。对萨尔瓦多出口额占比由 2010 年 2.2% 下降至 2019 年 1.3%；对荷兰出口额占比由 2010 年的 3.2% 下降至 2019 年的 1.3%，同时期对德国和意大利的出口量从 2010 年的零出口上升至 2019 年的 7.68 万吨和 3.70 万吨，在 2019 年的危地马拉香蕉出口的占比上升至 1.3% 和 1%。总体来看，危地马拉香蕉出口流向呈现单一集中化趋势。

表7–3 2019年危地马拉香蕉主要出口流向

排名	出口国或地区	出口量（万吨）	出口额（亿美元）
1	美国	254.51	8.97
2	萨尔瓦多	8.93	0.12
3	荷兰	7.68	0.12
4	德国	3.70	0.09
5	意大利	2.80	0.04
6	俄罗斯	1.30	0.04

数据来源：国际贸易中心。

目前最大和最重要的香蕉市场由美国、加拿大的开放市场，西欧和日本的非优惠市场组成。这些市场的主要供应商是中美洲和南美洲。欧洲的优惠市场主要从非加太国家（非洲、加勒比海和太平洋国家）进口香蕉。而加那利群岛、马德拉群岛和克里特岛生产的香蕉则分别运往西班牙、葡萄牙和希腊。

香蕉贸易的相邻市场则多由本地贸易流量组成，例如，厄瓜多尔至智利或巴西至阿根廷。在所有相关的进口国中，唯一有进口规定的国家是欧盟，而美国和日本则有免税进口优惠。欧盟香蕉贸易量的 63%来自属于美元地区的拉丁美洲国家，17% 来自非加太国家，其余 20%来自加那利群岛、马德拉群岛、克里特岛、瓜德罗普岛和马提尼克岛。

根据危地马拉统计局的数据，2019 年危地马拉香蕉出口量占比达到总产量的 92.71%。巨大的出口量意味着危地马拉需要众多香蕉产品认证，满足不同人群的喜好或要求。危地马拉现阶段已有的香蕉产品认证有雨林联盟、食品安全体系认证（FSSC22001）、全球有机认证、清真宗教认证、危害分析控制体系、反贿赂管理体系、环境管理体系、可持续国际碳认证计划、犹太证书等。众多认证主要是为了危地马拉香蕉更顺利地出口，例如，可持续国际碳认证计划是德国要求的一个认证计划，而有机认证则是欧盟要求的认证。

香蕉贸易集中于跨国公司，形成明显的寡头垄断结构。国际香蕉贸易主要基于卡文迪许香蕉的出口。卡文迪许（Cavendish）香蕉因其对枯萎病的抵抗力和更高的产量而取代了米歇尔（Gros Michel）香蕉。现在，销往出口市场的卡文迪许香蕉遍布世界各地，既有小型农场，也有数千公顷的大型种植园。就香蕉生产而言，有两类明显不同的组织：一类主要由中美洲和南美国家组成的所谓“美元区”，这个区域内大多数的大型农场和种植园生产效率很高，生产成本低廉，大量使用化肥和农药来增加产量。另一类是非加太国家（非洲、加勒比海和太平洋国家）组织和欧洲的香蕉生产，农场规模小，传统的收割方法和生产成本高昂。

目前，对危地马拉影响最大的是雨林联盟的认证。目前雨林联盟对香蕉生产最重要干预措施是其认证系统，不仅对种植园的香蕉产品进行认证，还影响种植管理层及香蕉种植园员工。然而，雨林联盟倡导的支付给生产者的价格无法补偿近年来危地马拉在社会和环境问题上所支出的成本。香蕉供应链结构失衡以及随之而来的低价格，超出了农场甚至认证供应链的应付能力范围。危地马拉香蕉行业的经济现实和贸易结构对提高销售价格及覆盖可持续生产的成本构成了障碍。认证体系无法解决供应链的结构性失衡。雨林联盟将利用除认证之外的其他工具，为认证生产商提供更大的经济激励，使他们能够收回与可持续生产相关的成本和投资。雨林联盟与市场现实之间日益扩大的差距威胁着区域产业。

七、产业发展趋势

总体来看，2019 年前三大香蕉出口国厄瓜多尔、菲律宾和哥斯达黎由于既有产量及国家政策等原因，出口地位暂时无可动摇。前三大香蕉进口国美国、德国和俄罗斯约占全球进口贸易的 35%（FAO）。未来香蕉产量受到气候变化及香蕉枯萎病的影响，产量增速放缓，而国际香蕉进出口贸易量将逐步增加。

从历史上看，大型跨国公司控制着全世界大部分的香蕉的生产和贸易，但由于不断变化的商业格局，尤其是各国法律、劳工和环境问题，大型公司现在更多地关注水果价值链的运输和分销环节。危地马拉国家香蕉公司的发展方向符合这一趋势，其可以选择将香蕉出售给大型跨国公司，或直接出售给零售商或连锁超市。随着供应端参与者的增加，零售端参与者却呈现减少的趋势。因此，现在香蕉市场上卖方多于买方，呈现买方市场的大趋势。现阶段，针对发达国家的传统香蕉出口量趋于平稳，竞争更加激烈。有机香蕉的需求未来将呈现增长趋势，目前有机香蕉售价存在明显溢价，这一点在美国市场上尤为突出，2013—2017 年，美国零售层面的有机香蕉比传统香蕉的价格高出 0.64 美元 / 千克 [美国农业营销署（USDA-AMS），2018]。

对危地马拉香蕉生产而言，病虫害仍然是最大威胁，特别是黑斑病和枯萎病。由于防治虫害的成本上升，例如，定期使用杀菌剂，黑斑叶斑病对香蕉生产者的生产成本将增加 25% 或更多（联合国粮食及农业组织，2013）。危地马拉的大部分香蕉是传统香蕉，少部分为有机香蕉。尽管有机香蕉市场价格更高，但全球有机香蕉产量仍然很低。从种植面积来看，2012 年有机香蕉种植面积达到 78 831 公顷，占全球香蕉种植面积的 1.5%。自 2012 年以来，有机香蕉的种植面积减少了 35%，2016 年达到 58 407 公顷［瑞士有机农业研究所（FiBL），2018］。其面积下降的一个原因可能是为防控病虫害而过量使用农药。例如，危地马拉的有机香蕉种植者自 2014 年以来失去了美国有机香蕉市场的份额，因为需要使用杀菌剂来控制黑斑病（Fresh Plaza, 2016），然而该措施使得这部分香蕉无法满足美国的进口标准。

危地马拉由于其特有的地理位置及气候优势，在香蕉生产与销售上存在明显的比较优势。未来香蕉产业仍是该国重点发展产业，其未来市场的选择仍是传统香蕉进口地区，如美国和欧洲地区，但同样面临着中美洲其他国家香蕉产业的冲击。在香蕉品种种植选择上，危地马拉仍会以传统香蕉为主，增加有机香蕉的种植面积，这也是中美洲其他香蕉种植国家的一个趋势。危地马拉还需关注如何抵御气候变化、病虫害的入侵，以及如何应对其他香蕉出口大国的冲击等问题。

第八章

哥伦比亚香蕉产业发展情况

一、引　言

在哥伦比亚，香蕉的商业化种植始于19世纪末，而香蕉也是哥伦比亚商品化程度最高的产品之一。哥伦比亚香蕉总产量的95%用于出口，仅5%流向国内市场。哥伦比亚正建设新的港口（安蒂奥基亚港）来改善香蕉出口物流。哥伦比亚香蕉种植者协会（Augura）通过一系列举措如改善种植技术、增强气候应对措施、为种植者提供信息服务等来巩固现有的海外市场并开拓新市场。

二、产区分布

哥伦比亚共和国位于南美洲西北部，东邻委内瑞拉、巴西，南接厄瓜多尔、秘鲁，西濒太平洋，西北与巴拿马相连，北临加勒比海。哥伦比亚国土的绝大部分位于北纬4°～12°和西经66°～79°。该国地形大致分为西部山地区和东部平原区；西部主要为安第斯山区，且有多处沿海平原；东部主要为奥里诺科平原和亚马孙平原两个部分，东部平原区由奥里诺科河和亚马孙河的支流冲积而成，地势平坦。由于哥伦比亚位于赤道地区，所以白天和晚上时间长度几乎相同，全年温差不大。12月至翌年2月（雨季），7—8月

（旱季）为夏季，4—5 月和 10—11 月为冬季，也是雨季。旱季和雨季的时间每年会稍有变化。哥伦比亚全国各地降水总体丰沛，西北部地区降水更多，而东北部地区是干旱气候，降水少。由于安第斯山脉的影响，使哥伦比亚拥有从热带到寒带的多种气候，各地气候和温度主要取决于其海拔高度。

在哥伦比亚，香蕉不仅具有 90 多年的种植历史，而且拥有较长的经济发展史，其生产核心产区位于安蒂奥基亚省、马格达莱纳省、考卡省、山谷省、瓜希拉省、昆迪纳马卡省、金迪奥省、托利马省、乔科省和乌伊拉省等，这几个省占据了哥伦比亚全国香蕉总产量的 90% 以上，其中最大的香蕉生产省份是安蒂奥基亚省。其中，安蒂奥基亚省的乌拉巴地区是香蕉的主产区。乌拉巴地区的旱季为 12 月中旬至翌年 3 月（或 4 月），该地区南部降水量为 3 200 毫米，而北部降水量为 1 200 毫米，雨季一般持续 8 个月，降水量总体较为平均，降水量一般在 9 月最多。这种气候条件以及持续的耕作造成土壤被过度压实，密度过高，使得农作物根部很难穿透土壤，导致了农作物的生产力降低。

三、生产情况

香蕉由于其经济价值和对粮食安全的重要性，被视为重要的农业收入来源，是哥伦比亚非常重要的热带作物。由于哥伦比亚在赤道附近，适宜的气候条件，有利于香蕉等热带作物的种植，是世界的主要香蕉出口国之一，出口量仅次于该国的咖啡和花卉。哥伦比亚农业和农村发展部 2016 年的农业出口数据显示，该国主要出口产品是咖啡、花卉和香蕉，三者共占总出口的 65%。

根据联合国粮食及农业组织的数据，如表 8-1 所示，2019 年哥伦比亚香蕉收获面积为 10.56 万公顷，占世界香蕉收获面积的 2.50%，同比增长 7%。总体来看，2010—2019 年，哥伦比亚香蕉收获面积呈现波动上升的趋势，年平均增长率为 6.4%，曾在 2012 年增至 12.66 万公顷，达到香蕉收获面积的 10 年峰值，且 2012 年哥伦比亚香蕉收获面积的同比增长率为 61.07%。2012—2016 年，哥伦比亚香蕉收获面积都维持在一个相对稳定、轻微波动的状态，保持在 12 万公顷左右。在 2017 年，哥伦比亚香蕉收获的面积下降至 7.99 万公顷，出现负增长，收获面积同比下降 36.64%，为 10 年内收获面积增长率最低的一年。2017—2019 年，香蕉收获面积出现上升趋势。

表8-1　2010—2019年哥伦比亚香蕉生产情况

年份	产量（万吨）	收获面积（万公顷）	单产（吨/公顷）
2010	201.96	7.81	25.86
2011	204.29	7.86	26.00
2012	350.04	12.66	27.64
2013	376.97	12.56	30.00
2014	326.39	12.06	27.07
2015	370.53	12.38	29.93
2016	369.12	12.61	29.27
2017	202.09	7.99	25.30
2018	256.72	9.81	26.15
2019	291.44	10.56	27.59
2019 年世界情况	11 678.17	515.86	22.64

数据来源：联合国粮食及农业组织。

根据哥伦比亚统计局的数据显示（表 8-2），2018 年哥伦比亚按香蕉收获面积比较，前三大产区分别是安蒂奥基亚省、马格达莱纳省和纳里尼奥省；按照 2018 年香蕉产量比较，香蕉产量最高的 3 个省份分别是安蒂奥基亚省、马格达莱纳省和瓜希拉省。

表8-2　2016—2018年哥伦比亚香蕉生产省份生产情况

省份	2016年		2017年		2018年	
	收获面积（万公顷）	产量（万吨）	收获面积（万公顷）	产量（万吨）	收获面积（万公顷）	产量（万吨）
安蒂奥基亚	0.10	0.99	0.19	4.60	3.67	124.60
博亚卡	0.04	0.25	0.07	0.47	0.07	0.47
卡尔达斯	0.02	0.35	0.07	1.10	0.07	1.13

续表

省份	2016年		2017年		2018年	
	收获面积（万公顷）	产量（万吨）	收获面积（万公顷）	产量（万吨）	收获面积（万公顷）	产量（万吨）
卡萨纳雷	0.02	0.11	0.02	0.60	0.02	0.63
考卡	0.05	0.19	0.04	0.21	0.05	0.22
塞萨尔	0.04	0.18	0.00	0.00	0.00	0.00
乔科	0.31	1.49	0.23	1.11	0.25	1.25
昆迪纳马卡	0.44	3.78	0.41	3.68	0.43	4.00
乌伊拉	0.20	1.30	0.20	1.38	0.30	2.16
梅塔	0.00	0.03	0.00	0.05	0.00	0.05
纳里尼奥	0.39	1.90	0.64	1.60	0.64	1.62
北桑坦德	0.15	0.84	0.09	0.62	0.09	0.62
普图马约	0.05	0.32	—	—	—	—
金迪奥	0.22	3.42	0.25	3.86	0.27	4.62
里萨拉尔达	0.02	0.43	0.03	0.47	0.03	0.48
桑坦德	0.21	3.77	0.23	4.08	0.23	4.17
托利马	0.28	3.59	0.14	1.30	0.15	1.44
山谷	0.64	10.78	0.54	8.33	0.56	8.50
瓜希拉	—	—	—	—	0.29	11.75
马格达莱纳	—	—	—	—	1.26	40.61

数据来源：哥伦比亚国家统计局。

随着哥伦比亚收获面积呈现上升趋势（图 8-1），哥伦比亚香蕉产量也持续增加。如图 8-2 所示，从 2010 年的 201.96 万吨到 2019 年的 291.44 万吨，提高了 44.31%，年均增速为 4.43%。与香蕉收获面积的变化趋势情况类似，哥伦比亚香蕉产量在 2012—2016 年都相对较稳定，维持在一个相对较高的水平。香蕉产量的峰值出现在 2013 年，该年香蕉产量达到了 376.97 万吨。香蕉产量增长率最高的年份是 2012 年，同比增长 71.34%。在 2017 年，产量和收获面积都迅速减少，香蕉产量同比下降 45.25%，仅为 202.09 万吨。2017—2019 年，哥伦比亚香蕉产量呈逐年增加趋势。

图 8-1　2010—2019 年哥伦比亚收获面积变化情况
（数据来源：联合国粮食及农业组织）

图 8-2　2010—2019 年哥伦比亚香蕉产量变化情况
（数据来源：联合国粮食及农业组织）

哥伦比亚单产的变化遵循收获面积和产量变化的趋势，如图 8-3 所示。2010—2019 年，随着品种改良和栽培管理等农业科技水平的提升，哥伦比亚香蕉单产从 2010 年的 25.86 吨 / 公顷增长到 2019 年的 27.59 吨 / 公顷，提高了 13.19%，平均年增长率为 1.32%。

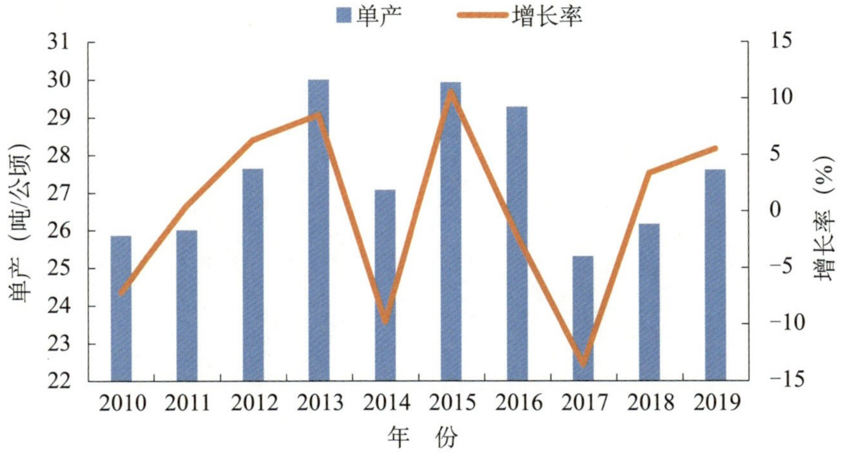

图 8-3 2010—2019 年哥伦比亚香蕉单产变化情况

（数据来源：联合国粮食及农业组织）

四、贸易情况

哥伦比亚是全球香蕉主要出口国之一，2019 年香蕉出口量仅次于厄瓜多尔、菲律宾、哥斯达黎加和危地马拉，居世界第五位。2010—2019 年哥伦比亚香蕉出口贸易情况如表 8-3 所示，国际贸易中心数据显示，2019 年出口量为 201.00 万吨，出口额为 9.34 亿美元。与 2010 年相比，哥伦比亚香蕉出口量增长 20.74 万吨，增长了 11.5%，香蕉出口量年均增长 1.15%。与此同时，出口额增长了 24.89%，年均增长 2.49%。

表8-3 2010—2019年哥伦比亚香蕉出口贸易情况

年份	出口量（万吨）	出口额（亿美元）
2010	180.26	7.48
2011	191.53	8.15
2012	183.49	8.22
2013	164.31	7.64
2014	179.97	8.36
2015	168.41	8.03

续表

年份	出口量（万吨）	出口额（亿美元）
2016	196.06	9.15
2017	200.26	9.18
2018	185.46	8.66
2019	201.00	9.34

数据来源：国际贸易中心数据。

2010—2019 年，哥伦比亚香蕉出口量及其变化情况如图 8-4 所示。哥伦比亚香蕉出口量总体呈现上升趋势，2019 年香蕉出口量为 201.00 万吨，相比于 2010 年香蕉出口量 180.26 万吨，上升了 11.5%，年均增长 1.15%。2010—2019 年，香蕉出口量总体增长趋势波动起伏较大，增长率变化正向增长与负向增长交替出现。如 2010 年哥伦比亚香蕉出口量为 180.25 万吨，增长率为 -14.24%，2011 年香蕉出口量为 191.53 万吨，增长率为 6.25%，而至 2012 年香蕉出口量回落至 183.49 万吨，增长率为 -4.19%。截至 2019 年，哥伦比亚香蕉出口的峰值出现在 2019 年，为 201.00 万吨，而出口量最小值出现在 2013 年，为 164.31 万吨。

图 8-4　2010—2019 年哥伦比亚香蕉出口量及其变化情况

（数据来源：国际贸易中心）

2010—2019年哥伦比亚香蕉出口额及其变化情况如图8-5所示，2019年香蕉出口额为9.34亿美元，相比于2010年香蕉出口额7.48亿美元，上升了24.86%，年均增长2.49%。与此同时，哥伦比亚香蕉出口额总体随着出口量的波动而变化，2010—2019年，哥伦比亚的香蕉出口额总体呈上升趋势，且增长变化与出口量变化情况基本一致，出口额的峰值出现在2019年，为9.34亿美元，而出口额增长率峰值出现在2016年，增长率为13.94%，同时期也是哥伦比亚香蕉出口量增长率最大值，为16.41%。2016年之后，哥伦比亚香蕉出口量增长速率放缓，出口额随着出口量变化情况同时期放缓。

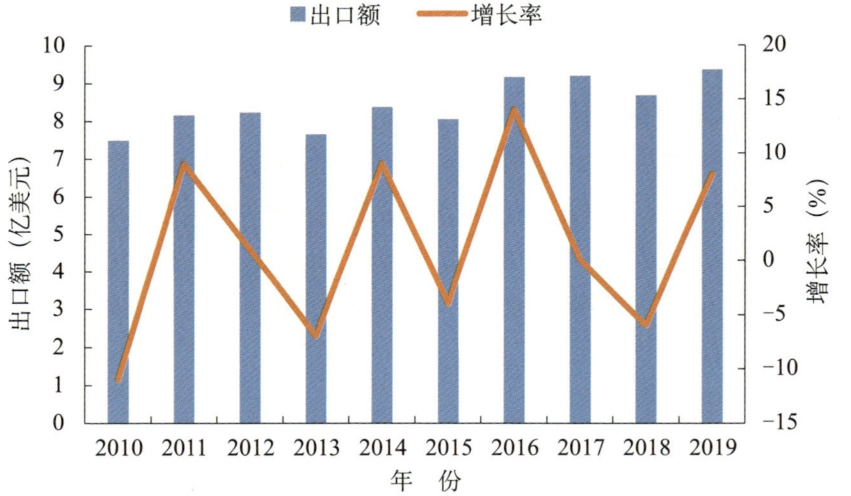

图8-5 2010—2019年哥伦比亚香蕉出口额及其变化情况

（数据来源：国际贸易中心）

2019年哥伦比亚香蕉出口国如表8-4所示。据国际贸易中心数据，2019年，哥伦比亚出口主要地区为欧洲和北美洲，最大出口国为比利时（21.8%），其他主要出口国分别是英国、美国、意大利、德国与荷兰，以上国家（排名第一至第六）一共占哥伦比亚香蕉出口额的86.6%。2019年哥伦比亚向美国出口香蕉就创下了1.48亿美元的交易额，占全国香蕉出口额的15.9%。欧盟和美国是哥伦比亚香蕉的传统出口目的地。虽然比利时一直是哥伦比亚香蕉的主要出口目的地，但在哥伦比亚出口占比中逐年呈下降趋势，2010年占比为22.9%，2013年达到峰值为29.4%，此后几年占比逐年下降，截至 2019 年为 21.9%。出口美国的比重在逐年下降，但对欧洲地区的香蕉出口占比却逐年上升，如荷兰与英国。

表8-4　2019年哥伦比亚香蕉主要出口流向

排名	出口国或地区	出口量(万吨)	出口额（亿美元）	出口额占比（%）
1	比利时	45.19	2.04	21.9
2	英国	34.29	1.69	18.2
3	美国	30.15	1.48	15.9
4	意大利	28.32	1.24	13.4
5	德国	21.22	0.93	10.0
6	荷兰	12.89	0.66	7.2
	其他	28.94	1.30	13.4
总计		201.00	9.34	100.0

数据来源：国际贸易中心。

哥伦比亚的农业出口在其国民经济中一直占有重要地位。近年来哥伦比亚的新鲜水果出口迎来高速发展，其中香蕉、大蕉和鳄梨最受欢迎，其出口主要地区为欧洲。据欧盟委员会有关有机农产品的报告称，哥伦比亚对欧盟的有机农产品出口从 2018 年的 6.31 万吨增加至 2019 年的 8.73 万吨，同比增长 38.35%，香蕉在 2019 年出口至欧盟的出口额为 8.62 亿欧元，是目前哥伦比亚出口欧洲最多的农产品。2012 年 6 月 26 日，欧盟与哥伦比亚签署了自由贸易协定，同意对货物或服务的进出口给予优惠待遇，并减少非关税壁垒。从世界贸易组织 (WTO) 的数据可以看出，欧洲在世界范围内的参与度很高，是全球最大的香蕉进口组织，进口额约为 58.83 亿欧元，出口额为 89.29 亿欧元。按购买力平价计算，约占世界国内生产总值的 20%。对于哥伦比亚来说，在全球范围内消除贸易壁垒对该国有着重要意义，尤其是欧洲地区这一传统香蕉消费量较大的地区。此外，哥伦比亚生产商有扩大供应链的可能性。贸易协议还允许包括香蕉在内的一系列农产品进入欧洲市场，以及促进不同出口国农产品的准入。

五、产业影响因素

香蕉是全球出口的主要农产品之一，为全球国际贸易第四大农产品，仅次于水稻、小麦和玉米。哥伦比亚是少数拥有最佳香蕉种植条件的国家之一，尽管该国的气候条件具有得天独厚的优势，但这种优势并没有体现在香蕉产业经济上，尤其是在以香蕉出口为导向的产业中。尽管市场条件良好，但香蕉价格波动对出口仍是一个巨大挑战。

2010—2019 年哥伦比亚香蕉出口量及出口额波动变化较大，香蕉生产商除了生产成本因素，还受到政府远期规划以及技术缺陷等其他条件的限制。哥伦比亚用于种植香蕉的农业用地缺乏，导致香蕉产量增长缓慢。直到与美国（2012 年 5 月）和欧盟（2013 年 8 月）的自由贸易协定（FTA）生效后，哥伦比亚香蕉在国际上的市场份额才开始增长。哥伦比亚研究人员认为目前哥伦比亚面临的挑战是如何提高单位面积的产量。2010 年前后哥伦比亚约生产香蕉 1 019 箱 /（公顷 · 年），远低于哥斯达黎加 2 400 箱 /（公顷 · 年）的平均产量。2019 年，虽然哥伦比亚的单位面积产量有所增加，接近 2 000 箱 /（公顷 · 年），但仍远低于厄瓜多尔等主要出口国 3 000 箱 /（公顷 · 年）的产量。

哥伦比亚的香蕉产业面临的另一个挑战是提高本国国民人均水果和蔬菜的消费量，因为其平均水平远低于世界卫生组织推荐的水平。目前哥伦比亚的人均水果消费量约为 90 千克 / 年，而世界卫生组织推荐的水果消费量约为 146 千克 / 年（Money Magazine，2018 年）。这一现象主要是由于水果与蔬菜等农产品大量出口，只有少部分用于国内销售，而农产品在国际上销售的困难程度远远大于国内销售，出口量与出口价格波动较大。

相比于国际市场，哥伦比亚国内市场主要问题在于香蕉种植户的收入随着香蕉销售价格波动而呈现出较大的不稳定性。香蕉销售价格波动较大从而导致收购价格波动较大的原因有两种：自然原因和结构原因。

（一）自然原因

自然因素会影响香蕉的产量和质量，从而引起香蕉收购价格的波动。香蕉品种和质量主要取决于当年气候条件与种植管理技术，哥伦比亚香蕉种植历史悠久，种植管理技术相对完善，所以香蕉的产量和质量主要影响因素是气候变化。如 2017 年受厄尔尼诺影响，全年降水量较往年相比偏低，再加上过度的耕作以及高温现象，香蕉植株无法正常进行光合作用（El Colombiano，2019）。另一重要影响因素则是病虫害，尤其是在哥伦比亚香蕉种植园已经发现香蕉枯萎病的存在。

哥伦比亚主要病虫害有以下几种。

1. 种子传播疾病

香蕉青枯病（*Ralstonia solanacearum*，RACE 2）是香蕉的主要细菌性病害。青枯雷尔氏菌是一种重要的植物病原菌，在广泛的地理范围内影响着不同的作物。细菌性软腐病主要是由菊欧文氏菌（*Erwinia chrysanthemi* Dickeya）引起的，它的特点是通过果胶酶等酶的作用引起软腐病，即香蕉组织的降解或浸渍，这些酶破坏了香蕉植物细胞，使植物的暴露部分释放出有助于细菌生长的营养物质。

2. 香蕉枯萎病

香蕉枯萎病（Banana Panama Disease）又名香蕉巴拿马病（Panama Disease），是一种通过土壤传播的香蕉传染病，染病香蕉逐步枯萎死亡，且因为该病还存在土壤遗留问题，发病地区 30 年以上不能种植香蕉，被称为香蕉的“不治之症”，也是威胁全球香蕉种植业的最大杀手。外部病症是在发病蕉株的下方老叶叶缘首先黄化，并逐渐扩大至中肋，叶柄软化，弯曲下垂，最后枯萎。上方幼叶亦逐渐变黄，终至整个蕉株枯萎死亡。有时病株假茎外围的叶鞘自基部发生纵裂。在发病植株的内部，假茎的内部组织有棕色和淡红色，当进行纵向或横向切割时可以观察到。

香蕉枯萎病被认为是大蕉和香蕉最具破坏性的疾病之一。它是由生活在土壤中的真菌产生的，对植物造成不可逆转的损害，因为它阻塞了吸收水分和养分的导管，导致窒息而引起一般的枯萎症状，使叶子发黄并导致其死亡。此病在 19 世纪 50 年代对拉丁美洲和加勒比海地区的国家产生了历史性的经济和社会影响，在该地区摧毁了约 80 000 公顷的米歇尔 / 大麦克香蕉（Gross Michel），这是当时的主要出口的香蕉品种，因而导致了大量的经济损失。而后，在卡文迪许亚组中找到了抗病的替代品种，这些替代品种已被广泛种植并暂时解决了香蕉枯萎病问题。但是后来在亚洲大陆，特别是在中国台湾地区，出现了一种更具侵略性的真菌 TR4，这种真菌具有完全摧毁卡文迪许亚组品种的抗病能力。哥伦比亚于 2019 年发现该病害，现已威胁拉瓜吉拉省的 10 个种植园的香蕉生产，感染病菌的果园被迫关闭隔离，进行病害防治以防止扩散。哥伦比亚农业研究所（Instituto Colombiano Agropecuario，ICA）通过一项植物健康监测计划，以防止 TR4 进入哥伦比亚。TR4 属于香蕉枯萎病致病菌的一个变种，是一种对杀菌剂有抗药性的真菌，传染率极高，有能力彻底摧毁具有经济意义的香蕉和大蕉品种，并可能严重威胁哥伦比亚的香蕉产业，特别是在乌拉巴地区、马格达莱纳省和瓜希拉省这样的主要香蕉产区。

（二）结构原因

在国际市场上，哥伦比亚以公共政策的形式实施一些战略促进香蕉产业发展，如价值链的实施、地域品牌的统一、对购买投入品的补贴，尤其是对进口的保护可以帮助保持香蕉在成本和市场方面的竞争力，同时最大限度地减少价格低谷期时期的内生和外生损失。这些政府公共政策的实施也会影响到哥伦比亚香蕉的收购价格。

哥伦比亚发展香蕉产业存在以下威胁：①未来 10 年气候变化可能降低香蕉的生产效率，并导致病虫害发生频次增加；②地震和山体滑坡等会破坏道路基础设施，在香蕉生产和分销中增加时间成本；③哥伦比亚香蕉大部分用于出口，影响投入资金的汇率波动较大；④与厄瓜多尔和哥斯达黎等中美洲香蕉出口国竞争加大，存在香蕉市场价格挤压；⑤国内安全问题频发，哥伦比亚在过去 50 年中一直受到低强度的国内武装冲突的影响；⑥哥伦比亚香蕉产业发展的另一重要威胁为香蕉生产者融资困难，扩大再生产启动资金不足。

六、产业发展趋势

全球香蕉的国际需求与全球的香蕉产量相比，占比较小，哥伦比亚可继续扩大香蕉种植面积，抢占国际市场份额。未来世界发展趋势仍然是全球化。目前哥伦比亚香蕉出口市场主要以美国和比利时为主，而欧盟、中国等国家和地区市场潜力大。哥伦比亚政府对于香蕉产业高度重视，积极出台相关法律法规及措施促进香蕉产业发展。

一是目前哥伦比亚在公路和港口基础设施方面存在短板的现象，导致配送链成本较高，基础设施建设将改善道路、隧道和港口等香蕉分销途径，这些大型基础项目建设将更好地把香蕉推向新市场。

二是哥伦比亚在种植区管理、生产维护和产后采收方面的培训不足，应利用全球化获得的技术和知识来改进管理流程和标准执行的过程。香蕉加工产品前景较好，哥伦比亚已掌握从残留的香蕉生物质中制备第二代乙醇的技术。同时，其他香蕉加工产品在国际市场潜力同样巨大，如香蕉饼干、果酱等。

三是哥伦比亚在创新、市场研究、研发方面存在赤字，极大地影响了其香蕉在国际市场的竞争力。哥伦比亚将通过参加国际展会，促进研究、创新和发展研究，以及进入新市场的方式提高国际竞争力。利用哥伦比亚在劳动力、土壤和气候条件优势，促进进入新市场，并重视香蕉产品的加工处理。

四是气候变化也是香蕉行业当前面临的重要问题。受影响最大的人群是发展中国家的农户，因为他们没有足够的技术减小病虫害对作物的影响。

哥伦比亚为追求更多外汇收入，正在积极开拓新的国际市场。2019 年 7 月，哥伦比亚总统杜克访华期间，与中国签署了一项协议，每年可以向中国出口香蕉 400 万箱，出口额可达 4 000 万美元，将有利于弥补目前哥伦比亚与中国之间的贸易逆差，并有助于哥伦比亚农业部门赤字的减少。

第九章
哥斯达黎加香蕉产业发展情况

一、引　言

据记载，哥斯达黎加于1878年开始种植香蕉，是首个种植香蕉的中美洲国家。大西洋铁路的修筑和美国对香蕉的需求带动了哥斯达黎加香蕉产业的兴盛，逐渐发展为支柱产业。哥斯达黎加早期的香蕉产业被美国企业垄断，20世纪中期才慢慢回归到哥斯达黎加本土香蕉企业手上。香蕉产业是哥斯达黎加主要的出口外汇来源以及就业来源，占有重要的社会经济地位。

二、产区分布

哥斯达黎加位于中美洲地峡，属于北美洲，东临加勒比海，西靠北太平洋，北部与尼加拉瓜接壤，东南偏南与巴拿马接壤。哥斯达黎加的沿海地区是平原，中部是崎岖的山地。哥斯达黎加属热带和亚热带气候，一年只有两个季节，4—12月为雨季，12月底到翌年4月为旱季，也称为夏季。首都圣何塞的年平均气温最低为15℃，最高为26℃；沿海地区的气温相对来说比较高，加勒比海地区的夜平均温度为21℃，日平均温度为30℃。

在哥斯达黎加，香蕉的生产区域主要分布在加勒比海沿岸、埃雷迪亚省的萨拉皮基北部和南部地区，主产省份有利蒙、波科西、锡基雷斯、马蒂纳和塔拉曼卡。此外，在太平洋沿岸的哥斯达黎加西部，目前有两个大型香蕉种植园，其中一个在蓬塔雷纳斯省的帕里塔县。哥斯达黎加香蕉主要由利蒙省的港口出口，通过海运到欧盟和美国。

香蕉是哥斯达黎加重要的经济和社会支柱，香蕉产业在 1992 年超过了咖啡产业成为该国最主要的农业产业。据哥斯达黎加国家香蕉公司的统计部门 2019 年数据显示，该国香蕉产业创造了大约 4 万个直接就业机会和 10 万个间接就业机会，该产业创造的就业人数占全国就业总人数的 7%。2019 年香蕉产业创造价值占出口总额的 8%，农业生产总值占全国生产总值的 43%，香蕉出口份额就占农业出口份额的 36%，即全国生产总值的 2%，详见表 9-1。

表9-1 2019年哥斯达黎加的香蕉产业所创造的价值

香蕉产业创造价值	贡献率
占出口总额份额	8%
占农业出口份额	36%
占全国 GDP 的份额	2%
占农业 GDP 的份额	43%
占就业总人数的份额	7%

数据来源：哥斯达黎加国家香蕉公司统计部门（CORBANA）。

三、主要种植品种

种植者根据不同的气候、地理条件以及当地市场的消费偏好来选择种植的香蕉品种，产区主要分布在加勒比海沿岸地区。在哥斯达黎加，被种植得最广泛的品种是卡文迪许（Cavendish，AAA 基因组型），这也是世界范围内种植得比较多的香蕉品种。各地对该品种的接受度非常高，跨国公司在哥斯达黎加将其用于出口。而一般的小型香蕉生产者则更倾向于种植大麦克香蕉（Gross Michel）等其他品种。哥斯达黎加种植的主要品种如下。

卡文迪许（Cavendish）：属于芭蕉科（Musaceas）香蕉的一种变种，为 AAA 基因组型，是哥斯达黎加的香蕉产业中最主要的品种，也是世界贸易中交易量最大的品种。在卡文迪许品种大类中，品种繁多，该国使用最多的是大纳奈或矮种卡文迪许。它的特征是高假茎，宽阔叶，果实肉质优且中等大小，生物特征是能抵抗尖孢镰刀菌（Fusarium Oxisporum）的Ⅰ亚种，并且卡文迪许品种更耐风害和干旱，可以在较为恶劣的环境下种植。

大米歇尔/大麦克（Gross Michel）：这种香蕉品种在该国被称为克里奥尔语香蕉，像卡文迪许一样，它属于AAA基因组型，它来自Highgate-cocos的突变。该品种的缺点是很容易受到香蕉枯萎病的侵害，在20世纪50年代之前，它是哥斯达黎加种植量最大的品种，尖孢镰刀菌Ⅰ亚种使得当时种植大麦克香蕉的大型种植园损失惨重。它的特点是植株高（假茎长约6米），叶子宽，叶长1～4米，一般一束呈圆柱形，该品种植株一棵能生产出10～14束香蕉束。

达蒂尔（Datil）：属于AA基因组型的一种变种，它的特征是矮小，假茎颜色偏红，披针形叶片，果实小而呈现椭圆形。

四、生产情况

联合国粮食及农业组织数据显示（表9-2，图9-1至图9-3），2010年哥斯达黎加香蕉收获面积为4.30万公顷，占全球香蕉收获面积的0.83%，2019年哥斯达黎加香蕉收获面积为4.32万公顷，占全球香蕉收获面积的0.84%。2010—2019年哥斯达黎加香蕉收获面积在4.4万公顷上下浮动，收获面积最小的2012年为4.14万公顷，收获面积最大的2016年为4.66万公顷。近年来哥斯达黎加的香蕉单产保持在每公顷约56吨的高产量，表明哥斯达黎加具有较高的香蕉生产水平。

2010年哥斯达黎加的香蕉产量为201.98万吨，截至2019年香蕉产量增加到243.74万吨，增长20.68%，年均增长率为3.27%。2016年哥斯达黎加的香蕉产量达到了2010—2019年的峰值，为265.97万吨，2018年回落到241.10万吨，香蕉产量同比下降了9.35%。虽然2013年哥斯达黎加90%的香蕉种植园受到水蜡虫和介壳虫的致命攻击，并于2015年受厄尔尼诺现象的影响，同时，加勒比海沿岸和哥斯达黎加北部地区出现降雨大幅增加，但哥斯达黎加的香蕉产量整体仍处于比较稳定的发展阶段，并且整体呈上升趋势。

表9-2　2010—2019年哥斯达黎加的香蕉生产情况

年份	产量（万吨）	收获面积（万公顷）	单产（吨/公顷）
2010	201.98	4.30	46.94
2011	212.52	4.20	50.58
2012	235.22	4.14	56.78
2013	241.81	4.28	56.44
2014	241.52	4.29	56.28
2015	247.04	4.41	55.97
2016	265.97	4.66	57.01
2017	262.98	4.66	56.41
2018	241.10	4.29	56.08
2019	243.74	4.31	56.46
2019 年世界情况	11 678.17	515.86	22.64

数据来源：联合国粮食及农业组织。

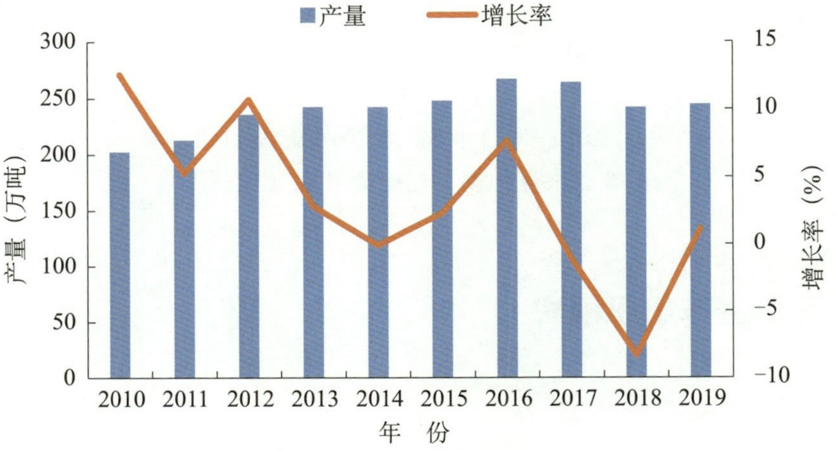

图 9-1　2010—2019 年哥斯达黎加香蕉产量变化

（数据来源：联合国粮食及农业组织）

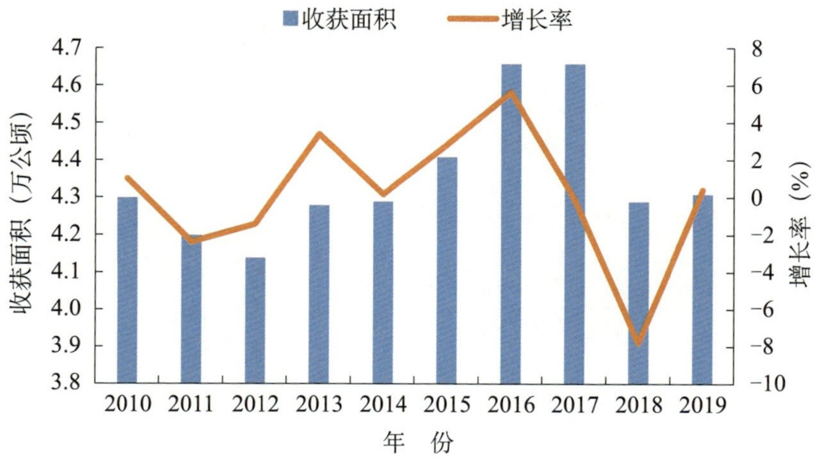

图 9-2 2010—2019 年哥斯达黎加香蕉收获面积变化

（数据来源：联合国粮食及农业组织）

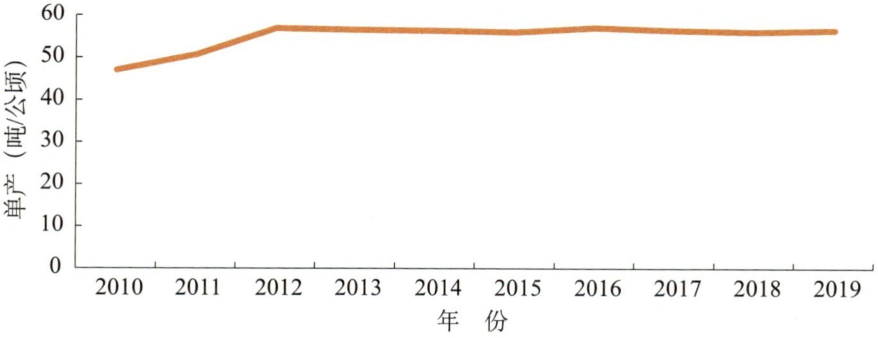

图 9-3 2010—2019 年哥斯达黎加香蕉单产变化情况

（数据来源：联合国粮食及农业组织）

五、生产组织模式

（一）国家香蕉公司

鉴于香蕉产业在哥斯达黎加经济的重要性，哥斯达黎加成立了国家香蕉公司（la Corporación Bananera Nacional，CORBANA）。

国家香蕉公司是根据 1971 年 11 月 16 日第 4895 号法律创建的，是具有公司特征的非国有公共实体，通过参与哥斯达黎加香蕉的生产和销售的过程，促进哥斯达黎加香蕉产业发展。该公司的产业分析报告涉及该国和国际香蕉贸易的市场机会、价格、劣势和环境。此外，它还量化了哥斯达黎加香蕉的出口情况，并设有一个部门进行监测，通过对市场状况的持续研究来优化管理决策。哥斯达黎加国家香蕉公司还协调香蕉环境委员会（Comisión Ambiental Bananera，CAB）和香蕉机构委员会（CIB），通过它们在香蕉农场附近的社区和其他影响区域的项目支持当地的香蕉产业的发展。

（二）香蕉环境委员会

哥斯达黎加香蕉部门在 1992 年建立一个机构来控制国内香蕉生产农场的环境问题，称为香蕉环境委员会（Comisión Ambiental Bananera，CAB），该委员会自成立以来一直由国家香蕉公司进行协调。通过委员会香蕉环境，保障香蕉产区的环境要求，以实现可持续的生产模式，香蕉环境委员会由以下组织组成：戴尔蒙（Del Monte）公司、凯琳达集团、农业投入商会、独立香蕉生产商商会、全国农业投入品和非专利产品商会（CANAPROGE）、国家香蕉商会（CANABA）、奇基塔哥斯达黎加 S.R.L.、农牧部、环境与能源部、公共卫生部、标准水果公司、哥斯达黎加大学（环境污染研究中心）和科尔巴纳公司。

（三）机构香蕉委员会（CIB）

机构香蕉委员会的成立旨在构思和制定发展战略并提高哥斯达黎加国家香蕉公司的企业形象。该机构利用香蕉种植者提供的资金，在教育、体育、环境、社会和健康等领域永久开发项目，大多数项目都在香蕉农场周边地区实施。机构香蕉委员会由国家香蕉公司（CORBANA）、都乐、哥斯达黎加金吉达、戴尔蒙（Del Monte）、独立香蕉生产商商会（APROBAN）、国家香蕉商会（CANABA）和美洲传播机构作为形象顾问组成。

（四）国家香蕉商会

哥斯达黎加国家香蕉商会（Cámara Nacional de Bananeros，CANABA）于

1967 年 1 月，由一群关注哥斯达黎加香蕉产业未来发展的生产商创立。1976 年 1 月，国家香蕉商会修订了其章程，将水果贸易公司纳入其中。国家香蕉商会既作为贸易公司又作为生产商，研究和分析哥斯达黎加香蕉产业出现的问题，主要目标是促进生产商和贸易公司之间的关系，捍卫和保护其合作伙伴的共同利益。哥斯达黎加国家香蕉商会由以下公司组成：金吉达公司、戴尔蒙哥斯达黎加香蕉国际有限公司、哥斯达黎加巴纳内拉卡林达标准水果公司、巴纳内拉・波尔韦尼尔公司、巴纳内拉・拉巴斯公司、巴纳内拉・西奎尔斯公司、巴纳内拉・利莫弗鲁特公司、阿格雷科拉・弗鲁塔斯・德尔・阿特兰蒂科公司、西亚香蕉拉埃斯特雷拉公司、恩坎托斯德尔马罗霍公司、巴纳诺国际公司、维德・阿祖尔国际公司、弗鲁塔斯德尔特罗皮科公司、普拉塔内拉里奥西索拉公司、罗克萨纳农场、康帕尼亚农业工业公司德尔阿特兰蒂科公司、康帕尼亚巴南多斯米尔公司、文切利亚公司等。

六、贸易情况

哥斯达黎加不仅是世界上最大的菠萝出口国，也是香蕉出口量排名居世界前列的国家。2020 年洪都拉斯和危地马拉遭受飓风影响，香蕉减产，同为拉丁美洲地区重要香蕉出口国的哥斯达黎加因而受益。但同时传统市场面临疫情限制，哥斯达黎加香蕉种植者必须寻求新的出口市场。除美国外，哥斯达黎加还向沙特阿拉伯以及其他中东地区国家大量出口香蕉。

国际贸易中心数据显示，2019 年哥斯达黎加香蕉出口量为 238.48 万吨，占全球的 7.09%。哥斯达黎加的香蕉出口量是继厄瓜多尔、菲律宾之后，居于全球第三的国家。2010—2019 年哥斯达黎加香蕉出口贸易情况如表 9-3 所示，国际贸易中心数据显示，2019 年哥斯达黎加香蕉出口量，占全国香蕉生产总量的 97.84%，出口额为 10.00 亿美元。相较于 2010 年而言，哥斯达黎加香蕉出口量增长了 24.49%，香蕉出口量年均增长 7.94%。与此同时，出口额增长了 42.42%，年均增长 9.59%。虽然哥斯达黎加出口情况变化波动不算太大，但因为其基数较大，出口量和出口额绝对值变化较大。

表9-3　2010—2019年哥斯达黎加香蕉出口贸易情况

年份	产量（万吨）	出口量（万吨）	出口额（亿美元）	出口量占比（%）
2010	201.98	191.57	7.02	94.85
2011	212.52	191.92	7.22	90.31
2012	235.22	188.59	7.07	80.18
2013	241.81	193.08	7.80	79.85
2014	241.52	217.30	9.08	89.97
2015	247.04	197.82	8.35	80.08
2016	265.97	237.02	9.97	89.12
2017	262.98	252.97	10.44	96.19
2018	241.10	248.88	10.31	103.23
2019	243.74	238.48	10.00	97.84

数据来源：产量数据来源于联合国粮食及农业组织，贸易数据来源于国际贸易中心。

如图 9-4 所示，2010—2019 年，哥斯达黎加香蕉出口量总体增长趋势放缓，仅在 2015 年随着出口量的下降，同比减少 9%。业界人士分析认为，香蕉出口停滞不前是由于国际市场需求恢复缓慢，尤其是欧洲市场，此外，来自其他香蕉生产国（如危地马拉等）的竞争也是原因之一。

2010—2019 年，哥斯达黎加香蕉出口额及其变化情况如图 9-4 所示，2019 年香蕉出口额为 10.00 亿美元，相比于 2010 年的 7.02 亿美元，上升了 42.41%，年均增长 4.2%。与此同时，哥斯达黎加香蕉出口额随着出口量的波动而变化，2010—2019 年哥斯达黎加的香蕉出口额总体呈上升趋势，且增长速度逐渐放缓，在 2015 年随着出口量的下降，销售额随之减少，同比减少 8%。

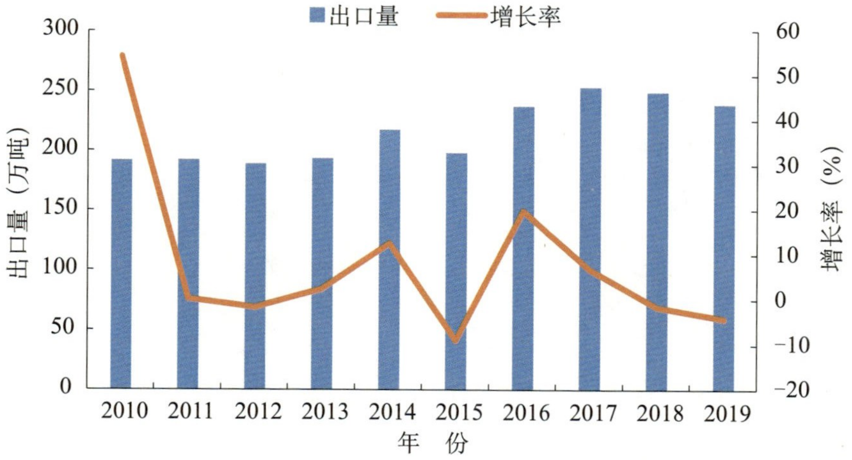

图 9-4 2010—2019 年哥斯达黎加香蕉出口量及其变化情况
（数据来源：国际贸易中心）

图 9-5 2010—2019 年哥斯达黎加香蕉出口额及其变化情况
（数据来源：国际贸易中心）

2019 年哥斯达黎加香蕉出口国如表 9-4 所示，国际贸易中心数据显示 2019 年哥斯达黎加香蕉主要出口国是美国。自 19 世纪 70 年代美国企业在哥斯达黎加修筑铁路并在加勒比沿岸地区大规模种植香蕉开始，哥斯达黎加就此成为美国主要的香蕉进口来源地。同时，哥斯达黎加香蕉也出口英国、荷兰、比利时、意大利和西班牙等欧洲国家，以上国家占哥斯达黎加香蕉出口贸易额的 76.1%。2019 年哥斯达黎加向美国出口香蕉就创下了 3.74 亿美元的交易额。

表9-4　2019年哥斯达黎加香蕉主要出口流向

排名	出口国或地区	出口量(万吨)	出口额（亿美元）	出口额占比（%）
1	美国	84.73	3.74	37.4
2	英国	23.47	0.98	9.8
3	荷兰	20.83	0.89	8.9
4	比利时	18.44	0.80	8.0
5	意大利	18.20	0.73	7.3
6	西班牙	12.01	0.46	4.6
7	德国	10.53	0.45	4.5
8	乌克兰	7.16	0.23	2.3
9	葡萄牙	6.63	0.22	2.2
10	土耳其	6.23	0.25	2.5
11	挪威	3.81	0.17	1.7
12	爱尔兰	3.82	0.16	1.6
13	芬兰	3.50	0.15	1.5
14	瑞典	3.39	0.15	1.5
	其他	15.72	0.62	6.2
总计		238.48	10.00	100.0

数据来源：国际贸易中心。

欧盟和美国是哥斯达黎加香蕉的传统出口目的地。2019 年哥斯达黎加对欧盟出口香蕉 4.23 亿美元，占哥斯达黎加香蕉总出口额的 42.3%；对美国出口香蕉 3.74 亿美元，占本国香蕉总出口额的 37.4%。2020 年年初以来，新冠肺炎疫情在全球蔓延导致世界贸易疲软，哥斯达黎加对外贸易也受到严重冲击。尽管如此，哥斯达黎加香蕉出口依旧保持增长。2020 年哥斯达黎加香蕉出口额 10.82 亿美元，比 2019 年同期的 10.00 亿美元增长了 8.2%。

目前，哥斯达黎加香蕉的生产和出口由 3 家大型知名公司主导：都乐（Dole）、金吉达（Chiquita）和德尔蒙（Del Monte）。这些公司直接从种植园收获香蕉，包装并出口到世界市场。据估计，在哥斯达黎加平均每公顷种植园使用 1 名工人。2019 年香蕉业产生的直接就业机会约为 40 000 个，同时还在贸易、投入工厂和运输等相关活动中间接创造了近 10 万个就业机会。

七、产业影响因素

（一）气候变化

20 世纪 60 年代后，由于全球变暖，全球各香蕉产区曾一度享受到气候变化带来的红利，香蕉产量有所增加。但是，随着气候变化日益加剧，温度的持续上升、降水量的不稳定等气候变化，带来了病虫害出现等问题，导致了香蕉产量下降、收益率降低。近年来，厄尔尼诺现象与拉尼娜现象频发，厄尔尼诺现象周期性地导致哥斯达黎加太平洋沿岸地区严重干旱，而强降雨会导致加勒比中部斜坡发生洪水，持续对哥斯达黎加的香蕉种植产生影响。

（二）环境法律法规的复杂性

香蕉产业必须遵守环境监测的相关法律法规，而环境问题具有复杂性和多样性，不仅涉及温室气体排放法规，还涉及属于哥斯达黎加环境和能源部、卫生部、国家植物检疫局，以及经济、工业和商业部的不同环境监管机构的其他规定，必须予以响应、遵守。

（三）市场准入门槛过高

相较于哥斯达黎加的大型香蕉公司（如都乐等），哥斯达黎加的小型生产者由于国际市场准入门槛过高且市场议价能力较弱而处于发展劣势，因此小型生产者种植的香蕉通常直接销售给大型公司或在国内销售。

（四）金融财政支持政策不足

许多香蕉产品相关认证费用昂贵，但相关香蕉产业认证可以提高香蕉市场销售价格。大多香蕉生产者在认证上出现资金短缺，许多生产者缺乏土地使用权证明，导致向银行进行借贷出现困难，从而最后无法进行相关认证。哥斯达黎加许多香蕉种植户经济来源仅有香蕉一项，农民信贷缺乏导致更加依赖香蕉销售收入。哥斯达黎加缺乏财政机制支持香蕉产业由第一产业向第二产业发展，以增加香蕉产品附加值，哥斯达黎加提供给市场进行香蕉加工和产品转化开发的机会较少，缺乏相关机构开发不同香蕉产品满足市场需要。

（五）缺乏香蕉生产者管理组织

虽然哥斯达黎加有国家香蕉公司进行规范化管理，但国家香蕉公司仅在大方向上对整个香蕉产业进行指导，提供相关技术，不涉及具体生产者管理。

（六）农业用水短缺

哥斯达黎加在农业用水上存在数量短缺和质量较低的情况，尤其是在种植有机香蕉地区。

（七）病虫害因素

由于种植品种的单一性，哥斯达黎加在香蕉病虫害方面受影响程度较大。病害的发生和严重程度取决于病原体与气候因素（如相对湿度、温度和降水）之间的相互作用。最严重的病虫害是由于干旱、营养缺乏所造成的，特别是黑象鼻虫（*Cosmopolites sordidus*）的出现。之前由于香蕉枯萎病 TR1 的暴发减少了大麦克香蕉品种的种植。2019 年香蕉枯萎病 TR4 在中美洲香蕉园发现，如何防治 TR4 为接下来哥斯达黎加香蕉产业发展重点问题之一。2020 年 7 月，为防止 TR4 入境，哥斯达黎加总统阿尔瓦拉多在国家香蕉协会总部签署法令，宣布哥斯达黎加香蕉检疫进入紧急状态，以采取措施进行有力防范。

八、产业发展趋势

香蕉产业是哥斯达黎加经济重要组成部分，哥斯达黎加已采取相关措施保证香蕉产业可持续发展。

国家香蕉发展计划通过影响香蕉价值链确保不同环节香蕉产业从业者（其中大多数是中小型生产商）公平地分配利益。该计划的使命是“整合和促进哥斯达黎加香蕉经济实体的行动，促进其可持续和有竞争力的发展，为生产者和农业链成员提供更好的生活质量”。其愿景是“我们将成为使中小型生产者更具竞争力和创新性的香蕉部门，致力于可持续生产和环境，使其高质量和竞争力获得国际认可”。该计划的技术主要用于大蕉与香蕉的农艺管理。此外，还成立了国家支持委员会。

面对气候变化问题，2019 年哥斯达黎加制定了国家气候变化战略（ENCC）。该战略包括 6 个组成部分：减缓和适应、指标、能力发展与技术转让、公众意识、教育与文化变革、融资。ENCC 采取不同的行动来应对全球变暖问题和气候变化，例如，促进农业生产系统更多的技术管理，在种植和种植相关决策中考虑气候预测，开发减少温室气体排放的施肥方法，实施新技术并使用适应新气候条件的品种。ENCC 还提出了在 2021 年实现的国家碳中和竞争战略。在 2014 年哥斯达黎加提出的 2015—2018 年国家发展计划中，提出使用相同数量的土地、高效使用水资源、减少能源消耗、引入清洁能源，还强调农业生产过程必须考虑社会和环境责任，以减少碳足迹和水足迹等指标。为应对气候变化的影响，农业部门必须提高其抵御和适应气候变化影响的能力。需要深化对农村粮食产区脆弱性的研究，这些地区被归类为极端自然事件导致的高风险地区，须采取预防措施管理气候风险并防止这些地区的生产损失。将香蕉生产纳入量化研究范围，量化香蕉生产的二氧化碳排放量，以提高温室气体减排的效率和效果。考虑到对气候中和产品的需求不断增长，该行为有助于哥斯达黎加香蕉产品获得更多市场份额。

九、产业优势

（一）国家给予政策支持

1971 年，哥斯达黎加香蕉产业官方监管机构——哥斯达黎加国家香蕉协会依据国家第 4895 号法令正式成立。一直以来，该协会致力于通过科研创新、为香蕉生产者提供信贷和投资支持、提供及时有效的香蕉市场信息等工作，保障香蕉产业链内生产者、企业和经销商各方的利益，推动哥斯达黎加香蕉产业平衡有序发展。此外，哥斯达黎加政府还通过颁布法令、设立基金等形式保障香蕉产业的发展。例如，2019 年 12 月，哥斯达黎加政府签署法令，批准蕉农可通过有偿贷款的形式申请香蕉应急基金，以应对可能入侵哥斯达黎加的香蕉枯萎病 TR4。

（二）地理标志品牌形象

2011 年，哥斯达黎加获得欧盟认可的“哥斯达黎加香蕉”产品地理标志（GI），这是哥斯达黎加乃至拉丁美洲的首个地理标志产品，哥斯达黎加也因此成为世界上唯一一个拥有注册地理标志的香蕉出口国。该地理标志的获得是哥斯达黎加香蕉产业尊重社会和环境发展规律的结果，彰显了哥斯达黎加香蕉区别于其他产区香蕉的高品质和高附加值，有利于在全球市场树立优质的品牌形象，提升哥斯达黎加香蕉的全球竞争力。

哥斯达黎加的香蕉部门在研究如何提高香蕉农场的生产力并减少人工林中农用化学品的使用方面所做的巨大贡献得到了国内外的认可。同样，哥斯达黎加也做到了香蕉生产与工人和环境和谐相处，并取得了认可。

2011 年，哥斯达黎加香蕉业获得地理标志“Banano de Costa Rica”（哥斯达黎加香蕉）的殊荣，增加了产品附加值。哥斯达黎加香蕉的地理标志告知消费者产品的来源、质量和声誉，证明了该产品具有严格的生产标准。

（三）低碳环保持续发展

农产品加工业的发展往往伴随着巨大的环境成本，香蕉生产加工也不例外。哥斯达黎加香蕉行业组织为了防治香蕉生产加工产生的污染，于 1992 年自发成立香蕉环境委员会（CAB），通过制定哥香蕉产区的环境标准和要求，推动哥香蕉产业的环境友好、可持续发展。作为地理标志“哥斯达黎加香蕉”推广和质量保证的监管机构，哥斯达黎加国家香蕉协会一方面通过科研和项目开发持续寻找新的种植方法和技术，减少农药使用、提高生产，另一方面也会定期对“哥斯达黎加香蕉”蕉农进行审查，确保其在水资源利用、固体废弃物管理和回收、农药使用等方面遵守相关环境保护制度。2008 年，哥斯达黎加香蕉产业联合向哥斯达黎加环境能源部提交针对气候变化的香蕉产业行动计划，承诺在2021年实现该产业的“零碳”发展。2017年，联合国粮食及农业组织的世界香蕉论坛编撰了一份实用指南，用以指导如何在香蕉生产中测算和减少对空气和水源的污染。哥斯达黎加目前正在该指南的指导下推行香蕉产业的国内适当减缓行动（NAMA）。

第十章

越南香蕉产业发展情况

一、引　言

香蕉是一种经济价值高而投资少的作物，也是越南比较重要的水果之一。越南盛产香蕉，由于其地理位置靠近赤道，几乎全国所有地区都能种植香蕉。作为东南亚地区的香蕉主产国之一，越南也是一个香蕉消费大国。同时越南周围的亚洲国家对香蕉需求量大，越南的香蕉可出口到中国、日本、马来西亚等国家。越南香蕉的种植历史、生产条件与贸易环境等这些因素都推动了香蕉产业的发展。本章将从几个不同的角度全面地分析越南的香蕉产业现状与存在问题，分析其发展前景。

二、产区分布

越南位于中南半岛东部，北纬8°10′～23°24′、东经102°09′～109°30′，北面与我国接壤，西面与老挝、柬埔寨交界，东面和南面临南海。越南气候可以分为两大截然不同的气候地区：北方为海云山（Hai Van）以北的省份，属于具有明显的春夏秋冬四季的热带季风气候，其受从亚洲陆地来的东北风及东南风影响、湿度高；南方为海云山以南的省份，由于少受季风的影响，因此其气候比较温和，四季高温，并分成旱季与雨季的两个季节。

越南的地势由西北向东南倾斜，山地和高原占国土面积的2/3，平原占国土面积的1/3，大部分由河流泥沙冲积而成。越南地形狭窄，纬度跨越大，气候条件各地差异明显，但总的特点是气温高、湿度大、风雨多。越南属热带季风气候，除西北部外，越南气候受海洋性气候影响显著。每年7—11月沿海地区常遭台风袭击；夏季在越南中部还有一种季风名“老挝风”，其过境处燥热干旱，对植物危害较大。越南雨量充沛，雨季降水量约占全年的80%；年平均降水量达1 800～2 000毫米，南方部分地区甚至高达3 000～4 000毫米；在河内地区，全年下雨天数在150天以上。由于地形结构不同，越南还有其他不同小气候地区。有的地方呈温带气候，如老街省沙巴（Sa Pa）、林同省大乐（Da Lat）；有的地方呈大陆性气候，如莱州省、山罗省等。越南最大的湄公河和红河形成了广阔及肥沃的两大平原。河流每年分为汛期和枯期，汛期占整年水量的70%～80%并经常导致水灾。近年来，越南的香蕉种植主要集中在九龙江平原及中北部及中部沿海地区，香蕉种植面积最大的省份为九龙江平原的朔庄省（Soc Trang）。

九龙江平原：九龙江平原是湄公河入海流域平原热带地区，粮食作物和经济作物种类丰富，包括隆安省（Long An）、前江省（Tien Giang）、槟知省（Ben Tra）、茶荣省（Tra Vinh）、永隆省（Vinh Long）、同塔省（Dong Thap）、安江省（An Giang）、建江省（Kien Giang）、芹苴市（Can Tho）、后江省（Hau Giang）、朔庄省（Soc Trang）、薄寮省（Bac Lieu）、金瓯省（Ca Mau）13个省。

中北部及中部沿海地区：中北部及中部沿海地区位于越南中部的热带亚热带沿海地区，包括清化省（Thanh Hoa）、义安省（Nghe An）、河静省（Ha Tinh）、广平省（Quang Binh）、广治省（Quang Tri）、承天—顺化省（Thua Thien Hue）、岘港市（Da Nang）、广南省（Quang Nam）、广义省（Quang Ngai）、平定省（Binh Dinh）、富安省（Phu Yen）、庆和省（Khanh Hoa）、宁顺省（Ninh Thuan）、平顺省（Binh Thuan）14省（市）。

三、主要种植品种

（一）AA 基因组型

Chuoi Ngu 是该基因组型的一个重要品种，它的成熟果实皮薄如纸，在运输途中不损害果实很困难。它的味道甜且芳香，但是产量很低，在北部被称为国王香蕉。另一个重要品种 Chuoi Cau 与 Chuoi Ngu 外形类似，并且都起源于南方。

（二）AAA 基因组型

该基因组型的主要品种包括 Chuoi Tieu（N）和 Chuoi Gia（S）。它们是芳香香蕉，也是越南最重要的品种，植株虽不及其他基因型的品种高，但果实非常美味，芳香且易于消化。它们耐受低温，可以在南部的高地（如在大叻海拔 1 500 米处）或北部海拔 500 ～ 600 米处生长。这些品种生长在肥沃的土壤中，经过适当的管理和施肥，可高产。它们对干旱敏感，但对许多病害都有抵抗力。在越南北部，该品种在冬季（22 ～ 25℃）成熟时会表现出良好的风味和香气，黄色的皮被黑点覆盖。但是到了夏天，成熟的香蕉果皮呈绿色，果肉松软。AAA 基因组型的香蕉有许多品种，在植株的高度、果实的质量、形状和颜色方面有所不同。

（三）AAB 基因组型

该基因组型在越南只有一个品种被普遍种植，即 Chuoi Bom，种植于同奈省，这种品种非常耐旱和土壤贫瘠。它的生长成熟期很短（播种后 6 个月即可成熟收获），并且偏爱旱季长的越南南部丘陵地区。

（四）ABB 基因组型

该基因组型在越南主要品种有 Chuoi Tay（N）和 Chuoi Su（S）。ABB 基因组型的香蕉植株更为高大，其果实外形大但相对较短。它在高地上生长良好，适合在干燥气候的条件下种植，并且在高地上种植会更耐病。

（五）BB 基因组型

该基因组型在越南只有一个品种被普遍种植，即 Chuoi Hot。这个品种的香蕉植株非常健壮并且高大，呈深绿色，并且耐低温。因其果实中充满种子而被广泛种植，主要被种植用作动物饲料，幼茎和未成熟的果实则作为新鲜蔬菜供当地居民生食。

四、生产情况

根据联合国粮食及农业组织的数据显示，2019 年越南香蕉收获面积为 13.36 万公顷，占世界香蕉收获面积总额的 2.59%，同比增长 3.97%。从 2010—2019 年来看，越南香蕉收获面积持续稳定增长，年平均增长率为 2.99%。截至 2019 年，10 年间最大值出现在 2019 年，峰值为 13.36 万公顷（表 10-1 和图 10-1）。越南平均每 3 年增加 1 万公顷香蕉种植，2017—2019 年增长速度最快，分别是 4.5%、2.4% 和 3.9%，年平均增长率为 3.64%。

表10-1　2010—2019年越南香蕉生产情况

年份	产量（万吨）	收获面积（万公顷）	单产（吨/公顷）
2010	161.82	10.34	15.63
2011	174.24	10.64	16.36
2012	179.19	10.85	16.50
2013	189.25	11.24	16.83
2014	185.76	11.44	16.23
2015	194.33	11.80	16.45
2016	194.19	12.00	16.17
2017	204.53	12.54	16.30
2018	208.72	12.85	16.24
2019	219.42	13.36	16.41
2019 年世界情况	11 678.17	515.86	22.64

数据来源：联合国粮食及农业组织。

图 10-1 2010—2019 年越南香蕉收获面积变化情况
（数据来源：联合国粮食及农业组织）

随着收获面积扩大，越南香蕉产量持续稳定上升（图 10-2）。2019 年产量为 219.42 万吨，为 2010—2019 年峰值，同比增长 5.13%。近 10 年来，产量增加了 35.59%，年平均增速相对稳定，增速为 3.84%。其中 2014 年和 2016 年产量增速出现负增长，增长率为 -1.84% 和 -0.07%。虽然增长率出现负增长，但产量降幅并不大，均没有超出 5 万吨。除上述负增长的两年，2010—2019 年中其余几年均保持在 2% 的增速增长，增速最大值为 2010 年的 7.15%。

图 10-2 2010—2019 年越南香蕉产量变化情况
（数据来源：联合国粮食及农业组织）

伴随着越南香蕉收获面积和产量增加的趋势，近年来，随着中国企业大规模进入越南种植香蕉，越南整体香蕉单位产出波动幅度较小，2010—2019年越南香蕉单产最小值为15.63吨/公顷，最大值出现在2013年，为16.83吨/公顷，相差仅仅为1.20吨/公顷（图10-3）。2019年单产为16.41吨/公顷，同比增长1.04%。2010—2019年单产平均增速为0.8%。

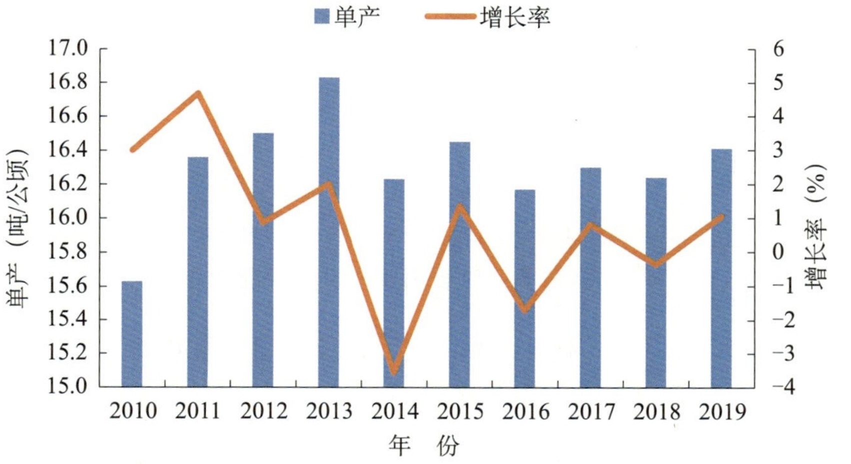

图10-3 2010—2019年越南香蕉单产变化情况

（数据来源：联合国粮食及农业组织）

越南从事香蕉产业的工人数量略少于10万人，与其产量水平形成鲜明对比。据2018年越南统计局报道，从事香蕉产业的工人数量为91 960人，占总劳动者份额为0.17%。

越南是受自然灾害与气候变化，尤其是洪水、干旱以及海水入侵等影响最为严重的国家之一。越南处在全球五大热带风暴区域，属于自然灾害多发区，每年自然自然灾害损失高达100万亿越南盾（约合100亿美元）。热带风暴、洪水和干旱等灾害对整个越南农业乃至越南国家经济稳定造成一定影响。虽然越南受洪水影响严重，但洪水暴发的季节一般为上半年，下半年的洪水次数较少。越南香蕉种植一般在2月、6月、8月种植，下半年成熟可收获，需要种植9—11个月。

伴随着中国近年香蕉枯萎病日益严重，中国境内种植香蕉的成本日益上升。中国的香蕉种植逐渐转移到东南亚地区，尤其是柬埔寨、老挝、越南和泰国。在当地生产香蕉出口到中国。从 2010 年开始，中国进口香蕉占了整个越南香蕉出口的 50% 以上。

五、贸易情况

越南是东南亚地区香蕉生产主产国之一，同时也是一个香蕉消费大国，每年生产的香蕉主要供当地消费。国际贸易中心数据显示（表 10-2），2019 年越南香蕉出口量为 25.57 万吨，出口额为 1.76 亿美元，是东南亚地区第三大香蕉出口国。2019 年越南出口的香蕉总量只占总产量的 11.65%。2010—2019 年越南香蕉出口贸易情况如表 10-2 所示，2019 年出口量为 25.57 万吨，占全国香蕉生产总量的 11.65%，出口额为 1.76 亿美元。相较于 2010 年出口量 0.35 万吨，出口额 0.02 亿美元，越南香蕉出口量翻了几十倍，与此同时，出口额也翻了几十倍。虽然越南出口额和出口量在 2010—2019 年暴增，但因为其基数小，出口量和出口额绝对值增长较小。近年来，越南生产的香蕉主要还是供国内消费，而对外出口贸易也在逐步提高。

表10-2　2010—2019年越南香蕉出口贸易情况

年份	产量（万吨）	出口量（万吨）	出口额（亿美元）	出口量占比（%）
2010	161.82	0.35	0.02	0.22
2011	174.24	0.84	0.04	0.48
2012	179.19	—	0.05	—
2013	189.25	0.78	0.05	0.41
2014	185.76	2.22	0.11	1.20
2015	194.33	2.01	0.14	1.03
2016	194.19	9.15	0.44	4.71
2017	204.53	9.08	0.64	4.44
2018	208.72	12.80	1.04	6.13
2019	219.42	25.57	1.76	11.65

数据来源：产量数据来源于联合国粮食及农业组织，贸易数据来自国际贸易中心。

2010—2019 年越南香蕉出口量、出口额及其变化情况如图 10-4 和图 10-5 所示，越南香蕉出口量总体呈现上升趋势，且在 2014 年出现大幅上涨，与此同时香蕉出口额随之发生变化，原因是 2014 年以后对中国出口的香蕉出口剧增。此后越南对中国的香蕉出口量不断上升，增长速度逐渐降低，2017—2019 年越南对中国的香蕉出口份额逐步稳定到 88% ～ 90%。

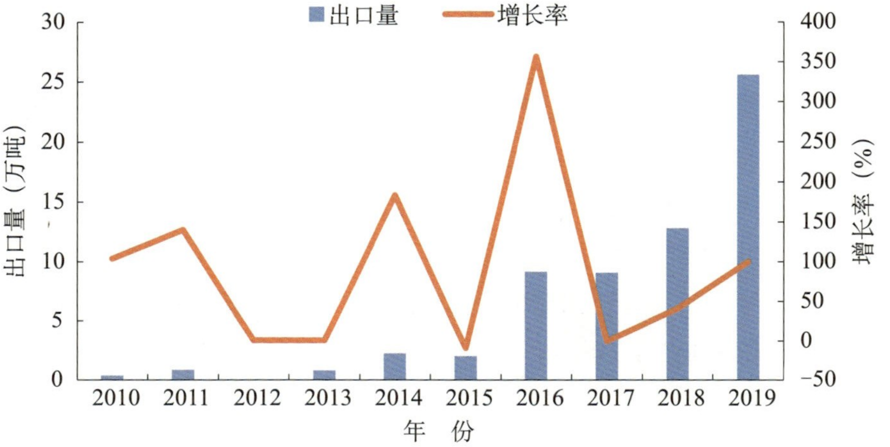

图 10-4 2010—2019 年越南香蕉出口量及其变化情况

（数据来源：国际贸易中心）

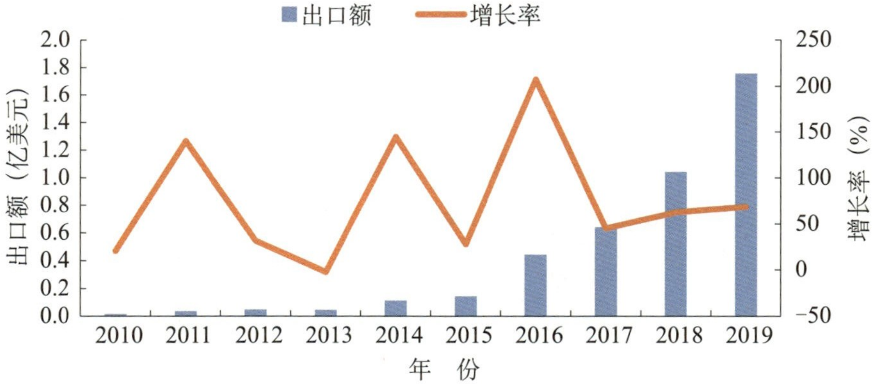

图 10-5 2010—2019 年越南香蕉出口额及其变化情况

（数据来源：国际贸易中心）

2019 年越南香蕉主要出口流向如表 10-3 所示，国际贸易委员会数据显示 2019 年越南香蕉主要出口国是中国，对中国出口的香蕉占越南香蕉出口总额的 88.64%。其次也向周边国家（如马来西亚）出口，此外，还出口到韩国、日本等东亚地区。

表10–3　2019年越南香蕉主要出口流向

排名	出口国或地区	出口量（万吨）	出口额（亿美元）	出口额占比（%）
1	中国（包括港澳台地区）	22.61	1.56	88.64
2	马来西亚	0.67	0.05	2.84
3	韩国	0.64	0.04	2.27
4	俄罗斯	0.60	0.04	2.27
5	日本	0.47	0.03	1.70
	其他	0.58	0.04	2.26
总计		25.57	1.76	100.00

数据来源：国际贸易中心。

六、科研情况

（一）种质资源采集

越南被认为是香蕉的原产地之一。越南的科研机构在采集了表征和评估之后，建立越南香蕉种质资源库，包括 72 个当地样本，其中有 63 个已种植，还有 9 个野生种。在 63 种栽培香蕉样品中，有 8 种不同的香蕉基因组型：AA（8 种），AAA（19 种），AAB（10 种），AB（8 种），ABB（11 种），ABBB（1 种），BBB（4 种），BB（2 种）。越南的香蕉种质资源保存和维护于富河水果研究中心和越南农业科学研究所。

（二）生物技术（组织培养）

近年来，组织培养在香蕉繁殖中的应用取得了巨大的成就。越南建立了香蕉组织培养繁殖的规程，步骤遵循：分生组织培养、枝条再生、体外繁殖、生根、加强苗圃的苗木和苗木的建立。香蕉微繁殖技术已转移到遍布全国不同省份的许多机构的实验室中，农民已经熟悉组织培养苗木的栽培技术。据估计越南每年生产 Chuoi Tieu 和 Chuoi Tay 这两个品种的苗木 4 万～ 5 万株。为了鉴定香蕉种质的遗传多样性还使用了 RAPD 技术，用于基因组分析。

（三）品种改良

使用放射性射线和化学物质进行的突变实验，在越南取得了明显的成功。20 ～ 30 戈瑞剂量的 CO^{60} 体外诱导 Chuoi Tay（ABB 基因组型）突变，使形态、植物高度、茎直径、颜色和叶片大小产生了新变化。

七、产业面临的主要问题

（一）农业集约化生产水平

自农业革新以来，越南由农业集体化大生产的模式转变为家庭承包的生产经营模式，该生产经营模式让农户拥有土地使用权，一方面，极大提高了农民的生产积极性，另一方面，由于家庭承包责任制是将土地分到每家每户进行经营，越南农业生产由集体生产的状态逐渐形成规模小而分散的状态。

（二）越南农业配套设施和技术

越南属于发展中国家，经济较为落后，工业欠发达，科学技术发展缓慢，科研人员较为匮乏，劳动生产率低下，造成越南农业发展缺乏国际竞争优势的局面。越南本国国内的农业机械技术还相对落后，农机产品种类单一且产量不足，质量有待提高，还需要依靠进口。

（三）农业高科技专业人才

据相关调查统计显示，越南目前进行农业机械化研究工作体系主要由农业部机电研究室等单位以及农林大学的机械系所构成，农林大学还负责培养农机高级专业人才，但总体来说，越南农业高科技专业人才不足。

（四）越南农产品出口面临绿色壁垒

绿色壁垒为国际市场的一种立法手段，用来维持其本国的国际贸易优势。

（五）经济风险

越南农产品出口有汇率风险、通货膨胀风险和较高的贸易壁垒的风险。

（六）基础设施

越南政府对基础设施建设投入的资金不足，对基础设施建设力度不足。越南的道路交通状况也一直较差，截至目前，越南境内还没有一条从南部到北部的高速公路，而且越南的路况较差，道路狭窄又拥堵。水利电力供不应求，常常遇到停水和停电的现象。越南的通信基础设施同样欠发达，企业要承担高昂的通信成本。

八、产业发展趋势

随着越南与全球各个国家和地区的深入交往，双边和多边贸易也不断深化。越南是东盟成员国，并加入了东盟自由贸易区，同时与中国、韩国、印度等国之间签订了自由贸易协议，其农业产业的国际交流合作范围逐年扩大。越南已经与多个国家和地区建立了贸易合作关系，其中已经有数个国家与越南签订了特别优惠贸易关系协定。越南在跨太平洋伙伴关系协定，以及越南与欧盟自贸协定谈判完成后，包括香蕉在内的农产品有机会扩大出口，不再依赖某个单一的农产品出口市场，确保越南农产品对外出口的稳定发展和持续性增长。越南在农产品对外交流中表现十分活跃，与全球多个国家都有贸易往来，主要集中在美国、中国、阿根廷、日本、韩国等国家，遍布欧美、亚洲及非洲市场。

第十一章
泰国香蕉产业发展情况

一、引　言

泰国是东南亚重要的香蕉主产国和出口国，但伴随着工业化和城市化的发展，香蕉种植面积一直在减少。由于泰国的土地政策不利于外国人在泰国承包土地种植香蕉，所以中国在泰国投资种植香蕉一般为代理模式，即投资人与香蕉种植园签署收购协议，代理种植和出货。近几年随着可种植土地面积减少，中国在泰国投资种植的香蕉园逐渐转移到了其他东南亚国家，如老挝和越南等。泰国是个传统的农业国，截至 2019 年，泰国 7 000 万人口中农业人口占比为 70%。随着近年来工业化和城市化的发展，农业人口数量虽然有所下降，但农业人口基数仍然庞大。泰国农业生产仍处于比较落后的阶段，出口香蕉一般为新鲜香蕉或一部分粗加工，农业劳动力减少会加剧劳动成本上升，对香蕉整体种植成本升高起到推手作用，加速中国人退出泰国香蕉种植市场。泰国香蕉出口绝大部分都流向了中国，同时泰国也是中国重要的香蕉进口国。

二、产区分布

泰国位于亚洲中南半岛中部，西北部与缅甸接壤，东部与老挝和柬埔寨为邻，西南狭长的半岛与马来西亚相连，东南临太平洋，西南濒印度洋。从地形上划分为 4 个自然区域：北部山区丛林、中部平原的广阔稻田、东北部高原的半干旱农田，以及南部半岛的热带岛屿和较长的海岸线。湄南河沿岸土地丰饶，是泰国主要农业产区。曼谷以南为暹罗湾红树林地域，涨潮时没入水中，退潮后成为红树林沼泽地。泰国大部分地区属于热带季风气候，全年分为热、雨、旱 3 季，年均气温 24 ～ 30℃。10—12 月偶有热带气旋从南中国海经过中南半岛吹袭泰国东部。

泰国农业生产信息系统的数据显示，2020 年泰国主要香蕉生产地区香蕉产量如表 11-1 所示，最大的香蕉产地在巴吞他尼府，其次是碧武里府和春蓬府。

表11-1　2020年泰国主要香蕉生产一级行政区产量

排名	地区（一级行政区，府）	产量（万吨）	排名	地区（一级行政区，府）	产量（万吨）
1	巴吞他尼	2.36	21	猜也奔	0.06
2	碧武里	2.32	22	安通	0.06
3	春蓬	1.84	23	那空是贪玛叻	0.05
4	廊开	1.40	24	乌隆他尼	0.05
5	素叻他尼	1.37	25	茶草骚	0.04
6	巴蜀基里汗	1.14	26	暖武里	0.04
7	沙功那空	1.00	27	呵叻	0.03
8	沙拉武里	0.69	28	曼谷	0.03
9	佛统	0.24	29	那空沙旺	0.03
10	碧差汶	0.20	30	那拉提瓦	0.03
11	尖竹汶	0.20	31	罗勇	0.02
12	大城府	0.19	32	干燥	0.02
13	北碧府	0.17	33	华富里	0.02
14	甲米	0.17	34	素可泰	0.02
15	那空拍侬	0.16	35	博他仑	0.01
16	清迈	0.11	36	北榄府	0.01
17	彭世洛	0.10	37	沙敦	0.01
18	叻丕府	0.09	38	孔敬	0.01
19	沙木沙空	0.07	39	玛哈沙拉堪	0.01
20	武里南	0.07	40	董里	0.01

续表

排名	地区（一级行政区，府）	产量（万吨）	排名	地区（一级行政区，府）	产量（万吨）
41	攀牙	0.01	45	亚拉	0.01
42	宋卡	0.01	46	普吉岛	0.01
43	甘烹碧	0.01	全国总计		14.54
44	帕尧	0.01			

数据来源：泰国农业生产信息系统。

三、主要种植品种

1967 年，Wattana、Sathien、Sawat 和 Pawin Punnasri 收集了在泰国发现的 125 个香蕉品种。1980—1983 年，园艺部的 Benjamas Silayoi 和 Chalongchai Prasert 对泰国的香蕉品种进行了调查，在北冲研究站收集到泰国 323 个香蕉品种。目前泰国香蕉基因组类型如下。

（一）AA 基因组型

在泰国发现有该类野生香蕉，它们小巧且香甜，可以鲜食，例如莱姆南香蕉、金鸡蛋香蕉、中国鸡蛋香蕉、Humma 香蕉、Champa 香蕉等。

（二）AAA 基因组型

AAA 基因组型香蕉比 AA 基因组型的香蕉外形更大，果实的形状长，柔软，甜而香，可以鲜食，包括卡文迪许香蕉、金香蕉、水獭香蕉、虫胶香蕉、绿蕉、米欧香蕉、马德望香蕉、加隆张香蕉。

（三）BB 基因组型

泰国境内找到的 BB 基因组型香蕉多为野生香蕉，但并非起源于泰国。这种香蕉果实可以食用，一般食用方式是烹饪加工后食用。BB 基因组型的香蕉并不受欢迎，因为这种香蕉种子很多。泰国的 BB 基因组型香蕉中没有可直接鲜食、口感良好的品种。

（四）BBB 基因组型

BBB 基因组型中的香蕉主要是塔尼香蕉（Musa Balbisiana），质地不柔软。BBB 基因组型的香蕉含有大量淀粉，用热煮的方式加工会使这种类型的香蕉味道更好，更加柔软而耐嚼。

（五）ABB 基因组型

ABB 基因组型香蕉是野生香蕉和塔尼香蕉之间的杂交种，具有很高的淀粉含量，不宜直接食用。烤制和炖煮有时会令香蕉产生酸味，但加工往往能使其味道更好。ABB 基因组型的香蕉有 Nang Phaya 香蕉、Nam Wa 香蕉等。根据香蕉果肉的颜色，Nam Wa 香蕉分为 3 个类型，分别是 Nam Wa Daeng、Nam Wa White 和 Nam Wa Yellow。

（六）AAB 基因组型

AAB 基因组型的香蕉成熟后的味道比 ABB 基因组型的香蕉好。该基因组型香蕉的品种有通德香蕉、斯里南香蕉、苦香蕉南圣香蕉等。有些 AAB 基因组型香蕉与 ABB 基因组型的香蕉相似，质地不柔软且成熟时有很多淀粉，不同亚型的野生香蕉具有不同的遗传学特征。该基因组型的香蕉被称为大蕉亚组，必须蒸煮或烤熟方可食用。

（七）ABBB 基因组型

这一基因组型的香蕉是杂交品种，香蕉除了 Thepparot 和 Tiparos 香蕉外，一般淀粉含量很高，并且果实外形非常大。

（八）AABB 基因组型

泰国目前种植的 AABB 基因组型香蕉是野生香蕉的杂交品种。该品种类型的香蕉果实成熟时，表皮为鲜黄色，其果肉中含有大量淀粉，但 AABB 基因组型的野生香蕉一般是观赏性香蕉。

四、生产情况

根据联合国粮食与农业组织数据显示（表 11-2），泰国香蕉收获面积和产量总体呈下降趋势。泰国香蕉收获面积从 2010 年 13.35 万公顷下降到 2019 年 6.08 万公顷，下降了 119%。2010—2014 年下降幅度最大，年增长率为 -20.08%。2014—2019 年收获面积逐年上升，从 2014 年的 3.68 万公顷上升到 2019 年 6.08 万公顷（图 11-1）。

表11-2 泰国香蕉生产水平

年份	产量（万吨）	收获面积（万公顷）	单产（吨/公顷）
2010	158.49	13.35	11.87
2011	137.83	8.67	15.89
2012	102.05	8.04	12.69
2013	103.14	4.01	25.74
2014	139.82	3.68	37.97
2015	103.25	3.81	27.13
2016	111.07	4.80	23.13
2017	111.43	5.53	20.17
2018	126.54	5.97	21.19
2019	129.76	6.08	21.33
2019 年世界情况	11 678.17	515.86	22.64

数据来源：联合国粮食及农业组织。

图 11-1　2010—2019 年泰国收获面积及其变化情况

（数据来源：联合国粮食及农业组织）

泰国香蕉产量总体随着收获面积变化，总体呈下降趋势。由 2010 年的 158.49 万吨下降到 2019 年的 129.76 万吨。跟泰国香蕉收获面积变化趋势大体一致，泰国香蕉产量在 2010—2013 年下降幅度较大，为 −8.55%。2014 年为次高峰值，产量为 139.82 万吨。2015 年产量下降至 103.25 万吨，2015 年以后产量逐年上升（图 11-2）。

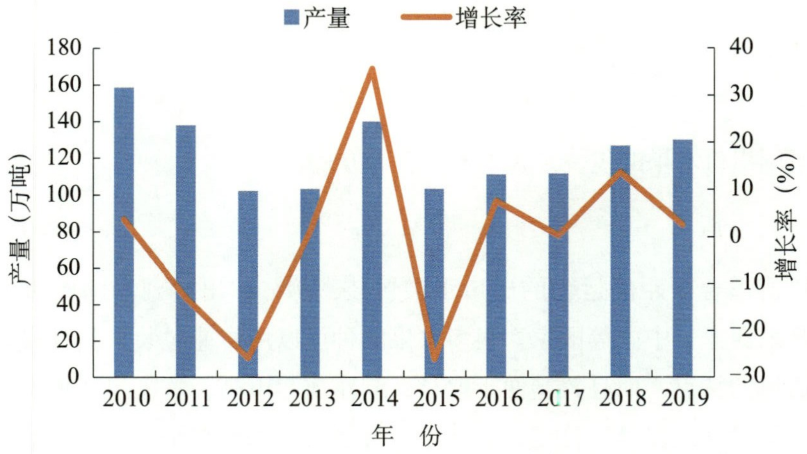

图 11-2　2010—2019 年泰国香蕉产量及其变化情况

数据来源：联合国粮食及农业组织

泰国香蕉单产总体呈波动趋势（图 11-3），2010 年为 11.87 吨 / 公顷，2019 年为 21.33 吨 / 公顷，同比上升 79.69%，呈现出高速增长的情况。增长幅度最大的一年为 2013 年，单产为 25.74 吨 / 公顷，增长率为 102.83%。

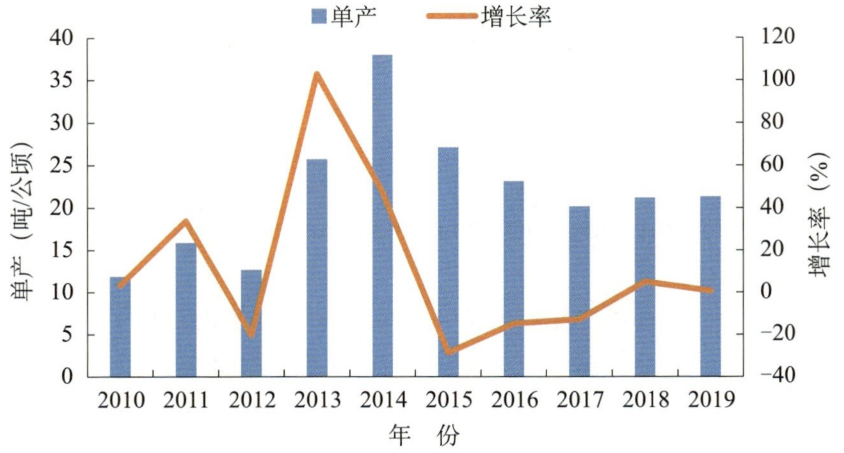

图 11-3 2010—2019 年泰国香蕉单产及其变化情况

（数据来源：联合国粮食及农业组织）

五、生产组织模式

（一）包 装

泰国出口水果的包装方式主要有以下方式。

1. 竹 篮

竹篮适合短距离运输的出口水果包装，例如，出口到泰国周边的新加坡、马来西亚、中国等国家。很多水果品种可以用竹篮包装，其具有防水和自然通风的特点，而且竹篮便于取材，制作成本不高，竹篮包装被水果包装市场广泛接受。但是，竹篮也有缺点，竹篮的结构不够坚固，且形状不适合大量统一装运，不能有效地利用空间，不利于水果保鲜，日本、加拿大、美国等国家对竹篮包装的接受度很低。

2. 塑料编织袋

塑料编织袋自然通风，价格便宜，可大量包装水果，适合包装香蕉。

3. 瓦楞纸盒

目前瓦楞纸盒是一种非常流行包装材料，被亚洲市场、欧洲市场和美国市场广泛接受，其重量轻，适合航空运输包装。此外，瓦楞纸盒子可以防止水果磕碰损伤，瓦楞纸盒有许多规格，可以在盒子表面打印文字，可以使用机器帮助包装，使用后可以被重新回收使用，有利于环境保护。瓦楞纸盒缺点是通风性差，需要刺穿盒子通风。

（二）销售渠道

泰国销售香蕉主要有 3 种渠道：一是农户就近卖给消费者；二是农户兼任经销商，将采摘的水果运到附近的市场自营出售；三是农户将香蕉出售给商人，如外府的临时商户、本地商人、加工厂和出口者等。外府的一些临时商户收购到成熟的香蕉后，转售给批发商与零售商，最后出售给消费者。同时，批发商可能会将香蕉直接出售给消费者。本地商人收购成熟的香蕉运输到泰国的首都曼谷，然后转售给批发商与零售商，再由批发商与零售商出售给消费者。此外，在曼谷市场还将水果供给出口者和加工厂。

出售香蕉的方式有以下几种：一是签约售卖。香蕉尚未成熟的时候，经销商和种植户签订购买合同，并预付部分合同金，香蕉采摘后完成交易。但是目前这种交易方式逐渐减少。二是现场现金交易。香蕉成熟之后，经销商会到种植现场采购，采购数额较大的经销商采用种植面积 RAIS 折算法进行交易，采购数量有限的经销商则以箱或者篮为单位进行交易，这两种交易方式大多采用现金支付结算。三是寄售。这是一种原始的销售方式，果农一般支付 5% ～ 10% 的寄售费，委托曼谷内政部的市场贸易商进行销售。代售香蕉中途出现问题，需要果农自行负责，曼谷贸易商会在售完香蕉之后，向果农结算支付。四是直接出售。香蕉成熟当季，果农自行运输水果到市场并出售给批发商和零售商，目前这种交易方式最流行。交易价格视当时市场供需情况等确定。

六、贸易情况

中国从 2014 年开始就一直是泰国农产品出口国家。2019 年泰国对中国的第三大类出口商品——植物产品出口 37 亿美元，占泰国对中国出口总额的 12.8%。香蕉在第三大类出口商品中占比不大，仅占全部农产品出口的 18% 左右。但中国一直是泰国香蕉第一进口国，从 2012 年 40.14% 的占比到 2019 年 60.24%。同时，泰国是中国农产品第十大出口市场和第九大进口来源地。

“一带一路”倡议的提出与实施，加快了中泰农产品自由贸易区的建设，自由贸易区内关税的降低以至于免税，加之于海关手续的简化不断推动着泰国出口香蕉的贸易成本降低。伴随着中泰边境物流设施的建设，不仅泰国新鲜果蔬到达中国的运输时间大大缩短，而且成本降低，加大了泰国向中国出口新鲜果蔬的趋势。2009 年泰国出口中国农产品中，水果仅占全部农产品的 2%，2019 年上升到 18%。未来上升幅度必然还会加大。

根据国际贸易中心的数据，2010—2019 年泰国香蕉出口量与出口额情况见表 11-3、图 11-4 和图 11-5 所示。2010—2019 年，泰国的香蕉出口量是波动起伏的，变化相对较小。2010 年泰国出口香蕉数量为 2.28 万吨，出口额为 0.08 亿美元，2019 年出口量为 2.39 万吨，相比于 2010 年，同比上升 4.82%，但出口额为 0.25 亿美元，同比上升 225%，其中出口中国为 0.17 亿美元。从 2016 年开始，泰国出口香蕉数量和出口额均呈上升趋势，中国仍是第一出口目标国。

表11-3　2010—2019年泰国香蕉出口量和出口额

年份	出口量（万吨）	出口额（亿美元）
2010	2.28	0.08
2011	2.52	0.42
2012	2.76	0.13
2013	2.37	0.13
2014	3.17	0.18
2015	3.39	0.17
2016	2.48	0.14
2017	2.92	0.19

续表

年份	出口量（万吨）	出口额（亿美元）
2018	3.88	0.27
2019	2.39	0.25

数据来源：国际贸易中心。

图 11-4 2010—2019 年泰国香蕉出口量情况

（数据来源：国际贸易中心）

图 11-5 2010—2019 年泰国香蕉出口额情况

（数据来源：国际贸易中心）

需要说明的是，2020年泰国香蕉出口量极大地减少，达到近10年内出口量最小值1.56万吨，主要是因为受到了2020年全球新冠肺炎疫情的冲击，导致香蕉的需求量减少。2018年时泰国香蕉出口量达到了3.88万吨，是2010—2019年泰国香蕉出口量最大值。2011年达到10年出口额峰值0.42亿美元，此后除了2018年（0.27亿美元）和2019年（0.25亿美元）出口额超过0.2亿美元外，其他年份的出口额一直在0.15亿美元波动。

如表11-4所示，2020年，泰国香蕉出口的前五位国家分别是中国、日本、美国、新加坡和马来西亚。其中，对中国的出口额占了泰国总出口额的61.90%。

表11-4 2016—2020年泰国香蕉主要出口流向

排名	出口国	出口额占比（%）				
		2016年	2017年	2018年	2019年	2020年
1	中国	45.50	52.20	69.40	67.60	61.90
2	日本	11.50	10.90	7.80	8.80	14.80
3	美国	24.90	21.90	12.80	15.00	14.30
4	新加坡	2.10	2.30	0.80	1.20	2.70
5	马来西亚	0.60	0.40	0.40	0.50	1.00
6	澳大利亚	3.30	0.80	0.20	0.70	0.90

数据来源：国际贸易中心。

近几年，极端气候变化对香蕉生产影响很大，导致香蕉水分摄入不足，香蕉产量不足且产品不符合标准而无法被收购出售，而洪灾给种植区造成巨大破坏也会使得香蕉减产和质量不符合要求。泰国以新鲜香蕉、干香蕉和各种加工香蕉制品的形式向世界各地出口香蕉。

（一）中国市场

2019年，中国从泰国进口了新鲜香蕉和香蕉干，进口额为1 631万美元，其中从泰国进口的香蕉占中国香蕉总进口量的1.5%，但2015年是泰国占有中国香蕉市场的份额最多的一年，中国对泰国香蕉进口量占中国香蕉总进口量的 4.7%。2015—2019 年，中国对泰国香蕉的进口份额持续下降。中国市场消费者喜爱新鲜水果，有在重要的节日购买水果作为礼物的传统，使泰国鲜果在中国市场有很大发展机会。目前中国进口泰国最多的水果品种是榴梿和龙眼，香蕉的进口量在逐年减小。

（二）马来西亚市场

泰国出口的香蕉已经在马来西亚占有一定的市场份额，同时泰国出口的荔枝、菠萝、哈密瓜和罗望子等在马来西亚的市场份额不断扩大。但是，为了替代进口，马来西亚政府制定了促进本国人民食用国内产品的政策，对泰国香蕉等水果出口到马来西亚造成一定的影响。

（三）新加坡市场

泰国水果在新加坡市场呈现不断扩张的趋势，未来可以不断提升在新加坡的市场份额，因为泰国的香蕉、榴梿、荔枝等水果每年进入新加坡市场比其他国家早，所以更有优势。

（四）其他亚洲市场

泰国水果未来在日本、文莱、巴林等这些国家有扩大市场份额的趋势，但是泰国需要保障产品生产质量、扩大水果产量、完善包装方式以不断满足市场需求。沙特阿拉伯对泰国水果的需求主要来自亚洲在沙特阿拉伯的劳动力，沙特阿拉伯人民食用泰国水果还不太流行。

（五）欧洲市场

目前欧洲市场食用泰国水果的大部分都是生活在欧洲的亚洲消费者，如果能改善产品质量，减少运输成本，改善水果包装方式，加大在欧洲市场的公关宣传力度，让欧洲消费者更多了解泰国水果，泰国水果在法国、英国等欧洲市场具有扩大市场份额的潜力。

七、主要病虫害

（一）主要病害

1. 香蕉枯萎病

枯萎镰刀菌引起香蕉枯萎病，破坏了香蕉的根茎并使得香蕉的传输管堵塞，造成香蕉的叶片脱水、萎缩、变黄、褶皱，植株停止生长甚至死亡。这种病可以通过土壤传播，一旦有香蕉植株染病，该地区的香蕉种植将遭到严重破坏。

2. 香蕉叶斑病

香蕉叶斑病有很多类型，每种类型都是由不同类型的真菌引起的。常见的香蕉叶斑病症状是叶子上有棕褐色椭圆形斑点，植株中部变干，呈浅棕色和灰棕色。另一种类型病害是由真菌灰斑病菌引起的香蕉褐缘灰斑病，这种病的特征是现香蕉叶上出现小的黄色斑点并逐渐扩大，中间是干燥的灰褐色。如果发现有叶斑病迹象，应该切掉并焚烧染病的香蕉叶，并使用多菌灵（每 16 克多菌灵兑水 20 升）喷洒剩余的叶子。

（二）主要虫害

1. 象鼻虫（Stock Weevil）

象鼻虫会破坏香蕉的根和茎。这导致香蕉植物停止生长，叶片枯萎并最终死亡。应清理香蕉植株的底部区域使其保持干净，减少杂草，防止象鼻虫入侵。

2. 卷叶蛾（Leaf Roller）

卷叶蛾会将卵产在植株尚未展开的叶子上，之后，卵孵化成幼虫，在仍卷曲的幼叶中生长。幼虫以幼叶为食，导致香蕉叶变得多孔或撕裂并迅速卷曲。处理这种害虫方法是将长虫受损的叶子切掉并焚烧。

八、产业影响因素

（1）气候变化和自然灾害更加频繁和极端，影响了农业和粮食生产以及水安全。气候变化导致干旱、洪水等严重的自然灾害，全球农业产量下降，影响了粮食安全。对泰国而言，气候变化直接影响该国主要收入来源之一——食品和农产品出口。此外，农业是贫困农民的主要收入基础。因此，气候变化对香蕉产业的影响也是巨大的，泰国处于台风过境地区，雨季时在水利工程不够完善的地区常会发生洪涝灾害，因此，必须把气候变化和自然因素放第一位，做好保障香蕉产业可持续发展的措施。

（2）不可持续的生产和消费仍然是环境问题核心。资源利用带来的废物产生和污染排放已经超出了生态系统的承载能力。过去，农业生产以出口为导向，因此侧重于单一作物生产方式。许多林区被侵占并变成了农田，特别是在流域的上游。此外，化学农药和化肥的滥用还污染了环境。以商业为导向的农业，尤其是作物单一栽培，导致了森林面积的侵占和对生态系统的影响。香蕉也是使用农药化肥量比较大的作物，生产规模一般比较大。近年来，泰国在农业与生态保持平衡、减少农药化肥用量上制定了一系列政策，并把有机农业作为重要发展战略。泰国要求农业部门根据有机农业标准改进生产流程，发展有机农业价值链，扩大有机农田，在农民群体和当地社区之间建立参与性保障体系，支持研究和创新发展，以应对国内食品安全需求和出口市场，在当地社区发起有机农业基金和绿色市场，并鼓励农民和农民协会利用电子商务开拓国内和国际市场。

（3）泰国通过努力提高农业部门的物流和供应链的整体效率，改善农业部门的物流管理，为农民、农业机构和企业开发从农场到餐桌的价值链，并升级农业物流基础设施（如分拣、加工、包装和配送设施），以供当地社区共享使用。

（4）随着世界正在经历全球老龄化社会，泰国将面临长期的劳动力短缺，这将导致对成为国家发展关键的高技术工人的竞争加剧。

九、产业政策

根据泰国 2011—2020 年的农业研究中的经济学和战略计划，栽培香蕉也是主要的农业发展计划。因为香蕉不仅可以食用，而且香蕉树全株都可以被利用，具有很高的价值。如香蕉叶、香蕉花都有很多用途。现在泰国香蕉品种很多，如手指香蕉、卡文迪许香蕉等，有些季节收获的香蕉供应时间很短，因此要错开时间种植。虽然香蕉的收入占泰国全国农业收入的相当一部分，但泰国供应链中缺乏系统性管理，需要进行供应链优化以获得高质量的生产力。

为了促进泰国水果的生产并拓宽市场，泰国政府制定了一系列的惠农政策，不断优化水果产区，积极组织果农学习生产知识，降低种植成本，以期提高泰国水果的质量和产量，满足国际市场的需求。在南部地区的发展战略目标包括：加强农业部门的能力，以发展价值链为重点，同时可持续地为区域收入作出贡献，开发和推广南部地区的特色水果，如椰子、卡文迪许香蕉、山竹和榴梿，支持改进采收和鲜果贮藏技术以达到国际出口标准。

针对水果出口发展政策，泰国政府从生产到出口的每个步骤有专门部门来负责，具体如下。一是农业与合作社部常务次长办公室负责生产，工作内容包括提高生产量、发展水果品种、减少生产成本、加强生产质量并提高企业的科技开发能力。制订企业技术研发、产品开发、水果和蔬菜的病虫害防治等相关计划，促进出口果蔬的生产。 二是商务部负责市场拓展，工作具体内容包括采取措施扩大水果销售、减少贸易壁垒，研究和发展出口蔬菜和水果的包装方式，拓展新市场。三是交通部常务次长办公室负责解决运输水果问题，特别是航空运输方式，解决运输成本高和运输空间不足问题。

第十二章
老挝香蕉产业发展情况

一、引 言

老挝是个典型的农业国家，在21世纪初，农业创造了近一半的国内生产总值，吸纳了约3/4的人口从事农业活动。老挝农业是外商投资的热门国家之一，自20世纪后期以来一直依赖外国援助和投资。中国香蕉企业自2009年以来就逐渐开始在境外投资种植。自2010年中国—东盟自由贸易区建立以来，老挝出台政策支持中国香蕉企业到本国投资种植香蕉。在“一带一路”倡议的优惠政策与环境支持下，一大批来自云南、广西等地的香蕉企业及种植大户前往老挝种植香蕉，由此推动了老挝香蕉种植逐步规模化、产业化经营。

二、产区分布

老挝是一个位于中南半岛北部的内陆国，东部与越南接壤，东南与柬埔寨接壤，西部和西南毗连泰国，西北接缅甸，北面与中国相邻。老挝北部地区与中国云南的滇西高原接壤，东部与越南边境形成的山脉构成高原，西部是湄公河谷、盆地和小块平原，形成了老挝东北高而西南低的地势。

老挝全国自北往南分为上寮、中寮、下寮3个部分，行政上划分为17个省、1个直辖市。上寮包括丰沙里、琅南塔、桑怒、川圹、琅勃拉邦、乌多姆塞、波乔及沙耶武里8省，上寮为多民族聚居的山区，多森林、多草场、多地下矿产，但上寮的基础设施较差，缺乏连接全区的公路网，各地经济呈现自给的状态，出口的柚木、紫胶和安息香在全国的经济发展中居重要地位。中寮包括万象、波里坎塞、甘蒙3省以及万象市，位于老挝中部。下寮为沙湾拿吉、沙拉湾、色贡、阿速坡和占巴塞5省，下寮是占巴塞古国发祥地，也是土地肥美的鱼米之乡，适宜重点发展热带经济作物。

老挝属于典型的热带和亚热带季风气候，一年分为雨季和旱季两季，雨季从每年的5月开始至10月结束，旱季是每年的11月至翌年4月。在雨季，西南季风带来的降水量为1 300～2 300毫米，旱季以东北季风为主。老挝全境雨量充沛，年降水量最少年份为1 250毫米，最大年份降水量达3 750毫米，一般年份降水量约为2 000毫米。不同的地区降水量不同，通常是北部省份比南部降水量要小。老挝境内的年平均温度在20～30℃，南部平原的温度变化幅度最小，温度介于23～32℃，完全符合香蕉的最适生长温度；北部山区的温度变化幅度最大，3—9月处于香蕉的最适生长温度范围，2月和10—12月温度在19～23℃。

整体来说，老挝地质多样变化，有森林覆盖的山脉、高地高原和低地平原，适宜多种农作物生长与发展。其中，由于温度较为稳定，光热资源充足和雨水丰富，十分适合香蕉等热带农作物的生长。得益于优质的区位优势，老挝每个省份都有适合香蕉种植的区域。因其地处热带，光热资源丰富、降水充沛、自然灾害少、适宜全年产出香蕉、劳动力资源丰富等原因，深受香蕉种植企业的青睐。

据联合国粮食及农业组织数据显示，虽然香蕉在老挝所有地区均有生产，但大部分香蕉产于老挝的中部地区（52%）和南部地区（31%），最小的产区位于老挝北部地区（17%），老挝大型的香蕉种植园大部分由中国或越南企业投资，主要集中分布于会晒、南敦、金三角、琅勃拉邦、乌多姆塞、万象、万隆等地，如表12-1所示。

表12-1　老挝香蕉产区分布情况

<table>
<tr><th>地区</th><th>省（市）</th><th>香蕉产区占比</th><th>地区</th><th>省（市）</th><th>香蕉产区占比</th></tr>
<tr><td rowspan="8">上寮</td><td>丰沙里</td><td rowspan="8">17%</td><td rowspan="3">中寮</td><td>万象</td><td rowspan="3">52%</td></tr>
<tr><td>琅南塔</td><td>波里坎塞</td></tr>
<tr><td>桑怒</td><td>甘蒙</td></tr>
<tr><td>川圹</td><td rowspan="5">下寮</td><td>沙湾拿吉</td><td rowspan="5">31%</td></tr>
<tr><td>琅勃拉邦</td><td>沙拉湾</td></tr>
<tr><td>乌多姆塞</td><td>塞公</td></tr>
<tr><td>波乔</td><td>阿速坡</td></tr>
<tr><td>沙耶武里</td><td>占巴塞</td></tr>
</table>

琅南塔是老挝最大的香蕉生产地区之一。琅南塔香蕉的种植面积、产量和单产如表 12-2 所示，2017 年种植面积为 0.28 万公顷，产量为 5.72 万吨，单产为 20.43 吨 / 公顷。来自中国的快速投资推动了老挝香蕉种植园的扩张，且大多数香蕉出口到中国。投资结构遵循“1+4”承包农业模式，当地农民提供土地，其他重要组成部分则由中国投资者提供。基本上，农民将土地出租给投资者，投资者在琅南塔种植香蕉为 6 年一轮。香蕉在种植后第二年产量最高，然后在接下来的几年中产量缓慢下降。2012—2017 年，琅南塔香蕉平均单产为 30.55 吨 / 公顷。香蕉的价格从 0.12 美元 / 千克到 0.92 美元 / 千克不等。

表12-2　2012—2017年琅南塔香蕉的种植面积、产量和单产

年份	种植面积（万公顷）	产量（万吨）	单产（吨/公顷）
2012	0.17	4.48	26.35
2013	0.17	5.89	34.65
2014	0.11	3.65	31.18
2015	0.57	16.35	28.68
2016	0.25	11.26	45.04
2017	0.28	5.72	20.43

2016 年以后，琅南塔香蕉种植面积有所下降，有两方面的原因，其一是因为老挝政府由于担心大量使用化学农药会对环境和农民健康造成长期负面影响，决定严格控制香蕉种植。老挝政府通过禁止为新香蕉种植园提供土地并责令关闭违反规定的香蕉种植园，使得投资者和香蕉种植园的数量减少了。其二是老挝香蕉投资环境变化，加之枯萎病侵袭等多种因素使得中国投资者在老挝生产香蕉的成本优势日渐丧失。但是，对于老挝来说，香蕉仍然在出口市场中占据重要地位。

三、生产情况

2009 年以来，随着中国香蕉种植企业及个人的进驻，老挝香蕉产业不断发展，香蕉收获面积不断扩大，单产也在逐渐提高，总的产量有大幅增加（表 12-3）。

表12-3　2010—2019年老挝香蕉生产情况

年份	产量（万吨）	收获面积（万公顷）	单产（吨/公顷）
2010	17.86	1.26	14.20
2011	23.00	1.61	14.27
2012	36.51	1.77	20.59
2013	42.04	1.91	21.99
2014	50.86	2.29	22.19
2015	78.70	2.77	28.40
2016	79.62	2.86	27.84
2017	94.68	2.26	41.89
2018	97.10	2.31	42.00
2019	105.65	2.45	43.12
2019 年世界情况	11 678.17	515.86	22.64

数据来源：联合国粮食及农业组织。

根据联合国粮食及农业组织统计数据，如图 12-1 所示，2010 年老挝香蕉收获面积 1.26 万公顷，2019 年增长到 2.45 万公顷，增长了近 1 倍。从老挝香蕉的发展历程来看，2010—2016 年，老挝香蕉收获面积逐步上升，从 2010 年的 1.26 万公顷增长到 2016 年的 2.86 万公顷，平均每年以 14.96% 的增速扩张。受枯萎病影响，以及老挝政府担心大量化学药品会对环境和农民健康造成长期负面影响，从而禁止为新的种植园授予土地并关闭违反法规的公司。在此之后，投资者和香蕉种植园的数量有所减少，2017 年老挝香蕉收获面积曾出现大幅缩减，从 2016 年的 2.86 万公顷减少到 2017 年的 2.26 万公顷，缩减了约 20%。对老挝人民来说，尽管政府禁止建立更多种植园，但香蕉仍是所有种植户手中收入最高的农产品，并且香蕉在出口市场中占据重要地位。2017—2019 年，香蕉收获面积又从 2.26 万公顷增长到 2.45 万公顷，扩大了 8.4%。

图 12-1　2010—2019 年老挝香蕉收获面积及其变化情况

（数据来源：联合国粮食及农业组织）

在香蕉单产方面，老挝香蕉单产由 2010 年的 14.20 吨 / 公顷增长到 2019 年的 43.12 吨 / 公顷（图 12-2）。2017 年香蕉单产出现大幅提高，由 2016 年 27.84 吨 / 公顷提高到 2017 年的每公顷产出 41.89 吨。

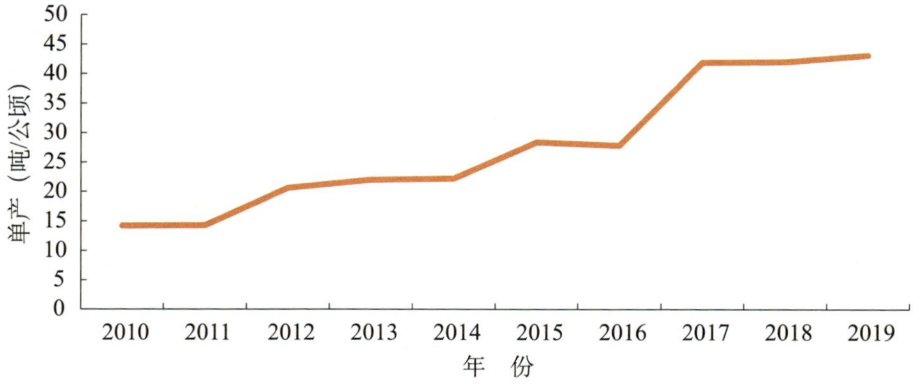

图 12-2 2010—2019 年老挝香蕉单产变化情况

（数据来源：联合国粮食及农业组织）

从老挝香蕉的产量来看，2010 年老挝香蕉产量 17.86 万吨，2019 年增长到 105.65 万吨，产量逐年提高并飞速增长，每年都保持了正增长率，香蕉产业整体格局整体有所提升（图 12-3）。其中，增速最快的一年是 2012 年，香蕉产量同比提高了 58.74%。另一个增速高峰是 2015 年，老挝香蕉产量同比增加了 54.74%，产量达到 78.70 万吨。虽然 2017 年老挝香蕉收获面积出现下滑，但是香蕉单产有了大幅提高，保证了香蕉产量不下滑。

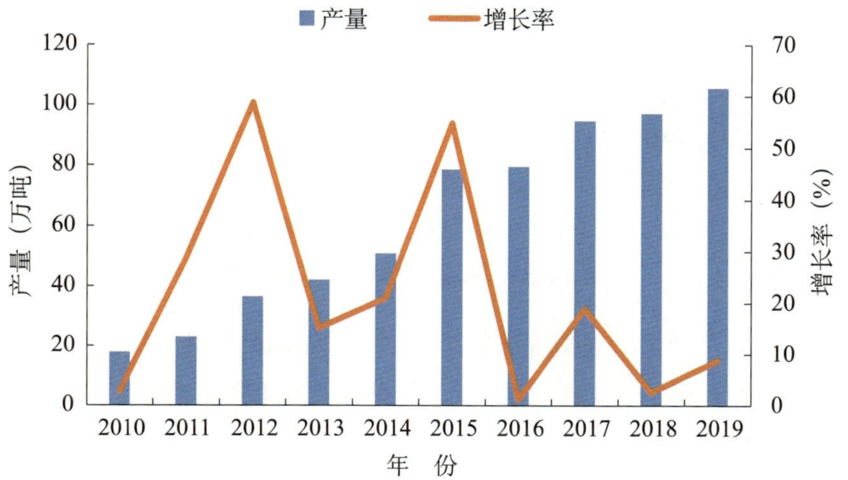

图 12-3 2010—2019 年老挝香蕉产量及其变化情况

（数据来源：联合国粮食及农业组织）

综上所述可以看出，老挝的香蕉产业化经营有着巨大的发展潜力，并且有着良好的发展趋势。中国香蕉种植企业将大量先进的农业科学技术和生产管理理念应用于产业化经营当中，使得老挝传统的农业生产方式、种植管理经验逐渐得到改善，并对老挝香蕉产业的整体格局也产生了巨大的影响。

四、生产成本与生产组织模式

（一）生产成本

老挝境内地处热带，毗邻中国，是最适宜种植香蕉的区域之一。成本低廉、土地洁净、政策友好，自 2010 年中国—东盟自由贸易区建立以来，越来越多的中国香蕉企业开始前往老挝投资香蕉种植。通过 10 余年的发展，老挝今天的投资环境和种植模式与早年不同。老挝种植香蕉成本比中国低廉，其中投资的优势主要体现在土地租金和劳动力工资上，中国土地资源和劳动力日益紧张，地租和劳动力价格都偏高；老挝香蕉种植园的病虫害发病率较低，药剂投入量和肥料施用量明显低于中国，单位产量农资投入也相对低于中国。得益于自然条件优势，在老挝种植香蕉，收获后出口到中国，能够填补中国每年 1—5 月的市场空缺，迎合国内消费高峰。

（二）生产组织模式

老挝政府吸引中国人在其北部边界建立香蕉种植园时，看到了其为老挝的农村经济带来了发展机会。老挝政府同时也努力吸引了泰国和越南资本。在 2011—2017 年，老挝香蕉产业迅速发展，香蕉种植面积覆盖了超过 1.10 万公顷，为许多农村家庭提供了季节性工作。

老挝《2015—2020 年农业发展战略》将香蕉界定为老挝生产的主要出口商品之一。2010—2019 年中，出现了不同生产销售模式：家庭种植户、私营农业组织和受特许协议约束的国家私营伙伴关系。根据老挝工业和贸易部的一份报告，由于对这一行业的重大投资，香蕉的生产目前正在扩大。使用 TGE 众筹作为吸引资金的机制对该地区来说是独特和创新的，它还没有在老挝广泛推广开。

五、贸易情况

截至2019年，老挝香蕉收获面积大约在2.45万公顷左右。尽管老挝政府禁止在全国扩大种植面积，但香蕉仍然是老挝出口的大宗农产品之一，2019年，国际贸易中心数据显示，老挝香蕉出口量在全球香蕉总出口贸易中排名第八。

2010年以来，随着越来越多的投资者的到来，老挝的香蕉贸易规模在逐渐扩大。2010—2019年老挝香蕉出口情况如表12-4、图12-4和图12-5所示，出口量从2010年的0.69万吨上涨至2019年的64.27万吨，年均以9倍速度快速增长。出口额从2010年的0.03亿美元增长到1.94亿美元，年均以6倍的速度快速增加。

表12-4　2010—2019年老挝香蕉出口情况

年份	产量（万吨）	出口量（万吨）	出口额（亿美元）	出口量占比（%）
2010	17.86	0.69	0.03	3.86
2011	23.00	0.83	0.04	3.61
2012	36.51	0.71	0.04	1.94
2013	42.04	10.37	0.62	24.67
2014	50.86	5.03	0.35	9.89
2015	78.70	7.52	0.55	9.56
2016	79.62	27.56	1.98	34.61
2017	94.68	21.30	1.68	22.50
2018	97.10	12.97	1.12	13.36
2019	105.65	64.27	1.94	60.83

数据来源：国际贸易中心。

老挝香蕉出口量从2010年的0.69万吨上涨至2019年的64.27万吨，其中，2013年受海关政策影响呈现爆发式增长，增长至10.37万吨，2014年香蕉出口贸易出现些许萎缩，出口量为5.03万吨，此后香蕉出口贸易出现回升，并于2016年达到较高水平，为27.56万吨，2017年受到枯萎病和政府禁止扩大香蕉种植园的政策影响，香蕉种植面积出现萎缩，随之而来，引起2017年香蕉出口量的下降，下降至21.3万吨，2018年香蕉出口量更是下降至12.97万吨，2019年老挝各种植园在合同农业制度下运行，采收有了保障，香蕉出口额也随之增长，2019年香蕉出口量从2018年的12.97万吨快速增加到64.27万吨。

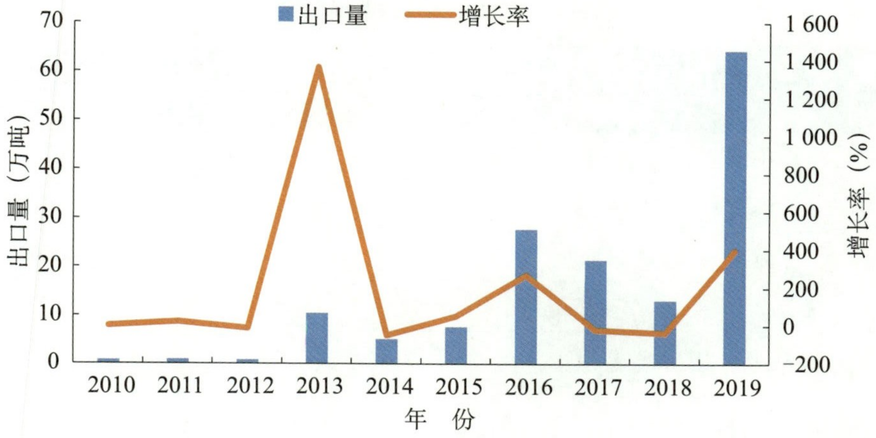

图 12-4　2010—2019 年老挝香蕉出口量及其变化情况

（数据来源：国际贸易中心）

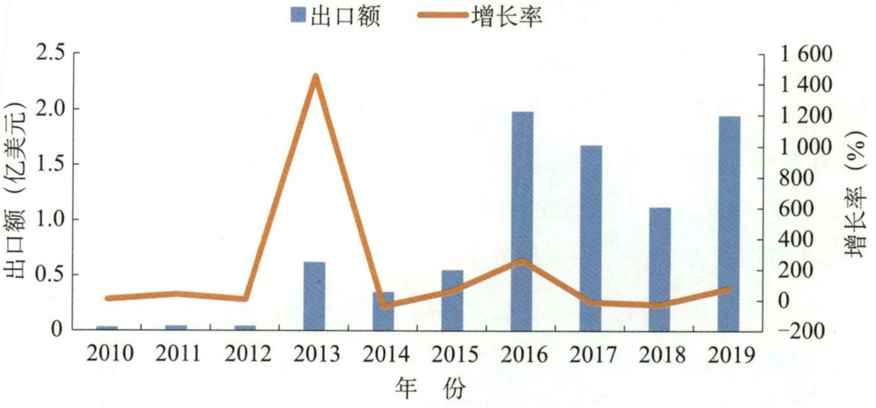

图 12-5　2010—2019 年老挝香蕉出口额及其变化情况

（数据来源：国际贸易中心）

2019年老挝香蕉出口流向如表12-5所示，老挝出口的香蕉有92.45%都是销往中国，5.45%销往泰国，剩下2.10%销往越南。根据国际贸易中心数据显示，老挝对中国出口的香蕉迅速增加，以前针对泰国的大部分出口份额现在销往中国。香蕉对中国的出口快速增长，这一情况与老挝和中国于2012年签署一项协议有关，该协议涵盖香蕉出口到中国的事宜，并规范了该产品出口的海关程序、质量控制和安全问题，为老挝香蕉出口中国建立了长久有效监管机制。

表12-5 2019年老挝香蕉出口流向

排名	出口国	出口量（万吨）	出口额（亿美元）	出口量占比（%）	出口额占比（%）
1	中国	59.42	1.82	92.45	93.70
2	泰国	3.50	0.07	5.45	3.61
3	越南	1.35	0.05	2.10	2.69
总计		64.27	1.94	100.00	100.00

数据来源：国际贸易中心。

老挝的目标市场集中在中国和泰国，主要竞争对手是柬埔寨、越南和缅甸，这是由这些国家的气候条件所决定的，这几个老挝周边国家同时也是香蕉的生产国，并且地理环境、气候等都与老挝相似。老挝的香蕉种植面积增长飞速，很大原因得益于老挝政府出台的各项政策，吸引境外投资者来老挝投资种蕉。高峰时期，老挝香蕉种植面积曾发展至2.86万公顷。近年来，受枯萎病和政府政策影响，不少传统种植区域正日渐退化。

2010—2019年，老挝香蕉出口中国的比例从不到1%增长到超过90%（表12-6），可见，中国的投资和香蕉进口对老挝香蕉出口贸易的影响巨大，中国在老挝投资种植香蕉为老挝外汇创收作出了巨大贡献。

表12-6 2010—2019年老挝香蕉出口流向

年份	出口量（吨）				
	总量	中国	泰国	越南	其他
2010	6 874	56	6 618	39	161
2011	8 258	5	8 238	15	0

续表

年份	出口量（吨）				
	总量	中国	泰国	越南	其他
2012	7 094	4 221	2 864	9	0
2013	103 693	96 287	7 405	0	1
2014	50 344	43 402	6 938	4	0
2015	75 196	70 293	4 903	0	0
2016	275 608	251 669	23 939	0	0
2017	212 987	202 989	6 876	3 116	6
2018	129 666	119 952	1 139	8 575	0
2019	642 663	594 159	34 991	13 513	0

数据来源：国际贸易中心。

香蕉出口量增长幅度最大的年份出现在2013年，这一年中国和老挝签署了《关于老挝香蕉输华植物检验检疫要求议定书》等3份输华植物检验检疫协议，老挝香蕉出口出现爆发式增长。之后几年由于受到病虫害影响，老挝香蕉出口出现下滑，但是在老挝各种植园在合同农业制度下运行，2019年老挝香蕉出口总量增长至64.27万吨。

六、产业影响因素

（一）自然环境优势

老挝土地资源充沛，属热带、亚热带季风气候，具有适宜香蕉生长的光热和降雨等自然条件，气候稳定且生态系统良好，尤其是环境污染较少。此外，老挝西南部的湄公河古及其支流的冲积平原土地平整，易于耕作。老挝与中国云南接壤，便于中国劳动力和农业技术的引入。由于老挝的自然地理条件，使得在老挝种植香蕉，收获后出口到中国，恰好能够填补中国每年1—5月的市场空缺，迎合国内消费高峰。

（二）成本比较优势

老挝的土地租金和劳动力工资普遍比国内低廉，加之我国国内土地资源和劳动力资源日渐紧缺，在老挝种植香蕉成本总体比中国更低廉。此外，因为生态资源良好，病虫害发生率较低，农药化肥施用量明显低于中国，不仅节省了成本，且进口水果在中国售价比国产产品价格翻倍，利润更高。

（三）与中国社会文化环境相通

老挝与中国均是多民族共同发展的国家，此外，老挝深受佛教文化的感染，在道德观念、风俗礼仪和文化等方面都深受中国的影响。在相似的社会文化环境下，中国人在老挝投资沟通更加畅通，尤其是我国劳动人民和老挝人民来往频繁，奠定了一定的交流基础，使得投资交流更加便捷。

（四）气候条件分布不均

虽然得益于得天独厚的地理区位，老挝的热带和亚热带季风气候适宜香蕉生长，但是由于老挝地形复杂，东南方向与越南形成的长山山脉，使得地区气候条件差异较大，易出现风灾、冰雹、冷害等极端气象灾害，加之老挝有明显的旱季和雨季，造成旱涝交替的现象，不利于香蕉生长，且不利于香蕉枯萎病的防治。

（五）基础设施薄弱

老挝曾遭受殖民主义的长期剥削，基础设施与经济发展落后，且作为传统的农业国，农业的耕作技术落后，水利电力设施极不完善，且农村路况普遍较差，农村和城市之间没有通畅的交通道路，影响物流的效率。中国人在老挝投资种植香蕉，需要中国人先修建农业基础设施，提高了在老挝投资种植香蕉的门槛。

（六）劳动力素质偏低

一个国家的教育发展都是基于其历史和经济的发展，而老挝曾遭受殖民主义剥削，严重影响了其教育的正常发展。劳动力素质普遍偏低是中国企业在老挝投资种植香蕉的重要障碍。老挝的劳动力文化水平相较于中国的劳动力文化水平而言差距较大，而随着老挝香蕉投资种植热潮，很多种植园主还需从中国雇请工人前往老挝，提高了投入成本。

（七）政策管理制度并不完善

尽管老挝政府出台了相关法规为香蕉种植企业提供了便利，但是老挝管理体制存在监管不到位现象，从而不可避免地出现了一定程度的不良竞争现象。农业生产资料入关难、香蕉出口滞留等事件一直牵动着众多在老挝种蕉的中国人的利益。

七、产业发展趋势

（一）出口贸易

2013 年老挝和中国签署了《关于老挝香蕉输华植物检验检疫要求议定书》等 3 份输华植物检验检疫协议，香蕉出口量大幅增长。但未来由于柬埔寨香蕉产业发展分流了部分市场份额，老挝香蕉出口增速将会大大减缓。

（二）香蕉种植企业的投资

2013 年老挝香蕉种植面积扩大这一现象的主要原因除了当地种植户生产管理经验丰富以外，更重要的是我国优秀的香蕉种植企业入驻老挝，带去了大量先进的农业科学技术和生产管理理念，对老挝香蕉产业的整体格局也产生了巨大的影响。老挝香蕉产业开始由扩大土地资源消耗带动经济产能向增加科技生产力达到经济产能提升的实质性转变。

（三）政府政策影响

在政府实施了禁止为新的种植园授予土地和关闭违反法规公司的规定之后，2015 年以来香蕉投资者和香蕉种植园的数量逐渐缩减。然而香蕉仍然是老挝最大的农业出口收入来源，香蕉产业带动就业并为当地居民创造收入。

第十三章
柬埔寨香蕉产业发展情况

一、引 言

柬埔寨香蕉产业近年来发展速度较快，早期主要出口市场为韩国，伴随着中国与柬埔寨双边关系的发展，越来越多中国企业在柬埔寨种植香蕉。自2019年起，柬埔寨可直接向中国出口香蕉，同时中国的优质种苗和先进种植技术也转移过去，为香蕉产业的发展注入新动能。

二、产区分布

柬埔寨位于东经102°～108°，北纬10°～15°，柬埔寨大多地区位于热带，气候属热带季风气候，明显分为旱季和雨季，4月中旬至10月为雨季。因水利设施严重缺乏或陈旧老化，大多数柬埔寨地区处于工程性缺水，特别是旱季，不少地方用水异常紧张，不但无法保存水源，而且未能有效分配和供应卫生用水、农业用水。农业是柬埔寨的支柱产业之一，农业生产总值占其国内生产总值的20%～30%，是第二产业和第三产业赖以发展的基础。2019年，柬埔寨农业、工业和服务业占GDP的比重分别为：农业占20.80%，工业占33.80%，服务业占39.10%（表13-1）。2019年，柬埔寨农业经济继续保持低速增长态势，但农产品出口增幅却较大，其中腰果、木薯、胡椒及香蕉贡献较大。尤其是香蕉，相较于 2018 年，增加了 1 500%。

表13-1　2015—2019年柬埔寨农业、工业和服务业占GDP比重

年份	占GDP比重（%）		
	农业	工业	服务业
2015	26.60	27.70	39.80
2016	24.70	29.50	39.90
2017	23.40	30.60	39.70
2018	22.00	32.30	39.50
2019	20.80	33.80	39.10

数据来源：柬埔寨统计局。

独特的地形与气候使得柬埔寨在种植香蕉上拥有独特的优势，全国适宜种植香蕉的地区较多。香蕉种植产区主要集中在磅湛、桔井、上丁、蒙多基里、腊塔纳基里、特蒙特、贡布和磅清扬等中东部地区。柬埔寨统计局的数据显示（表 13-2），2019 年柬埔寨香蕉产区主要集中在平原区和洞里萨湖地区，分别占了全国香蕉总产量的 38.64% 与 38.06%。2019 年平原地区共产出香蕉 5.90 万吨，其中磅湛省与干丹省为该地区主要产蕉省份，香蕉产量分别为 3.01 万吨与 1.12 万吨，占该地区香蕉产量的 51.07% 与 18.95%。洞里萨湖地区 2019 年共产出 5.81 万吨香蕉，主产省份分别是 1.60 万吨的菩萨省与 1.11 万吨的马德望省，分别占该地区的 27.57% 与 19.05%。

表13-2　2018年7月至2019年6月柬埔寨各省香蕉生产概况

地区	省份	种植面积（公顷）	收获面积（公顷）	产量（吨）	单产（吨/公顷）
平原区	磅湛	971	808	30 118	37.27
	干丹	714	551	11 177	20.28
	金边	12	8	805	100.63
	波萝勉	406	360	6 506	18.07
	柴桢	322	304	4 652	15.30
	茶胶	382	200	4 496	22.48

续表

地区	省份	种植面积（公顷）	收获面积（公顷）	产量（吨）	单产（吨/公顷）
平原区	特本克蒙	236	62	1 221	19.69
	小计	3 043	2 293	58 975	25.72
洞里萨湖区	班迭棉吉	23	17	757	44.53
	马德望	1 997	1 450	11 069	7.63
	磅清扬	367	318	8 092	25.45
	磅同	210	183	4 735	25.87
	菩萨	957	824	16 017	19.44
	暹粒	888	786	9 711	12.35
	奥多棉吉	387	340	7 710	22.68
	拜林	—	—	—	—
	小计	4 829	3 918	58 091	14.83
沿海地区	贡布	787	601	15 268	25.40
	戈公	87	46	2 051	44.59
	西哈努克	—	—	—	—
	白马	—	—	—	—
	小计	874	647	17 319	26.77
高原山区	磅士碑	398	321	4 003	12.47
	桔井	325	277	2 673	9.65
	蒙多基里	77	75	2 677	35.69
	柏威夏	899	439	4 454	10.15
	腊塔纳基里	—	—	—	—
	上丁	163	156	4 454	28.55
	小计	1 862	1 268	18 261	14.40
总计		10 608	8 126	152 642	18.78

数据来源：柬埔寨统计局。

三、主要种植品种

近年来柬埔寨香蕉生产大幅增长。柬埔寨本地人的香蕉种植以农户房前屋后和小型种植园为主，中国和越南企业投资的商业化种植基地规模则较大。2020 年柬埔寨获准出口中国的香蕉种植园增至 15 家，包装厂 21 家，耕种面积超过 8 000 公顷。例如，柬埔寨龙美达农业公司在柬埔寨贡布和暹粒投资 1 000 多万美元，购地、租地合计 1 万多公顷，建成年产达 3 000 万株苗的香蕉组培苗厂，9 000 亩左右香蕉种植核心基地，以及日处理能力可达 5 个集装箱的包装厂。在柬埔寨大规模商业化种植的香蕉品种基本属于威廉斯和卡文迪许系列。越南投资者种植品种以威廉斯 B6 为主，中国投资者种植品种以桂 1 和桂 6 为主，其他还有部分巴西蕉和南天黄（以青秆为主）。

柬埔寨是 ABB 基因组型（粉蕉类）香蕉重要的起源中心之一。柬埔寨皇家农业大学和金边农科院开展了香蕉种质资源收集与保存等方面的工作，主要以 ABB 基因组型粉蕉类和 AA 基因组型皇帝蕉为主，还有部分矮粉蕉资源。

四、生产情况

根据联合国粮食及农业组织统计所示，2010—2019 年柬埔寨香蕉生产概况如表 13-3 所示，总体而言，柬埔寨香蕉收获面积与产量变化波动较小，2010—2019 年柬埔寨香蕉收获面积最小值为 2014 年的 3.05 万公顷，最大值为 2010 年的 3.47 万公顷，年平均收获面积为 3.13 万公顷。2010—2019 年柬埔寨香蕉产量与收获面积呈正相关趋势，柬埔寨香蕉产量于 2010 年达到峰值，为 15.77 万吨，谷值出现在 2014 年，为 13.79 万吨，10 年间平均产量为 14.31 万吨。截至 2019 年，收获面积与产量增长率变化波动最大为 2011 年，增长率分别为 -9.89% 与 -8.07%（图 13-1 和图 13-2）。香蕉产量增长率从 2012 年开始波动变化较小。

表13-3 2010—2019年柬埔寨香蕉生产情况

年份	产量（万吨）	收获面积（万公顷）	单产（吨/公顷）
2010	15.77	3.47	4.54
2011	14.21	3.19	4.44
2012	13.96	3.10	4.49
2013	13.84	3.07	4.49
2014	13.79	3.05	4.51
2015	14.40	3.15	4.56
2016	14.28	3.09	4.61
2017	14.27	3.08	4.63
2018	14.28	3.06	4.65
2019	14.31	3.06	4.67
2019 年世界情况	11 678.17	515.86	22.46

数据来源：联合国粮食及农业组织。

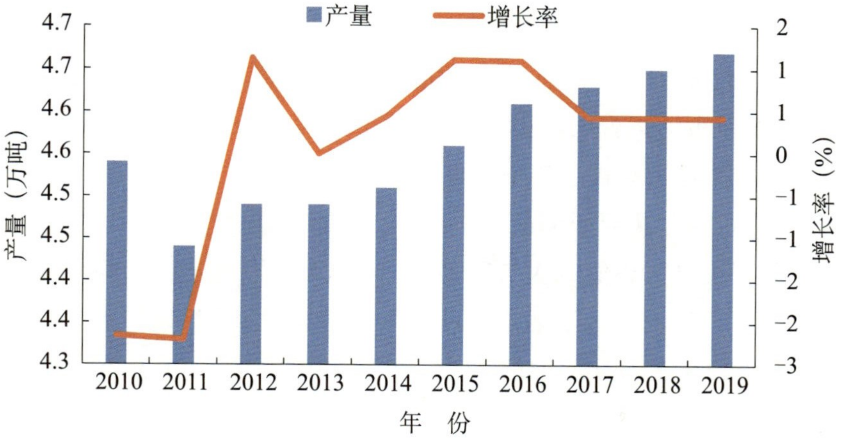

图 13-1 2010—2019 年柬埔寨香蕉产量及其变化情况

（数据来源：联合国粮食及农业组织）

图 13-2　2010—2019 年柬埔寨香蕉收获面积及其变化情况

（数据来源：联合国粮食及农业组织）

2010—2019 年柬埔寨香蕉单产水平稳定。总体来看，虽然柬埔寨单产水平波动变化不大，但一直呈现增长趋势。单产水平最大值出现在 2019 年，即 4.67 吨 / 公顷，与 2010 年同期相比，增长了 2.86%（图 13-3）。

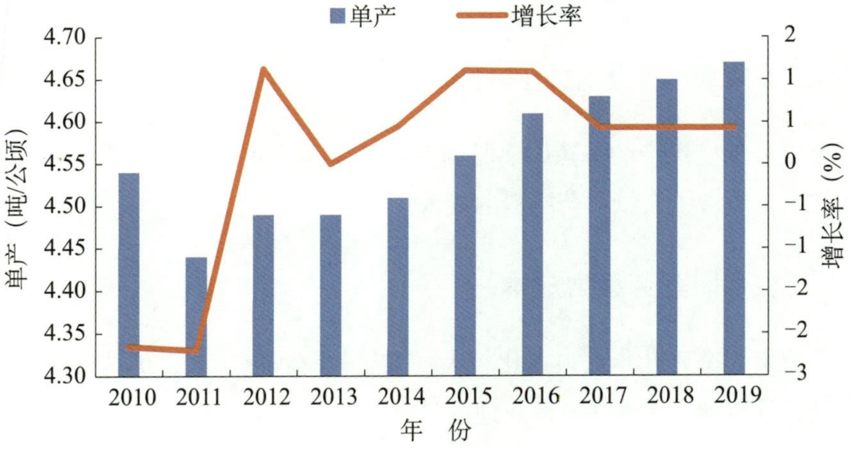

图 13-3　2010—2019 年柬埔寨香蕉单产及其变化情况

（数据来源：联合国粮食及农业组织）

虽然柬埔寨种植香蕉的历史悠久，种质资源丰富。但根据国际贸易中心的数据显示，柬埔寨直至 2016 年才开始出口香蕉，随后出口量进入高速增长时期。2016—2019 年，柬埔寨香蕉出口量分别为 1 吨、1.23 万吨、2.75 万吨、11.23 万吨，出口额分别为 0.7 万美元、640.3 万美元、1 771.6 万美元、4 945.1 万美元。

2016 年柬埔寨香蕉出口主要国家为韩国和日本，出口额占比分别为 71.4% 与 14.3%，而 2017 年之后，柬埔寨香蕉主要出口国家为越南，这是由于柬埔寨香蕉需要通过越南的港口转销中国。2018 中国与柬埔寨签订《柬埔寨香蕉输华植物检验检疫要求协定书》，2019 年柬埔寨开始直接向中国出口香蕉，出口占比仅为 17%，而在 2020 年出口占比上升至 92.7%。

五、产业影响因素

（一）自然条件

柬埔寨的光照、气温、降水等其气候条件非常适合香蕉的生长。与东南亚香蕉主产国菲律宾和中国相比，柬埔寨几乎没有台风过境或者登陆，避开了重要的自然灾害风险。

（二）柬埔寨土壤肥力条件

近年来规模生产的香蕉园多是新种园，香蕉病虫害较少，适用绿色生态防治技术，节省了大量农药肥料的投入。

（三）柬埔寨劳动力成本

目前柬埔寨青壮年人口占比较大，虽受教育程度不高，但劳动力市场供应充足，且劳动力成本在东南亚地区具有一定竞争优势。

（四）柬埔寨基础设施建设

柬埔寨多条公路都由中国援建，香蕉种植基地为了运输方便，会选靠近主要公路的地方作为种植基地。香蕉现较成熟的运输线路主要经由西哈努克港、金边港或是越南胡志明市的港口，运往中国的上海、广西等地进行销售。但是柬埔寨的乡村公路以及水利工程，仍处于较落后的状态，还需要不断地投入建设。

（五）柬埔寨政治稳定性

现任的柬埔寨领导人非常重视农业，将农业的发展作为重要战略规划，支持与中国农业领域的交流与合作，积极促进农产品贸易相互准入和往来。这使得柬埔寨农业经济获得了良好的发展机遇和空间。

六、产业发展趋势

柬埔寨的香蕉产业的发展伴随着中国、日本、韩国巨大的香蕉需求。柬埔寨香蕉具有后发优势，凝聚了中国和越南两国较先进的种植技术，兼具价格与质量的竞争优势，出口贸易潜力巨大。未来，柬埔寨的香蕉产业在农业科技研发方面还需要提升。柬埔寨的农业科研机构在香蕉育种、种植、病虫害防治等方面的科研基础底子薄，科技力量弱，专业人才缺乏。香蕉的科研实力与产业扩张速度严重不平衡，存在潜在的产业风险。柬埔寨应尽快建立香蕉产业体系，加强与中国的农业科技交流与合作。

第十四章 全球香蕉产业发展趋势

香蕉从被人类驯化、广泛种植到跨国贸易，跨越千年。当下，强劲的市场需求将香蕉产业带入蓬勃发展的黄金时代，产量和贸易额均高居水果品类世界第一。亚洲、拉丁美洲和加勒比海地区逐渐成为世界香蕉的核心产区，在全球供应中起着举足轻重的作用。香蕉作为热带地区重要的果粮兼用作物，也是最为重要的果粮兼用作物，在全世界农产品贸易中仅次于小麦、玉米和大豆，为全球数百万名农民和种植工人提供生计。这些区域香蕉产业的良性发展，有助于其农村地区和谐稳定、经济增长和脱离贫困，对全球缓解饥荒和社会经济发展具有不可替代的作用。因此，笔者持续关注全球香蕉产业发展的动态，并探索进一步改善产业可持续发展的新措施。

一、产业总体发展情况

全球可种植香蕉的区域，主要分布于亚洲南部、东南部与东部，美洲南部、中部与加勒比海地区，非洲东部、中部与北部，以及大洋洲的美拉尼西亚群岛等地。近年来，香蕉生产除欧洲呈明显的萎缩态势外，其余种植区域呈稳中有增态势，其中，亚洲和非洲生产增长较为显著，占全球生产的比重进一步提高；美洲生产趋于稳定，占全球生产的比重不断下降。亚洲香蕉产量占全球产量的一半以上，是香蕉生产第一大洲；美洲和非洲的收获面积占全球收获面积的一半以上；大洋洲和欧洲生产规模均较小。

根据联合国粮食及农业组织的数据显示，1999—2019 年全球香蕉种植面积情况如图 14-1 所示，2019 年全球香蕉收获面积为 515.86 万公顷，占世界农业用地的 0.1%，同比增长 0.73%。总体来看，1999—2019 年，全球香蕉收获面积近 20 年的复合年均增长率为 1.04%，2011 年收获面积为 547.14 公顷，达到历史上最高点。经历了 20 世纪 80 年代末到 90 年代初的大起大落后，从 2006 年开始香蕉收获面积逐渐保持在 500 万公顷以上。

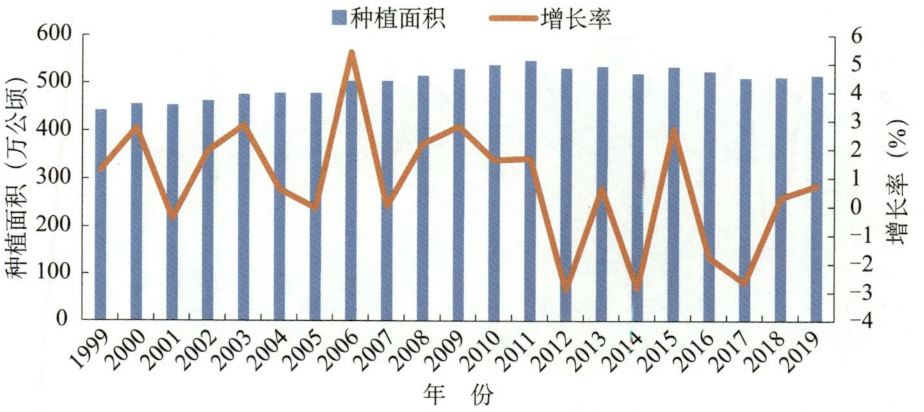

图 14-1 1999—2019 年全球香蕉种植面积及其变化情况

（数据来源：联合国粮食及农业组织）

1999—2019 年全球香蕉产量情况如图 14-2 所示，随着收获面积的扩大，全球香蕉产量也持续增加，2019 年达到 1.17 亿吨，同比增长 0.88%，价值约为 310 亿美元。近 20 年的复合年均增长率为 1.53%。其中，2004—2010 年保持 6% 左右的高增长速度，随后增速有所放缓。

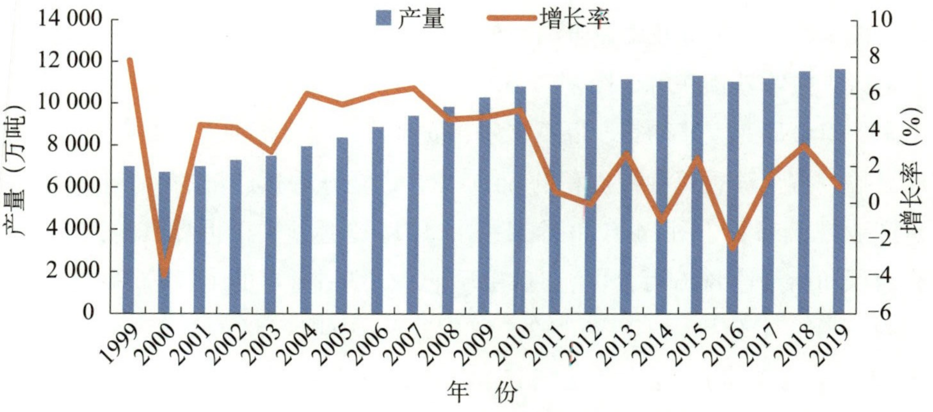

图 14-2 1999—2019 年全球香蕉产量及其变化情况

（数据来源：联合国粮食及农业组织）

与此同时，如图 14-3 所示，全球香蕉单产水平随着品种改良、栽培管理等农业科技水平显著提升，单产从 1999 年的 15.8 吨 / 公顷增长到 2019 年的 22.64 吨 / 公顷，近 20 年的复合年均增长率为 0.80%。

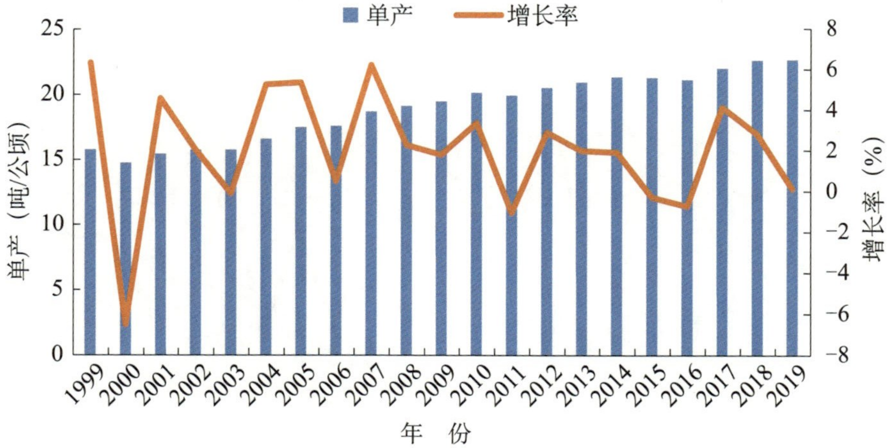

图 14-3 1999—2019 年全球香蕉单产及其变化情况

（数据来源：联合国粮食及农业组织）

二、主产国生产情况

（一）香蕉主产国的生产变化概况

根据联合国粮食及农业组织的数据，2019 年，全球有 117 个香蕉生产国和地区，按收获面积算（图 14-4 和图 14-5），排名前十位的有印度、巴西、中国、坦桑尼亚、菲律宾、厄瓜多尔、安哥拉、印度尼西亚、哥伦比亚、危地马拉，占全球香蕉种植面积的 54.94%，占全球香蕉产量的 71.54%。从香蕉产业规模来看（图 14-6 和图 14-7），印度遥遥领先于世界其他国家，收获面积和产量达 86.6 万公顷、3 046 万吨，分别占世界的 16.79% 和 26.08%，1999—2019 年分别增长了 76.73% 和 81.2%；中国产量位居第二，收获面积和产量为 34.40 万公顷、1 165.57 万吨，分别占世界的 6.67% 和 9.98%，1999—2019 年分别增长了 69.71% 和 177.91%；印度尼西亚产量位居第三，

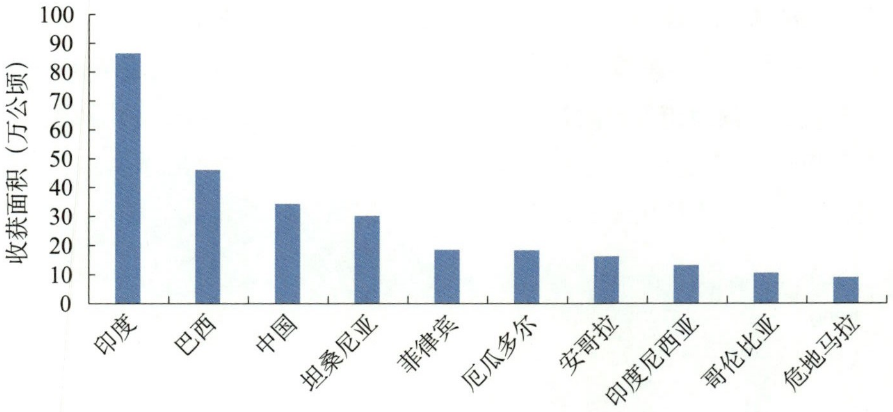

图 14-4 2019 年香蕉收获面积前十位国家

（数据来源：联合国粮食及农业组织）

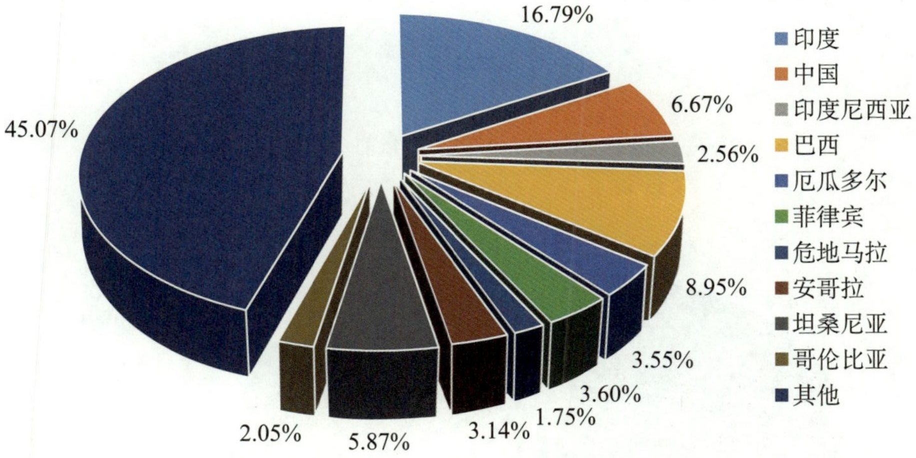

图 14-5 2019 年香蕉主产国收获面积全球占比

（数据来源：联合国粮食及农业组织）

收获面积和产量分别为 13.22 万公顷、728.07 万吨，分别占世界的 2.56% 和 6.23%，1999—2019 年分别增长了 87.38% 和 115.67%；巴西的收获面积和产量分别占世界的 8.95% 和 5.83%；厄瓜多尔的收获面积和产量分别占世界的 3.55% 和 5.63%；菲律宾的收获面积和产量分别占世界的 3.60% 和 5.83%；危地马拉的收获面积和产量分别占世界的 1.75% 和 3.72%；安哥拉的收获面积和产量分别占世界的 3.14% 和 3.46%；坦桑尼亚的收获面积和产量分别占世界的 5.87% 和 2.92%；哥伦比亚的收获面积和产量分别占世界的 2.05% 和 2.50%。从香蕉单产来看（图 14-8），2019 年印度尼西亚和危地马拉的香蕉单产要远超于其他国家，尤其是印度尼西亚香蕉单产在 50 吨 / 公顷以上。全球香蕉单产排名前十位的国家有印度尼西亚、危地马拉、厄瓜多尔、印度、中国、菲律宾、哥伦比亚、安哥拉、巴西和坦桑尼亚。

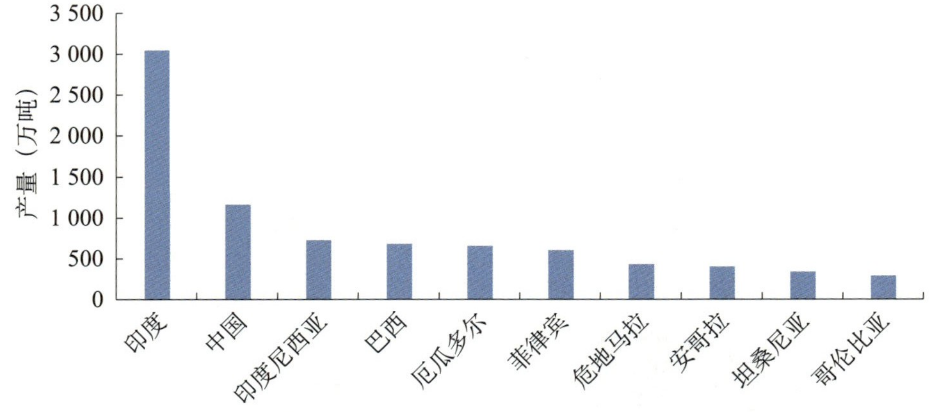

图 14-6　2019 年香蕉产量前十位国家
（数据来源：联合国粮食及农业组织）

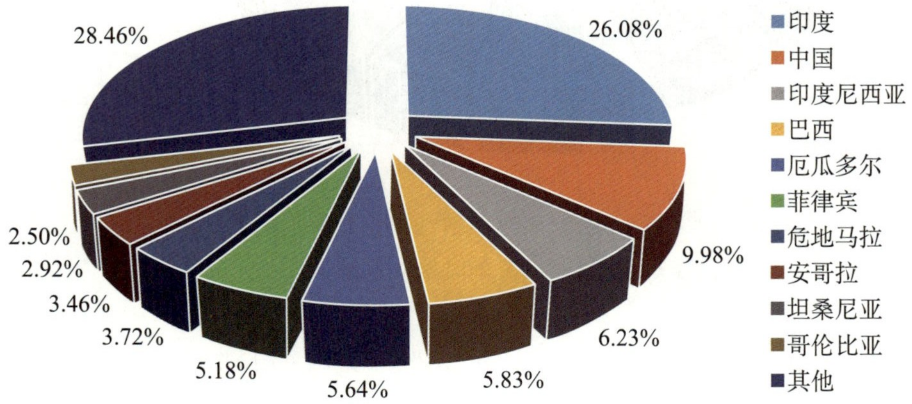

图 14-7　2019 年香蕉主产国产量全球占比
（数据来源：联合国粮食及农业组织）

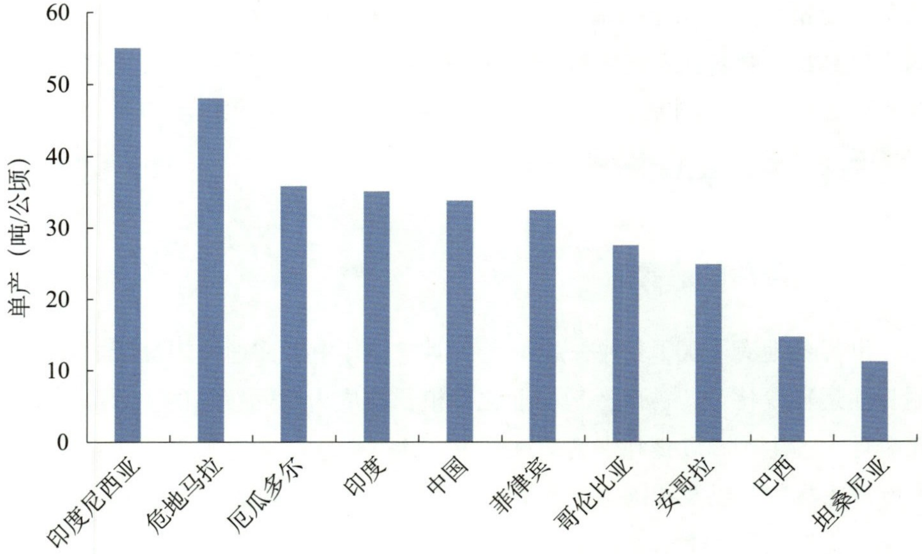

图 14-8　2019 年香蕉单产前十位国家

（数据来源：联合国粮食及农业组织）

（二）影响香蕉主产国生产的因素

近几十年来，全球香蕉的产量和贸易量都在迅速增加。全球产量的大部分增长都发生在同为最大消费者的顶级生产国中，尤其是印度和中国，其次是巴西和菲律宾。新兴起的生产国也随之不断涌现，如卢旺达、赞比亚、布隆迪、伊朗、几内亚比绍、波利尼西亚、希腊、意大利等。特别值得注意的是，在非洲，全球香蕉的第三大产区，其产量的 70%～80%是当地品种。香蕉作为当地的主食，对该地区的粮食安全作出重要贡献。但是，由于大多数消费地区的生产和贸易是非正式的，关于这些地方品种的数据和信息仍然非常缺乏。

经过对香蕉生产国的观察，分析影响其生产的主要因素有 3 个方面：一是生产国人口的快速增长，主要驱动力来自人口增长带来的日益增长的消费需求，印度和中国是近年来因国内需求而推动产量增长最强劲的国家之一；二是全球进口需求的扩大，人们收入的增长和健康意识的提高也促进了进口市场的增长，欧盟和俄罗斯的香蕉的消费量大大增加，厄瓜多尔等国生产的香蕉主要销往这些非生产国；三是主产国香蕉产业农业技术水平的提高，包括灌溉系统、肥料和农药的科学使用，进一步促进了产量增长。

三、消费和国际贸易格局

（一）香蕉的消费

世界各地有 1 000 多种香蕉生产和消费，其中卡文迪许因高产、抗风和耐长途运输等特点，被广泛地商业化种植，并成为国际贸易的主要品种。每年全球大约生产 500 亿吨卡文迪许香蕉，约占全球产量的 47%。出口到美国和欧洲市场的，以及我国生产和消费的香蕉主要品种都是卡文迪许。

根据联合国粮食及农业组织 2017 年的数据，全球香蕉出口行业每年创收约 120 亿美元，总产量中只有约 15%在国际市场上交易，其余的则在本地消费，主产国即是主销国的有印度、中国和巴西等大型生产国以及一些以香蕉作为主粮的非洲国家中。在许多产区，每年所有类型香蕉的人均消费量都超过 100 千克。现有数据还表明，香蕉提供生产国农村地区每日量摄入量的 25%。同时，香蕉出口国大部分是在低收入经济体中，香蕉生产和贸易产生的收入可能对农业 GDP 产生重大影响。例如，香蕉出口收入占 2018 年厄瓜多尔农产品出口收入的约 30%，在危地马拉这一比值为 15%。

（二）香蕉的国际贸易

1. 香蕉进口

全球香蕉贸易以鲜果的进出口为主，根据联合国粮食及农业组织数据，2019 年全球约有 200 个国家（地区）进口香蕉，2019 年全球香蕉进口量和进口额前十位的国家如图 14–9 所示，进口量排名前列的国家有美国、中国、俄罗斯、德国、比利时等。2019 年世界香蕉进口总量为 2 299.24 万吨，进口总额为 153.67 亿美元。根据国际贸易中心数据，进口额居前四位的国家：美国进口量 505.42 万吨，进口额 27.56 亿美元；俄罗斯进口量 151.24 万吨，进口额 11.2 亿美元；中国进口量 194.00 万吨，进口额 10.94 亿美元；比利时进口量 117.82 万吨，进口额 10.83 亿美元。2019 年美国、俄罗斯、中国、比利时和德国的香蕉进口额几乎占全球市场的一半（图 14–10）。

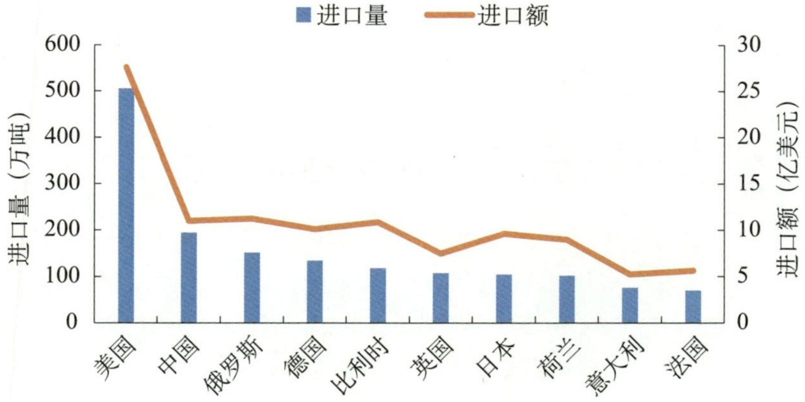

图 14–9　2019 年全球香蕉进口量和进口额前十位国家
（数据来源：国际贸易中心）

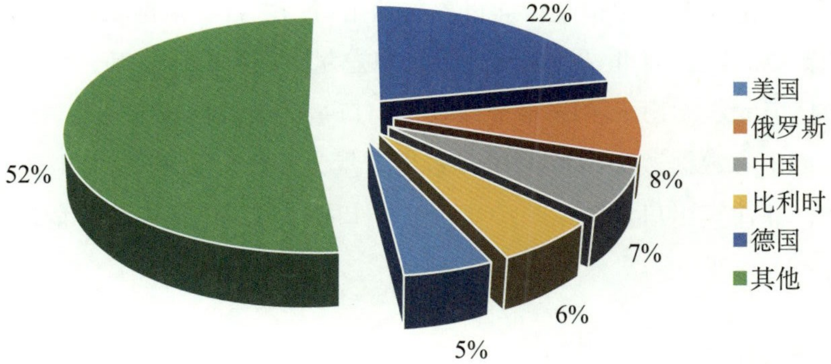

图 14–10　2019 年香蕉进口国全球市场份额
（数据来源：国际贸易中心）

2015—2019 年全球香蕉主要消费国进口量变化趋势如图 14–11 所示，世界大部分国家的香蕉进口量和进口额在都有所增加。美国是第一大香蕉进口国，进口量略有下降，但其进口额在稳步增加。另外，比利时和英国的进口量和进口额均略有下降。值得注意的是，中国的进口量在 2015—2019 年总体大幅增长。中国 2019 年进口量与 2015 年相比翻一番，进口量排世界第二，进口额排名世界第三。

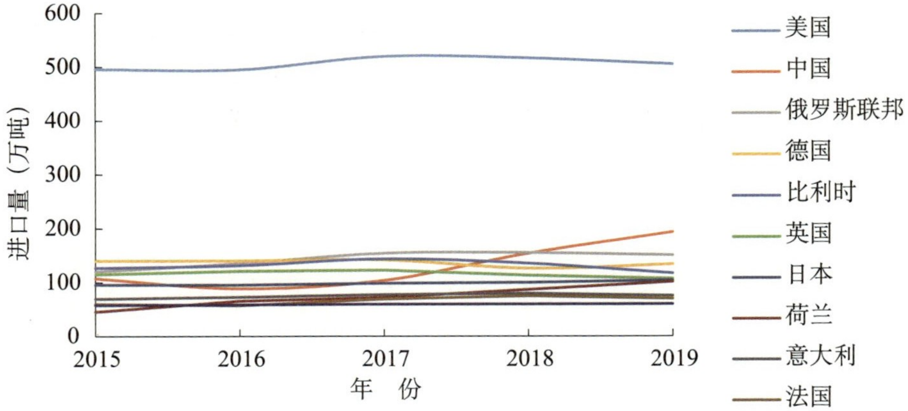

图 14-11 2015—2019 年全球香蕉主要消费国进口量变化趋势

（数据来源：国际贸易中心）

2. 香蕉的出口

2019 年南美洲和亚洲是最大的出口区域，二者出口量约占全球出口总量的 75%。厄瓜多尔出口量位居世界香蕉出口国之首。根据联合国粮食及农业组织数据，2019 年世界鲜 / 干香蕉出口总量为 2 476.01 万吨，出口总额为 135.27 亿美元。2015—2019 年全球香蕉出口量前十位国家如图 14-12。根据国际贸易中心数据，2019 年厄瓜多尔出口量为 688.11 万吨，出口额为 33.11 亿美元；菲律宾出口量为 435.20 万吨，出口额为 19.31 亿美元；危地马拉出

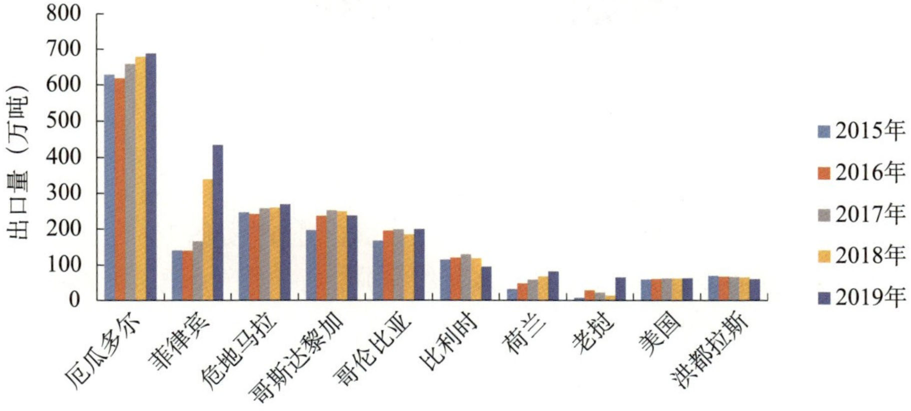

图 14-12 2015—2019 年全球香蕉出口量前十位国家

（数据来源：国际贸易中心）

口量为 269.90 万吨，出口额为 9.45 亿美元；哥斯达黎加出口量为 238.48 万吨，出口额为 10.00 亿美元；哥伦比亚出口量为 201.00 万吨，出口额为 9.34 亿美元；比利时出口量为 94.72 万吨，出口额为 7.77 亿美元。

厄瓜多尔号称“香蕉之国”，香蕉出口量占全球出口量的 28%（图 14-13），在世界贸易中扮演着重要角色，主要供应欧洲市场，俄罗斯90%以上的香蕉由厄瓜多尔提供。菲律宾的香蕉出口量占全球出口量的 18%，从 2018 年开始有显著增长，主要出口对象是中国。危地马拉、哥斯达黎加和厄瓜多尔是美国香蕉消费的主要来源国。危地马拉的香蕉出口量占全球出口量的 11%，90% 的香蕉主要供应美国市场，占美国香蕉进口量的 41.8%。危地马拉香蕉价值较低，2019 年比哥斯达黎加多出口约 70 万吨，但出口额却比哥斯达黎加少 1 亿美元。比利时是欧洲进口香蕉的中转站，除了本国消费外，通过转口贸易向欧洲其他国家提供香蕉。巴拿马近年来在国内新增了一个产区后，出口也明显增长（图 14-14）。柬埔寨的香蕉产业的发展伴随着中国、日本、韩国巨大的香蕉需求。2018 中国与柬埔寨签订《柬埔寨香蕉输华植物检验检疫要求协定书》，2019 年柬埔寨开始直接向中国出口香蕉，出口占比仅为 17%，而在 2020 年出口占比上升至 92.7%。

香蕉是全球贸易量最大的水果，过去长期被国际三大行业巨头都乐（Dole）、德尔蒙特（Fresh Del Monte）、金吉达（Chiquita）等美资背景的跨国公司垄断，通过殖民式掠夺占据全球香蕉市场 70% 左右的份额。近年来，随着新兴竞争者如佳农（Goodfarmer）等公司的加入，还有超市等零售商直接对接种植园，香蕉产业市场竞争更为充分。

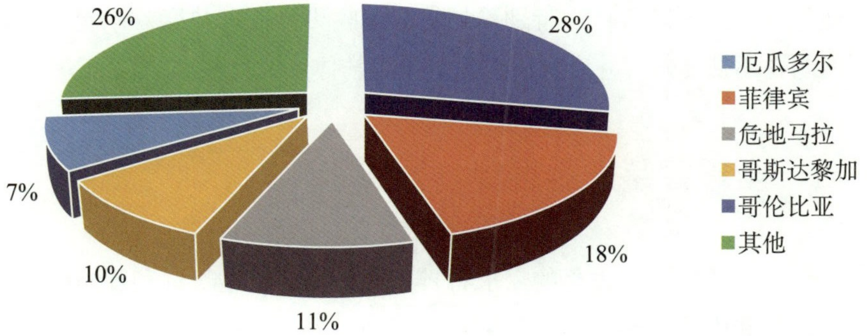

图 14-13 2019 年全球香蕉主要出口国出口量份额
（数据来源：国际贸易中心）

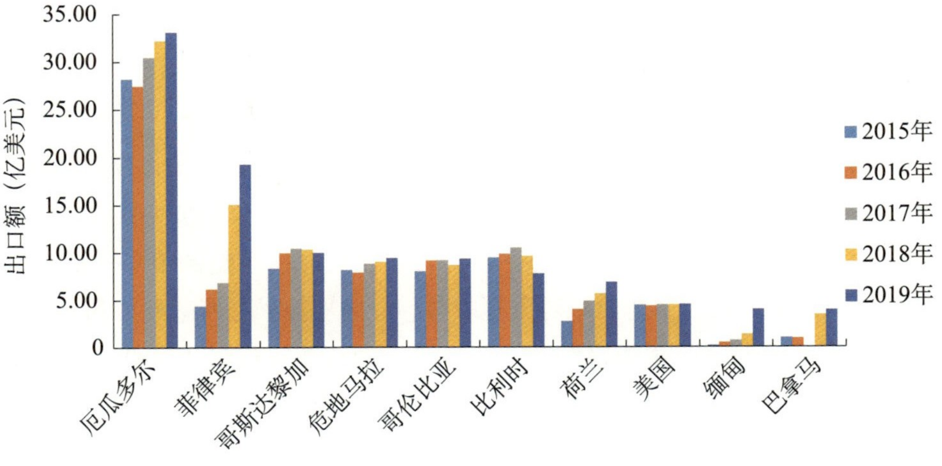

图 14-14　2015—2019 年世界香蕉出口额前十位国家

（数据来源：国际贸易中心）

四、香蕉枯萎病的影响

自 19 世纪末以来，香蕉枯萎病已严重影响了香蕉产业，目前尚无有效的农药或其他方法能够消除香蕉枯萎病。根据联合国粮食及农业组织数据，目前已确认有 17 个国家（主要在南亚和东南亚）出现了香蕉枯萎病。由于土壤中真菌的寿命长，几十年来，受感染的土地无法种植香蕉，香蕉枯萎病如暴发唯有将生产转移到未受影响的新土地上。受影响地区的小香蕉生产者，面对单产下降和生产成本增加的情况，往往缺乏维持生产的经济能力。世界香蕉产业只有加强国际合作，特别是加强数据收集和信息共享，才能更好地预防和遏制香蕉枯萎病，并有利于全球香蕉生产体系的完善。

五、全球香蕉产业展望

全球大多数地区对香蕉的需求将日益饱和，人口增长红利逐渐减弱。在亚洲，印度和中国的经济增长将带来健康和营养观念的变化，从而带动香蕉消费需求。菲律宾的香蕉生产主要来自中国进口需求的迅速增长，中国的人均香蕉消费量预计将持续每年增长1%左右。但新冠肺炎疫情严重影响印度和菲律宾农业农村发展，未来将呈现更多不确定性。在拉丁美洲和非洲，厄瓜多尔、危地马拉、哥伦比亚和哥斯达黎加等国家，香蕉生产主要依赖欧盟、美国和俄罗斯等进口市场的需求，气候变化和疫情给这些地区生产造成了不利影响。在主要的进口市场中，预计俄罗斯的人均消费量增长最大，厄瓜多尔目前是俄罗斯的主要香蕉供应国，这将支持厄瓜多尔的出口增长。

参考文献

蔡佳颖，2018. 中泰农业合作研究 [D]. 南宁：广西大学 .

陈格，汪羽宁，韦幂，等，2019. 泰国农业发展现状与中泰农业科技合作分析 [J]. 广西财经学院学报，32(3)：26-35.

程志号，丁哲利，王安邦，等，2018. 柬埔寨香蕉产业报告 [J]. 园艺与种苗，38(12)：67-70.

仇志军，2015. 菲律宾热带水果生产和对华贸易情况 [J]. 中国热带农业 (4)：38-41.

范凝竹，2019. G 公司对越南农业直接投资风险分析 [D]. 南宁：广西民族大学 .

郝庆升，PATTHAVONG B，2019. 老挝香蕉出口中国的贸易现状及问题分析 [J]. 南方农业，13(29)：80-81.

胡从九，2020. 浅析世界香蕉市场变化及趋势 [J]. 中国热带农业 (6)：39-41，11.

简文华，ANTIPAS R，2017. 菲律宾香蕉栽培管理技术 [J]. 基层农技推广，5(11)：99-102.

姜莉，2020. 金砖国家农业保险财政补贴制度比较研究 [D]. 重庆：西南大学 .

康鹏辉，2016. 巴西农业支持政策的研究 [D]. 沈阳：吉林大学 .

李凌秋，冯平，2020. 柬埔寨 2020 年投资商机分析与建议 [J]. 东北亚经济研究，4(3)：100-112.

李贤高，赵明，王歆昕，等，2018. 老挝香蕉产业概况与发展前景 [J]. 南方园艺，29(3)：18-20.

廖东声，黄美贤，2012. 广西与越南农业合作问题分析 [J]. 广西社会科学 (3)：33-37.

刘志强，张江周，李宝深，2016. 老挝香蕉种植农业气候资源分析 [J]. 热带农业科学，36(7)：82-86，105.

刘志强，张江周，李宝深，2016. 老挝香蕉种植的 SWOT 分析 [J]. 中国南方果树，45(2)：181-186.

马文荣，2020. 巴西农业发展及支持政策 [J]. 农业发展与金融 (11)：99-101.

潘岳，何杨，2019. 广西与越南农业合作问题研究 [J]. 知识经济 (22)：18-19.

粟继军，2011. 试论南宁市香蕉产业升级发展前景 [J]. 农业研究与应用 (5)：42-46.

王斌，刘志强，方昭，等，2015. 老挝与广西香蕉品质差异研究 [J]. 热带农业科学，35(8)：42-45.

王紫芊，王芳，柯佑鹏，2021. 东南亚香蕉产业投资环境比较分析 [J]. 中国热带农业 (1)：31-37，97.

谢春斌，温国泉，吕荣华，等，2014. 越南香蕉生产概况 [J]. 南方农业学报，45(12)：2284-2287.

杨旸，艾斌凌，郑丽丽，等，2018. 厄瓜多尔香蕉产业发展现状及有益经验 [J]. 中国果业信息，35(11)：22-26.

杨洋，2013. 海南香蕉产业发展存在的问题及前景思考 [J]. 农民致富之友 (18)：16-17.

佚名，2020. 柬埔寨与印度尼西亚农业市场近况 [J]. 世界热带农业信息 (4)：1-2.

佚名，2019. 世界香蕉主产国香蕉产业发展综述 [J]. 世界热带农业信息 (12)：27-29.

月亮（LIM V），2020. 柬埔寨农业领域经济政策改进研究 [D]. 哈尔滨：哈尔滨工业大学.

张超，RENO P，HOUR P，等，2020. 柬埔寨香蕉产业的发展形势分析 [J]. 热带农业科学，40(1)：127-131.

郑国富，2019. “澜湄合作”背景下中柬双边农产品贸易合作发展的现状与对策 [J]. 广西财经学院学报，32(4)：20-32.

周批改，刘海丽，2020. 印度农业支持政策的特点、成效与问题分析 [J]. 云南农业大学学报（社会科学），14(04)：67-71，87.

朱津辉，2018. 柬埔寨“四角战略”研究 [D]. 厦门：厦门大学 .

SAELEE Y，2015. 泰国水果出口贸易比较优势分析 [D]. 重庆：重庆大学 .

AHMAD F, MARTAWI N M, POERBA Y S, et al, 2020. Genetic mapping of Fusarium wilt resistance in a wild banana Musa acuminata ssp. malaccensis accession[J]. Theoretical and Applied Genetics, 133(12): 3409-3418.

BANSIDDHI K, 2003. Current status and prospects of banana R&D in Thailand[J]. Advancing Banana and Plantain R&D in Asia and the Pacific, 12: 111.

BENCOMO O B B, SUAZO V G, VALENCIA E P U, 2019. La dimensión social en un análisis crítico sobre la condición de sostenibilidad en la gestión agroproductiva de las PIMEs bananeras en Ecuador[J]. Revista Científica Agroecosistemas, 7(1): 45-51.

CHITTARATH K, MOSTERT D, CREW K S, et al, 2018. First report of *Fusarium oxysporum* f. sp. cubense tropical race 4 (VCG 01213/16) associated with Cavendish bananas in Laos[J]. Plant Disease, 102(2): 449.

EVANS E A, BALLEN F H, SIDDIQ M , et al, 2020. Banana production, global trade, consumption trends, postharvest handling, and processing[M]// Handbook of Banana Production, Postharvest Science, Processing Technology, and Nutrition. New York: John Wiley & Sons, Ltd.

FAO,2020.Banana Market Review 2019 [R]. Rome: Food and Agriculture Organization.

FAO, 2021.Preliminary assessment of the impacts of the COVID-19 pandemic on trade in bananas and tropical fruits[R]. Rome: Food and Agriculture Organization.

HAPSARI L, LESTARI D A, 2016. Fruit characteristic and nutrient values of four Indonesian banana cultivars (Musa spp.) at different genomic groups[J]. AGRIVITA, Journal of Agricultural Science, 38(3): 303-311.

HIGH H, 2014. Fields of desire: Poverty and policy in Laos[M]. Singapore: NUS Press.

MUHAMMAD A, ZAHNISER S, FONSAH E G s, 2015. A dynamic analysis of US banana demand by source: a focus on Latin American suppliers[J]. International Journal of Trade and Global Market, 8(4): 281-296.

OBETH E, 2016. Managing business relationships in uncertainty: An Indonesian traditional banana supply chain study[D]. Perth :Curtin University.

RETNONINGSIH A, MEGIA R, HARTANA A, 2010. Molecular verification and diversity analysis of Indonesian BB, AAB and ABB banana cultivars[J]. Tree and Forestry Science and Biotechnology, 4(1): 69-76.

RODEO A J D,2016. The Philippine fruit industry: An overview[C]//Proceedings of the Conference on International Training Workshop on Cultivation Techniques for Fruit Trees. 10-24.

SUAREZ M Á D, 2020. Contaminación ambiental del agua por el uso indebido de pesticidas agrícolas en plantaciones de banano en el Ecuador[D]. Babahoyo: UTB.

SUVITTAWAT K, SILAYOI B, TEINSEREE N, et al, 2011. Growth and yield of eight'namwa'(ABB) banana in Thailand[C]//International Symposium on Tropical and Subtropical Fruits . 241-245.

TAMAYO V V C, ZURITA C I N, ÁLVAREZ J C E, 2019. Análisis económico de los costos de producción bajo la influencia del cambio climático en la industria bananera de la Provincia de El Oro[J]. Ciencia Matria, 5(1): 703-734.

VACA E, GAIBOR N, KOVÁCS K, 2020. Analysis of the chain of the banana industry of Ecuador and the European market[J]. Applied Studies in Agribusiness and Commerce, 14:1-2.

VANSILALOM V, 2016. Bananas, Laos and economic development: farming practice and farmers' perceptions[D]. Townsville: James Cook University.

VÁSQUEZ C W, RACINES O, MONCAYO P, et al, 2019. Calidad del fruto y pérdidas poscosecha de banano orgánico Musa acuminata en el Ecuador[J]. Enfoque UTE, 10(4): 57-66.